곽안련, 찰스 알렌 클라크(Charles Allen Clark)의 구약주석 연구

곽안련, 찰스 알렌 클라크(Charles Allen Clark)의 구약주석 연구

김회권 저

뿌리총서 간행사

나무에 뿌리, 물에 샘이라는 것은 우리의 개천절 노래에도, 조선의 용비어천가에도 등장하는 의미 있는 비유입니다. 압축하면 본원(本源)이라 합니다. 만물의 본원을 지극한 단계까지 찾아나서는 행위는 자기 존재를 완전히 하고 역할 수행을 극대화하며 그만큼 의미 있게 살아가기 위한 필수적 작업입니다.

높은 산 등성이에 있는 작은 샘에서 솟아난 맑은 석간수가 바위골짜기를 거쳐 산 아래 도달하고 넓은 농지와 대도시와 중간에 있는 댐과 제방을 경험하며 넓은 바다로 가는 동안 주변에서 이른바 지천이 계속 합류하여 수량은 많아지는데 청정도는 점점 떨어지지만 공업, 농업, 발전, 또는 정수하여 수백만 도시민의 상수원으로 쓸 수 있게 되어 그 용도가 커집니다. 시작은 은미했으나 결과적 쓰임새는 광대합니다. 우리 숭실도 많이 커졌습니다. 처음 시작할 때는 문과 한 반으로 시작했고, 기독교적 사회지도자, 한국 교회의 지도자를 양성하는데 초점을 맞추었지만 이제는 40여개 학과와 학부, 그리고 대학원생을 합하면 17,000여명의 재학생이 있고, 상당한 규모의 건물도 있고 500여 전임 교수진도 있습니다. 그러나 커진 만큼 초기의 맑은 정신이나 숭고하다고 했었던 목적을 그대로 견지하고 있는지 살펴볼 필요가 있습니다.

2013년 가을 우리 숭실대학교에 '뿌리찾기위원회'가 발족하였습니다. 건학120주년 기념사업의 일환으로 평양에서 시작한 숭실대학의 정신, 그 흐름의 모습과 내용, 그리고 서울에서 재건할 때의 과정 등에 대하여 집중적으로 연구하고자 해서입니다. 평양 숭실의 설립자 베어드, 2대 교장 라이너, 3대 교장 마펫, 4대 교장 매큔, 5대 교장 마우리 다섯 분의 교장을 연구하여 평전을 짓고, 블레어, 편하설, 스월른, 솔토, 해밀튼, 클라크, 보컬 등 10명의 큰 업적을 이룬 분들을 집중적으로 연구하며, 더불어 평양대부흥회, 신사참배, 『논리약해』, 순교자, 선교사들의 부인, 숭실의 문인, 숭실의 음악인, 방지일 목사, 조만식 선생 등 30주제의 사건·저술·인물 등 특정 분야에서 이루어진 탁월한 업적을 연구하고 그 가치를 재현해 내는 것을 목표로 하였습니다.

이 연구에 한국교회사 연구에 있어 전문가이신 이상규 교수님(고신대), 김흥수 교수님(목원대), 임희국 교수님(장신대), 이덕주 교수님(감신대), 김승태 교수님(한국기독교역사연구소) 그리고 민경찬(한예종) 교수님을 각각 책임 연구원으로 모실 수 있게 된 것, 그리고 숭실대학교의 여러 학문 분야의 교수님들이 참여해 주신 것에 깊은 감사를 드립니다. 희귀 자료들을 선뜻 내어 주시고, 확보에 도움을 주신 한국교회사문헌연구원의 심한보 선생, 그리고 호주선교회 관련 자료를 제공해 주신 전 예장(통합)교단 사무총장 조성기 목사님께 감사드립니다. 또 이번 일에 크게 도움을 주신 분으로 결코 빠뜨릴 수 없는 분이 있습니다. 숭실대학교 부설 한국기독교박물관의 학예사 한명근 박사입니다. 한명근 박사는 이번 일에 있어서 여러 형태로 많은 도움을 주었습니다. 무엇보다 박물관이 소장하고 있는 희귀 자료의 열람은 물론 사진들을 제공하여 연구와 연구물의 출판에 큰 도움을 주었습니다. 뿌리찾기위원회의 발족 때부터 연구 기획에서 김명배 교수가 많은 도움을 주었습니다. 또한 더불어 기획·사무·총괄 간사로 수고해 주신 오지석 박사께도 깊은 감사를 전합니다. 사무행정에서 매끄러운 진행을 배려해 주신 120주년기념사업회 윤형흔 부장님의 수고도 함께 오래도록 기억할 것입니다.

이제 그 연구결과들을 뿌리총서라는 이름으로 숭실대학교 한국기독교문화연구원에서 간행합니다. 1967년에 출범한 한국기독교문화연구원은 그 동안 줄곧 이름 그대로 한국의 기독교문화를 연구해 오고 있습니다. 우리 연구위원회에서 수행한 활동은 사실상 한국기독교문화연구원의 사업과 부합하며, 실제로 행정과 사무실, 소장 자료를 중심으로 진행되는 등 그 활동의 일환으로 진행되어 왔습니다. 뿌리총서 1호는 월리엄 베어드입니다. 이어 평양 시절 숭실의 교장들의 평전이, 그리고 탁월한 업적을 이루어낸 분들에 대한 연구물이 그 일련 번호를 차례로 이어 나가게 됩니다.

항시 좋은 뿌리를 가졌다고 자부해온 우리 숭실인들이 그 뿌리의 형성 과정을 다시 살펴보고 오늘의 우리에게 나타나고 있는 가지와 잎과 꽃과 열매가 바람직한 형상과 품질과 격조를 지니고 있는지를 냉정하게 살펴보는 시간이 되기를 원합니다.

만시지탄이 큰 이 일이지만 그 중요성을 인식하시고 많은 어려움 속에서도 이를 발의하시고 재정을 마련하시고 행정의 틀과 편의를 제공하여 주신 숭실대학교 총장님께 깊은 감사를 드립니다.

2017년 4월

숭실대학교 뿌리찾기위원회 위원장

숭실대학교 한국기독교문화연구원장

곽 신 환 삼가 적음

목차

저자 서문

숭실대 뿌리찾기위원회의 연구프로젝트의 일환으로 시작된 찰스 알렌 클라크의 구약주석에 대한 본 연구는 연구에 착수한지 1년 반만에 결실을 보게 되었다. 찰스 알렌 클라크(곽안련[郭安蓮])는 선교지 한국에서 40년 동안 교육선교사로 헌신하다가 일제의 신사참배강요로 불거진 한 사건 때문에 추방당했다. 그는 1935년 대한예수교 장로회 총회결정으로 시작된 표준주석 시리즈 집필에 적극적으로 참여해 가장 많은 주석서 집필을 의뢰받았다. 그는 모두 여섯 권의 구약주석과 두 권의 신약주석(누가복음과 마가복음)을 집필했다. 1937년 욥기-시편 주석이 이 표준주석 시리즈 가운데 처음으로 출간되었고, 그가 추방된 이후 1956년에 민수기 주석, 1957년에 레위기 주석, 에스겔 주석, 1964년에 예레미야 주석이 출간되었다. 욥기-시편 주석을 제외하고는 모두 다 클라크가 추방되어 미국에서 머물 때 출간되었다. 욥기-시편 주석을 제외한 나머지 주석들은 표준주석을 출간하자고 결의한 총회가 있은 지 약 20년 후에 출간된 셈이다. 그 사이 기간은 광복과 한국전쟁이라는 역사적 격변기였다. 1956년 이후 출간된 주석서라도 할지라도 원고 집필은 훨씬 더 이전에 완료되었을 가능성도 없지 않다. 다만 현재의 주석서를 통해서는 저자가 자신의 주석서 육필원고(autograph)를 작성한 시기, 즉 각각의 주석서가 직면했던 시대적 상황을 판단하기가 쉽지 않다. 예레미야를 제외하고는 모두 세로쓰기로 편집되어 있으며 욥기-시편, 레위기와 민수기 주석은 전체 문장 가운데 절반 가량이 한자(漢字)로 쓰여진 국한문 혼용체로 되어 있다. 욥기-시편은 1938년에 발간된 신구약 성경전서의 문체와 어휘를 많이 닮아 있다. 심지어 맞춤법도 1938년 이전의 규칙을 따르며 지금은 사용되지 않는 혼성자음(예. 비읍과 디귿 복자음)이 사용되고 있다. 위의 네 주석서는 고어, 한자어, 한자숙어, 그리고 한문체 구문이 빈번하게 사용되었다. 전체적으로 에스겔서를 제외하고는 곽안련이 한글로 직접 쓴 원고처럼 읽히지 않기 때문에 곽안련의 영어원고를 한문체 문장으로 능숙하게 구사하고 한자를 종횡무진 사용할 수 있는 한국의 선비형 목회자가 번역해준 것이 아닌가 하는 의심을 지울 수 없다. 이 점은 언젠가 밝혀져야 할 것이다. 박형룡이나 박윤선 같은 서구 유학자 출신 신학자나 목회자가 곽안련의 영어원고를 번역해주었을 가능성이 가장 유력하다. 이렇게 추론할 수 있는 근거는 곽안련이 미국에서 썼을 가능성이 큰 에스겔 주석은 한자어가 거의 없으며 상당히 쉬운 한국어로 쓰여졌다는 점이다. 아들 도날드 클라크(곽안전)가 주석 작업을 어느 정도 도왔을 가능성을 배제할 수 없지만, 에스겔 주석은 위의 다른 다섯 권의 주석과 문체가 전혀 다르다. 이 의문은 언젠가 더 철저한 연구에 의해 밝혀질 수 있을 것이다.

표준주석 출간기획은 한국선교의 희년을 기념하는 희년총회(1934년)에서 결정되었는데, 그 당시 우리 나라 기독교인 인구가 아무리 많이 잡아도 40만명(성인 교인 37만 여명)이 안되었으며, 정식 신학교를 나온 토착목회자가 2,000명도 안되던 시절이었다. 이런 사정을 고려해 본다면 표준주석서들이 제시하는 주석수준은 굉장히 높다. 표준주석 시리즈 편집자 서문을 쓴 사무엘 마펫도 이 점을 의식하여 표준주석은 교회에 와 있는 식자층을 염두에 두고 기획된 주석서라는 점을 강조할 정도로 최첨단 신학정보와 지식을 보여주고 있다.

곽안련의 여섯 권의 주석도 표준주석 시리즈 주석기획의 지침을 반영하듯 세 가지 특징을 갖고 있다. 첫째, 매우 긴 서론이 실려있다. 이것은 정통칼빈주의 성경해석학의 정당성을 변호하는 편집자 서문의 원칙을 각 책의 서론에 구체적으로 적용하는 과정에서 생긴 현상이다. 여기서 곽안련은 책의 저작시기와 저자에 관한 역사-비평 이전의 성경해석원칙을 철저하게 고수하고 있다. 둘째, 곽안련의 주석은 학구적인 주석임을 표방했지만 원전을 읽고 해석한, 고전적인 의미의 석의는 아니다. 원전의 구문을 읽고 해석하기보다는 히브리어나 헬라어 단어를 비교하는 정도에서 원어를 주목하고 있을 뿐이다. 셋째, 각 단락이나 구절의 해석을 통해 각 단락의 전체 메시지를 귀납적으로 도출해내려고 하기보다는 신학적 예단을 특정 단락이나 특정 구절을 규정한 후에 각 절을 파편적으로 해설하고 그것으로부터 교리적이며 교훈적 메시지를 뽑아내려고 한다. 어떤 주석에서는 대의(大意) 부분이 각 단락 혹은 각 장의 중심내용을 진술하기는 하지만 각장의 메시지, 혹은 각 단원의 신학적 신앙적 주지를 밝히려고는 하지 않는다. 넷째, 몇 사람의 주석을 지속적으로 비판하고 지속적으로 따르는 입장을 취한다. 특히 곽안련은 카일과 델리취의 입장을 가장 빈번히 채택하고 있다.

본서는 곽안련의 주석서 여섯 권의 압축적 요약과 분석, 그리고 평가로 구성되어 있다. 본서의 대부분은 곽안련의 성경해석원칙이 두드러지게 드러나는 주석적 논의를 요약한 부분이다. 레위기와 민수기, 그리고 욥기와 시편 주석의 요약인 경우 원래의 주석서에 실린 국한문 혼용체의 특징을 살리기 위해서 국한문 혼용체를 그대로 살려 요약했다.

마지막으로 본 연구서의 집필을 위해 수고해 준 여러 학우들에 대한 감사의 말을 전하고자 한다. 무엇보다도 먼저 타자치는 일이나 원고교정의 수고를 해준 숭실대 기독교학과 학우들(특히 김태현과 서영기)에게 감사를 표하고

자 한다. 또한 이 뜻깊은 연구프로젝트에 초청해주시고 곽안련 연구기회를 제공해주신 숭실대 뿌리찾기위원회에게 진심으로 감사드린다. 시간과 여건이 된다면 표준주석시리즈의 다른 주석서들도 자세히 연구할 기회가 오기를 희망한다.

2017년 2월

저자 김 회 권

1장

서론

1. 성경 중심의 기독교로 시작된 한국교회

찰스 알렌 클라크[1)](1878-1961년)가 1928년에 시카고대학교 박사학위 논문으로 제출하고 1937년에 수정해 출간한 〈한국교회와 네비우스 선교정책〉[2)]은 한국선교지에 일어난 선교의 성공원인들을 추적하고 한국교회의 성장과정에 대한 아주 광범위하고 다차원적인 보고와 분석을 제시하고 있다.[3)] 1890년에 중국 산둥지역 선교사 존 L. 네비우스(John Livingston Nevius, 1829-1893)가 한국의 젊은 선교사들의 요청으로 방한해 25년 된 선교사들(북장로교 소속 10명 정도[4)])과 2주간 선교정책의 방향에 대해 집중적으로 공부를 했다. 이 2주간의 모임에서 네비우스는 후에 네비우스 선교정책으로 알려지는 선교정책을 한국선교사들에게 소개하고 가르쳐준다.[5)] 사경회 제도를 통한 성경교육 강조와 자전, 재정자립, 그리고 종국에는 토착지도자들에 의한 교회자치 방안을 가르쳤다.[6)] 사무엘 마펫 등을 위시한 선교사들과 토착지도자들을 중심

---

1) 본 연구는 클라크와 곽안련(郭安蓮)을 호환(互換)하며 사용한다.

2) 곽안련, 『한국교회와 네비우스 선교정책(*The Nevius Plan for Mission Work illustrated in Korea*)』, 박용규, 김춘섭 역(서울: 기독교문서선교회, 1994)(1937 영어원저). 본서의 이 서론은 이 책의 논지를 압축적으로 소개한다.

3) 한국선교의 성공요인을 네비우스 선교정책의 철저한 시행에서 찾는 곽안련의 논지를 지지해주는 최근의 논문으로는 Wesley L. Handy, "Correlating the Nevius Method with Church Planting Movements: Early Korean Revivals as a Case Study," *Eleutheria* 2/1(Winter 2012): 3-23이 있다.

4) 언더우드(Horace G. Underwood, 31세), 마펫(Samuel H. Moffet, 26세), 아펜젤러(H. G. Appenzeller) 등이 초청에 앞장섰다.

5) 마펫과 게일(Gale)은 1년 후 1891년에 만주 선양(瀋陽)의 선교사 존 로스를 방문하고 로스 방법으로 성장하는 만주교회에 깊은 인상을 받아 로스가 만주에 적용한 네비우스-로스 선교전략을 배웠다. 그 후 이들은 평양과 원산에 적용했다. 따라서 한국장로교회가 1891년에 공식적으로 채택된 토착교회 방법론은 "네비우스-로스 방법"이었다(옥성득, "존 로스, 한국 개신교사의 첫 장을 열다,"「복음과 상황」 297[2015년 8월호]: 98-113).

6) 곽안련, 위의 책, 98.

으로 1893년부터 전국 곳곳에서 사경회가 열리기 시작했다.[7] 휘묻이법으로 알려진 선교방법이 집중적으로 채택되어 큰 열매를 거두었다.[8] 휘묻이법은 줄기나 가지를 구부려 흙으로 덮어두다가 뿌리를 내리면 다시 그 가지와 줄기를 잘라주는 방법으로 등나무나 인동덩쿨 확장재배에 효과적이다. 먼저 한 마을이나 읍에 영수급이나 조사급 한국인 전도자가 들어가 약간의 신앙 거점을 형성해 자라면 하나의 독립적인 교회단위로 자라도록 돕는 방법이었다. 교회가 설립되면 목사(주로 선교사)가 들어가 세례 등 성례를 집행하고 좀 더 자라면 교회로 성장시키는 형식으로 교회가 부흥되었다.

한국선교사들이 네비우스 정책을 잘 받아들일 수 있었던 이유 중 하나는 많은 선교사들이 옛 스코틀랜드의 계약파 후손이었기 때문이다.[9] 마펫이나 클라크 등 많은 선교사들이 맥코믹이나 프린스턴 신대원[10]에서 공부한 사람들인데 이 두 학교 모두 존 낙스의 후예들인 스코틀랜드 언약신학의 유산을 이어받은 자들이었다.[11] 한국선교사역에 성경이 유달리 독특한 위치를 점유

---

7) 위의 책, 114.

8) 위의 책, 138.

9) 위의 책, 142.

10) 한국 선교사들에게 영향을 끼친 19세기 프린스턴 신학대학원 언약신학전통 계승자들은 찰스 하지(Charles Hodge), 아치볼드 하지(A. A. Hodge), 벤자민 워필드(B. B. Warfield), 게르할더스 보스(Geerhardus Vos), 그래샴 메천(J. Gresham Machen) 등이었다. 19세기 말 한국선교사들의 신학전통을 더 자세히 보려면, 이만열, 『한국 기독교와 미국 선교사』(서울 : 빛과 소금, 1987), 198을 참조하라.

11) 존 L. 네비우스는 1853년에 프린스턴 신학대학원을 졸업했다. 그는 1802년부터 1824년까지 미국교회선교협회의 중심인물이었던 청교도파 미국 목사 조시아 프랫(Josiah Pratt, 1770-1844)으로부터 삼자 원리에 의한 선교방법론을 처음으로 배웠다. 프랫은 또 삼자 원리를 공식화한 인물로 평가되는 루프스 앤더슨으로부터 이 선교원리를 배웠던 것으로 알려져 있다(Wilbert R. Shenk, "Rufus Anderson and Henry Venn: A Special Relationship?," *International Bulletin of Missionary Research* [Pasadena, California: U.S. Center for World Missions, 1991], 168). 언약신학의 개념들이 처음 나타난 것은 이레니우스(Irenaeus)와 오거스틴(Augustine) 등 교부들의 저작에서였다. 행위언약과 은혜언약의 범주들로 하나님의 구원경륜을 설명하기 시작한 16세기 초기 종교개혁자들로는 훌드리히 쯔빙글리(Huldrych Zwingli)와 요하네스 외콜람파디우스(Johannes Oecolampadius)가 있다. 이들을 이어받은 하인리히 불링거(Heinrich Bullinger, *A Brief Exposition of the One and Eternal Testament or Covenant of God*)와 칼

해 온 이유는 네비우스 선교정책과 한국선교사들의 신학전통의 합치의 결과로 설명될 수 있다. "한국교회의 능력, 영성, 기도에 대한 큰 믿음, 후한 기부정신은 전교회가 성경지식에 깊이 젖어있다는 사실로부터 나온다."[12] 최초의 정규신학교였던 평양장신도 사경회제도의 자연스러운 열매였다. 사무엘 마펫 등 평서북지역의 선교사들은 먼저 유급사역자들과 영수들을 위한 사경회를 매년 6주나 두 달 동안 실시했는데 그 결과로 1901년에 정규신학교를 설립하기에 이르렀다. 당시의 한국교회 신자들은 생업을 제쳐 놓고 하나님말씀을 배우는 것이 바른 일이라고 배웠다. 논밭의 1차 잡초 제거 후 7월 두 주 동안 농한기와 매년 1월 두 주 농한기에 주로 긴 사경회가 열렸다. 사경회는 대개 하루 종일 계속되었으며, 한 교육단위가 4-5시간이었다. 저녁에는 부흥성회로 열렸다.[13] 이길함, 소안론, 길선주 등에 의해 주도된 평양대부흥회도 평안도 남자사경회에서 시작되었다.[14]

빈도(John Calvin, *Institutes* 2:911) 은혜언약의 연속성을 부각시켰지만 율법과 복음의 관점에서 후에 언약신학의 골격이 될 교리를 가르쳤다. 종교개혁 직후의 신학자들인 자카리우스 우르시누스(Zacharius Ursinus[1534-1583], *Commentary on the Heidelberg Catechism*[1591]), 카스파 올레비아누스(Caspar Olevianus[1536-1587], *Concerning the Substance of the Covenant of Grace between God and the Elect*[1585]), 그리고 스코틀랜드 신학자 로버트 롤록(Robert Rollock[1555-1599], *A Treatise of our Effectual Calling*[1597])은 율법과 복음의 구분을 따라서 행위언약과 은혜언약을 통한 하나님의 구원경륜신학을 전개했다(Michael S. Horton, "Law, Gospel, and Covenant: Reassessing Some Emerging Antitheses," *Westminster Theological Journal* 4[2002]: 279-287). 언약신학의 고전적 진술들은 웨스트민스터신조(특히 7, 8, 19장)와 영국의 존 오웬(1616-1683년)의 저작(*An Exposition of the Epistle to the Hebrews*)에서 발견된다. 요하네스 콕세이우스(1603-1669년)의 *The Doctrine of the Covenant and Testament of God*(1648년), 프란시스 투레틴(Francis Turretin, 1623-1687년)의 *Institutes of Elenctic Theology*, 그리고 헤르만 비트시우스(Hermann Witsius, 1636-1708년)의 *The Economy of the Covenants Between God and Man*, 그리고 조나단 에드워즈(Jonathan Edwards, 1703-1758년)의 *Collected Writings of Jonathan Edwards* Vol. 2, ed. Patrick H. Alexander[Edinburgh: the Banner of Truth Press, 1993], 950)에서도 발견된다.

12) "북장로교 선교회 25주년 보고서"(the Quarter Centennial Report of the U. S. A. Mission North, 1909"]), 17(이만열, "한국기독교사 연구의 어제와 오늘," 「한국사론」 28[1998년 12월], 316-384; 또한 곽안련, 위의 책, 142).

13) 곽안련, 위의 책, 144-147.

14) 북장로교 선교회 25주년 보고서, 22; W. N. Blair & Bruce F Hunt, *The Korea Pentecost and the Sufferings Which Followed* [Carlisle, PA: the Banner of Truth, 1977], 1977], 194).

클라크는 자신이 주최한 서울사경회를 예시하며 당시의 한국교회가 얼마나 성경공부에 깊이 몰두했는지 증언한다. 1910년에 열린 클라크 주최 서울사경회에서는 지방에서 많이 참석했다. 한 위원과 14명이 강릉에 200마일을 걸어 자비로 사경회에 참석했고, 또 다른 세 사람은 130마일을 걸었다. 약 80명은 평균 20마일을 걸어서 사경회에 참석했다.[15] "한일합병"(클라크 언급)이 이뤄진 1910년에 열린 백만인구령운동도 사경회운동의 확산이었다. 사경회 운동으로 자전이 가능해지자 자립, 자치도 가능해졌다. 1907-1911년은 대한예수교장로회 독노회시기로서 한국교회 자립과 자치에 중대한 의미를 갖는 연속적 발전이 있었다. "여기에서 한국인들은 1910년을 특히 부각하고 싶을 것이다. 그 해는 민족의 독립을 상실한 해였기 때문이다. 그러나 우리가 민족운동에 대해서는 언급하지 않을 것이다."[16]

1912-1921년에는 사경회제도가 성경학교 설립운동으로 발전되었다. 피어슨 성경학교가 설립되었는데 평신도 학교는 남성 1년 5-6주 성경공부를 하고 졸업시까지 6년이 소요되었다. 여자의 경우 매년 10주씩 공부해 5년만에 마치도록 되어 있었다. 재한 선교사들은 성경교육이 교회를 공고하게 만들 뿐만 아니라 "신앙적인 기초가 튼실하지 못하면 국가의 자주권 상실이 교회를 파괴할 수 있었다"고 믿었기 때문에 성경공부에 비상한 열정을 쏟았다.[17] 신앙을 두텁게 하는 것이 결국 독립운동에도 도움이 된다고 믿었던 것이다. 사경회와 성경학교 제도를 통해 한국교회는 1912년부터 10년간 50% 정도의 성장을 이루었다.

1912년 1921년
목회자 53 208

15) 곽안련, 위의 책, 144.
16) 위의 책, 207-208.
17) 위의 책, 222-225.

세례교인 53,008 ······························ 72,138

총신자 127,228 ······························ 179,158

총헌금액 78,388 달러 ··················· 355,356

일반학교 학생수 14,721 ················ 31,867

숭실대학이 소재하던 인구 18만명의 평양은 기독교의 수도라고 불릴 정도였다. 평양에는 36개 교회(27개 장로교, 6개 감리교회 등)가 있었는데, 5개의 장로교회와 1개 감리교회는 성인 1,000명 이상이 출석하는 교회로 자랐고, 인구 1만명의 선천읍에는 1,000명 이상의 교인을 가진 교회가 네 개나 되었다.[18] 1921년부터 1934년까지 약 13년 동안의 교세는 100% 이상의 성장을 이루었다.

이런 지속적인 성장의 결과로 1937년에 한국교회의 장로교 신자는 34만 1,700명으로 전체 교인의 4/5를 차지했다.[19] 뉴욕 에큐메니칼 공의회(1900년, 〈뉴욕 에큐메니칼 공의회 회의록〉, 308쪽)[20]에서 인도의 에드윙 박사는 한국교회의 부흥은 청일전쟁 때문이라는 진단을 내렸고 R. E. 스피어(Speer)도 동일한 진단을 내렸다. "청일전쟁이 가져다 준, 갈아헤치고 갱신시키는 영향력" 때문에 한국교회가 크게 부흥했다고 보았다. 클라크는 이 질문에 대한 응답으로 제시된 기존의 열네 가지 가설을 조목조목 비판하며[21] 자신의 응답을 제시한다. 한국에서 기독교선교가 크게 부흥한 것은 존 네비우스의 선교정책을 성실하게 관철시켰으며 그 중에서도 성경교육 강조가 결정적인 성공 요인이었다고 분석했다. 먼저 한국선교의 성공을 가능케 한 요인들로 제시된 열네 가지 요인들이 한국선교의 성공을 가능케 하는 부분적 요인들로 작

---

18) 위의 책, 269-270.

19) 위의 책, 17.

20) 위의 책, 304, 325.

21) 위의 책, 304-322.

동했다는 것은 인정하지만 그가 제시하는 성경교육 강조설을 대체할만한 경쟁적 요인은 없었다고 주장한다.

한국선교 성공요인들로 우선 (1) 청일전쟁(1894-1895년) 가설이 있다. 전쟁 전 100명의 신자를 가졌던 교회가 전쟁 직후에 대폭적으로 증가된 교인을 갖게 되었다는 것이다. 클라크는 구체적인 통계를 들어 이 가설이 사실이 아님을 말한다. 그는 청일전쟁 당사자국인 중국에는 청일전쟁이 어떤 교인수 증가계기도 제공하지 못했다는 점을 들어 이 가설을 비판한다. (2) 전통종교 쇠락설; (3) 한국인 심성 유순설(Arthur Jones Brown, *Report of a Visit to Korea*, 1902, 12); (4) 이끌기가 용이한 한국민의 타율성 이론. 위의 브라운 보고서에 따르면 일제 하의 한국민의 민족적 우월감 약화와 외국문물에 대한 편견 약화로 기독교가 뿌리내리기가 쉬웠을 것이라고 본다; (5) 편안함 갈망설; (6) 국왕 호의설; (7) 여성들의 지위향상설; (8) 애국심 가설; (9) 새로운 것에 대한 호기심 가설; (10) 향상된 일반교육 수준영향설; (11) 문자해독력 가설; (12) 복음화에 유리한 암흑시대 가설(E. 브루너 박사, *Rural Korea*[1928], 50). 즉 영혼의 위로와 보상, 영적 회복 갈망 가설; (13) 축사능력자 가설; (14) 죄사함을 통한 평화 갈망설(영혼평화 추구설).[22)]

클라크는 위에서 열거된 이 정도의 요인들은 다른 나라 선교지에서 거의 공통적으로 발견된다는 점을 들어 이 요인들의 결정적인 역할을 인정하지 않는다. 예를 들어, 한국보다 25년 먼저 기독교가 들어온 일본인 그리스도인들은 한국교회 그리스도인 숫자의 절반도 안되는 상황을 어떻게 설명할 것인가를 묻는다. 그는 한국선교의 성공을 가능케 한 결정적 요인들은 이 열네 가지 이외에 네비우스 원리가 있었기 때문이라고 강조한다. 흔히 통속적으로 알려진 자립, 자전, 자치로 대표되는 이 네비우스 선교정책의 동력공급원이 바로 성경강조정책이었다는 것이다. 자전(自傳)은 성경에서, 자립은 자

22) 위의 책, 304-315.

전에서 발생하며, 자립에서 자연스럽게 자치가 가능해진다.[23] 한국선교사들은 한국 그리스도인들에게 성경을 가르치기 위하여 잔치를 베풀었다. "잔치를 베풀라. 그러면 손님이 올 것이다"(사경회)라는 원리(사 50:11)로 신자들을 입교시키고 교육훈련을 실시했다. 이렇게 한국교회는 성경에 뿌리를 내리게 되었다는 것이다.

클라크는 네비우스 선교정책의 자립, 자치, 자력전도 원리보다 더 중요한 것은 성경강조였으며, 그 성경교육 강조의 일환으로 사경회가 아주 강조되었다는 사실을 객관적인 통계를 들어 입증한다.[24] 한국선교지에서는 사역의 각 분야에서 성경을 보편적으로 사용하는 것이 철칙이 되었다.[25]

"한국교회는 성경 위에, 단순한 성경 위에 건립되었다." 원래 사경회제도는 유급사역자와 지교회 지도자들을 위한 성경 집중교육 강습회였는데 1892년부터 평신도 사경회로 발전되었다. 그 결과 "사경회 제도가 한국교회를 세계 극소수의 정예 교회로 훈련시켜 놓았다." 1936년 한 해 동안에 전국적으로 2,344회의 사경회가 실시되었고(6일, 10일 하루종일 밤 시간 절반), 17만 8,313명이 참석했다. 장로교회인 반 이상이 1년에 한번 이상 사경회 참석하는 것이 정상적인 기대였고 교회 리더십의 요구였다. 성경교육은 주일학교에까지 확산되었는데 1936년 경에는 전국적으로 34만 4,268명의 아동과 어린이들이 주일학교 참석했다. 당시에 주일학교 교사는 28,913명이었다. 사경회 분위기가 최고조에 달한 1936년에는 6주 혹은 10주 과정 성경학교가 열렸고 3,685명이 자비로 등록했다. 3,933명은 하루 품삯 전체를 바

---

23) 위의 책, 318-321.

24) 위의 책, 19, 35-37.

25) 한국교회의 비약적 성장요인을 분석함에 있어서 클라크와 동일한 결론을 내린 동시대 선교사 윌리암 블레어는 "마치 유대인들이 유월절을 준수했듯이, 한국 기독교인들은 여러 날의 성경공부와 기도에 몰입하는 사경회를 열었다. 중단되지 않는 연속적인 성경공부의 불가피한 결과는 전체 교회의 소생이며 사랑과 봉사의 참된 부흥이었다"고 말했다(Blair & Hunt, *The Korean Pentecost and the Sufferings Which Followed*, 67).

쳐 신약성경 통신강좌비로 지불했고. 구약성경 통신강좌비는 이틀 품삯에 상당했다.[26)]

한국교회사 시기를 구분할 때 공의회시기(1893-1901)[27)]로 알려진 시기에 특히 성경사경회가 확장일로를 걸었다. 이런 성경 중심 기독교의 부흥에 응답하고 성경 중심의 기독교세를 유지하기 위하여 1934년 희년총회에서 한국교회는 표준주석 시리즈를 발간하기로 한다. 클라크는 이 표준주석 시리즈에 가장 많은 주석서(최소한 8권)를 저술했다.

---

26) 곽안련, 위의 책, 19-20.

27) 총회가 생기기 직전 선교사들의 영적 지도력이 유일한 지휘부를 형성하던 시기를 가리킨다. 한국교회사의 총회 시기는 1912-1921년으로 획정된다. 1907년 9월 17일은 한국교회 총회가 세워진 날로서 한국교회 토착지도력이 자립하고 자치할 능력을 갖췄다고 선포한 날이다. 공의회 시기가 선교사의 후원과 관할이 주요 교회정치의 동력이었다면 이제부터는 한국교회가 자체의 사업에 대해 독립적인 관할권을 행사한다. 170명 총대로 구성된 총회에서 언더우드가 총회장으로 추대되었다. 목사 52, 장로 125명, 선교사 44명이 총회에 참석했는데 한국인 토착 지도자들이 다수를 점했다(곽안련, 위의 책, 211).

2. 표준주석 주석 시리즈의 중심 집필자, 곽안련의 중심 업적

본 연구는 곽안련의 표준주석 시리즈 구약주석 6권을 집중적으로 분석하고 그것의 교회사적 의의와 공헌을 고찰한다.[28] 곽안련의 한국선교업적은 약 40년(1902-1941년)에 걸쳐 이뤄졌으며, 그가 업적을 남긴 분야는 실로 다양하고 광범위하다.[29] 미국 미네소타의 맥켈레스터(MacCalester)대학과 맥코믹 신학대학원(McCormick Theological Seminary)을 졸업한 클라크는 24세였던 1902년 9월 22일에 한국에 와 1941년에 일제에 의해 추방되기까지 한국교회와 한국사회를 위해 초인적인 성실과 열정을 바쳤다. 클라크의 청년 시기는 1888년 무디의 헬몬산 한 달 부흥회의 파급력으로 미국 청년그리스도인들의 해외선교헌신이 러시(rush)를 이룰 때였고, 장로교단의 중심교역자 양성기관인 맥코믹 신학대학원동급생 44명의 신대원생 중 18명이 한국선교사로 지원했을 정도로 해외선교 열기가 충천한 시기였다. 클라크는 한국선교사가 되겠다고 서원한 여러 신학교 졸업생 중 한 명이었다.

목회자, 신학교수, 교회개척자, 주일학교 교육개척자, 네비우스 선교전략가, 그리고 건축가 등 다양한 은사와 직분을 십분 발휘해 클라크는 한국교회의 초기 50-70년 동안의 성장에 결정적인 기여를 했다. 1905년 이눌서(William David Reynolds, 1867-1951년)가 개척한 승동교회[30] 부목사로 부임하여

---

28) 이 글의 축약본은 2015년 10월 30일 숭실대 기독교문화연구원 학술대회에서 "찰스 알렌 클라크(Charles A. Clark, 1878-1961)의 교육정신과 구약신학"이라는 제목으로 발표되었다.

29) 클라크의 다양한 선교사역을 주제별로 정리한 저작은 이호우, 『초기 내한 선교사 곽안련의 신학과 사상』(서울: 생명의 말씀사, 2005)이다.

30) 승동교회는 원래 1893년에 사무엘 무어(Samuel F. Moore) 선교사에 의해 세워진 공당골 교회로부터 출발되었다. 공당골 교회는 무어의 중재로 고종에 의해 갓을 쓰도록 허용받은 백정들이 양반 계급과 함께 예배드린 해방구 교회였다(승동교회 백년사 편집부, 『승동교회 백년사, 1893~1993』[서울 : 승동교회, 1996], 67). 이 공당길 교회가 나중에 홍문수길 교회와 병합되어 승동교회로 개명된다. 곽안련이 승동 교회의 담임목사로 부임하기 전, 당시

서울에서 20년 사역하며 야소교 퇴계원교회(현 퇴계원제일교회) 등 150여개 교회를 개척했다가, 1922년 평양장신 실천신학 및 성서신학 교수로 부름을 받아 20년간 계속된 평양사역시기를 시작한다(1908년부터 서울 등에서 이미 신학을 가르침). 한국에 입국한 첫 세 해 동안에 두 아들(Burton W. Clark[190-1904]; Gordon M Clark[1905-1905])을 풍토병으로 잃었으며 세 명의 자녀(알렌 D. Clark; 캐서린 E. Clark[郭佳全])를 더 낳았고, 후에 약 16명의 한국고아를 입양해 길렀다. 그는 50여권의 영문(8권) 및 한글 저서를 남겼고 평양장신 교재, 표준주석 시리즈 주석저작물을 집필했으며, 〈신학지남〉 투고 에세이들과 논문들 그리고 기타 여러 교회저널에 엄청난 양의 글을 써 남겼다. 그가 남긴 한국어 대표저작은 〈목회학〉, 〈설교학〉, 그리고 〈표준주석 시리즈〉 8권(구약 6권[31]과 신약 2권[32])이다. 영어로 남긴 저서 중 대표적인 저작은 한국 전통종교를 소개한 *Religions of Korea* (1932)와 한국을 비롯한 극동의 초기 교회사 전개를 픽션형식으로 기록한 *First Fruits in Korea*[33]와 네비우스 선교전략을 연구한 〈한국교회와 네비우스 선교정책〉이다.

클라크는 33년간(1908-1941년) 평양장신의 실천신학 교수로 봉직하면서 설교와 성경신학 관련 글도 많이 남겼다. 또한 클라크는 이 기간 중 상당한 학기 동안에 평양숭실의 교양학부 과목인 성경을 가르쳤다.[34] 신사참배 거부

그 교회의 담임목사는 미국 남장로교 선교사인 이눌서(William D. Reynolds)였다. 곽안련은 이눌서의 후임으로 1906년 4월에 승동 교회의 담임목사가 되었다(위의 같은 책, 107).

31) 1937년 11월 〈욥기-시편 주석〉, 1956년 〈민수기〉, 1957년 〈레위기〉, 1957년 〈에스겔〉, 1964년 〈예레미야〉 순으로 발간되었다. 예레미야는 1961년에 죽은 곽안련 사(死)후에 발간된 셈이다.

32) 곽안련은 마가복음과 누가복음 주석을 쓴 것으로도 전해진다. 현재는 망실되었으나 그가 표준주석 시리즈 주석 편찬이 시작되기 전인 1922년에 요한셔, 유다셔 주석도 조선야소교서회 출간한 것으로 전해진다.

33) Clark, *First Fruits in Korea*(New York et al.: Fleming Revell Co., 1921).

34) 숭실대학교 100년사 편찬위원회, 『숭실대학교 100년사-1. 평양숭실편』(서울: 숭실대학교 출판부, 1997), 295. 곽안련은 1930년 7월부터 1936년 7월까지 7년간 평양숭실에서 교회사와 성경을 가르쳤던 것으로 보인다. 비록 F. E. Hamilton(함일돈), F. Kinsler(권세열)가 성

행렬에 동참하던 중 세계평화기도문 사건으로 추방될 때까지(1941년)[35] 모든 면에서 모범적인 선교사 사역을 감당했으며 1961년 오클라호마에서 소천했다. 클라크는 장로교 표준주석의 대부분을 사실상 저작했으며, 그의 33년간의 평양장신 신학교 교수사역을 통해 현재의 장로교 신학형성에 결정적인 영향을 미쳤다. 그의 목회학, 설교학, 그리고 그의 성경주석은 탁월하였고 영속적인 영향을 미쳤다. 결국 클라크의 선교사역은 성경을 가르치고 성경주석을 집필하는 문서사역과 성경적 정통주의 신학을 관철시킨 설교학과 목회학 교수에 농축되어 있다.[36]

본 연구는 이 중에서 클라크의 선교사역의 진수가 그의 가장 항구적인 업적이라고 할 수 있는 표준주석 시리즈 구약주석 저작물에 농축되었다는 전제 아래 그가 쓴 여섯 권의 구약주석을 자세히 검토할 것이다. 클라크의 구약신학적 기여를 검토하기 위하여 우리는 그의 주석서 여섯 권(레위기, 민수기, 시편-욥기, 예레미야, 에스겔)[37]을 분석하고 평가할 것이다. 그의 주석저작들을 살펴보기 전에 먼저 클라크의 성경관과 그가 신봉한 정통칼빈주의 성경해석의 명제들을 살펴보고자 한다.

경과목을 가르치고 곽안련은 교회사 교수로 기록되어 있지만 그도 성경과목도 가르친 것으로 전해진다.

35) 곽안련의 1941년 추방상황을 보려면, 곽안전, 『한국교회사』(개정증보판; 서울: 대한기독교서회, 1973), 192쪽을 참조하라.

36) 클라크는 성역 60년 회고의 자리에서 자신이 42권의 책을 썼는데 각 1천페이지 분량의 15권짜리 주석으로 출판되었다고 증언한다. 이 주석 중 6-8권만이 그의 이름으로 출간되었고(영어 원고가 한국인에 의해 번역되어 출간) 나머지는 다른 사람의 이름으로 출간하도록 하였다고 증언했다. 나머지 21권은 설교학, 주일학교사업, 목회학, 교회법에 관한 내용이다. 7권의 영어 저작들에는 1934년까지 한국에서 행한 모든 사역들이 문헌상 증거들과 함께 연대순으로 기록되어 있다. 〈한국의 전래종교들〉(*Religions of Old Korea*)은 이 분야를 포괄하여 작성된 책들 중 가장 처음 쓰여진 책이다. 〈한국 교회와 네비우스 정책(*Korean Church and the Nevius Plan for Mission Work in Korea*)〉은 세계선교계에 이름을 알린 책이다. 〈한국 선교 사역에서의 네비우스 정책〉(*The Nevius Plan for Mission Work in Korea*)이라는 책은 전자의 보완 속편이다. 이 두 책은 중국 선교사 네비우스가 발표한 원칙들을 사용해, 한국선교사들이 한국에 성경에 기반하여 자립적(경제적으로), 자치적, 자전적 교회를 어떻게 설립했는지 묘사해 주고 있다.

37) 1958년에 출간된 〈이사야서 연구〉는 독립적으로 쓰여진 간략한 강해서다.

2장

찰스 알렌 클라크의 정통 칼빈주의 성경해석의 명제들

클라크의 모든 다양한 선교활동의 중심축은 성경이었다. 그는 성경을 구령운동과 교회개척의 동력으로 삼아 성경을 통한 기독교교육을 진작시켰고, 성경에 입각한 선교운동과 근대고등교육운동을 전개했다. 클라크는 구(舊)프린스턴 학파인 아치볼드 하지(Archibold Hodge), 찰스 하지(Charles Hodge), 벤자민 워필드(Benjamin Warfield) 등의 성경관을 이어받아 성경의 초자연성과 권위를 강조했다. 그는 성경의 영감성과 무오성을 확신했으며,[38] 이 성경의 영감성과 무오성은 17세기 초 영국청교도들이 만든 웨스트민스터 신조의 핵심이었다.[39] 그는 성경의 권위를 부정하고 기적을 무시하고 부흥전도를 도외시하며 예수의 육체부활과 대속을 부인함으로써 성경을 인류사회의 도덕적 표준경전으로만 축소하려고 하는 자유주의 성경관을 강력하게 비판했다. 아울러 성경보다 교회전통을 앞세우는 로마가톨릭의 성경관도 부정했다. 클라크는 성경을 유일무이한 진리계시로 보는 보수적인 성경관이 하나님께서 한국 땅에 허락하신 선교사역의 위대한 결과들 중 가장 귀한 것이라고 평가했다.[40]

앞서 말했듯이 클라크가 신봉한 영감설은 구(舊)프린스턴신학대학원 교수들인 아치볼드 하지, 찰스 하지, 벤자민 워필드가 주창한 유기적 축자영감설이었다. 그들은 모두 '하나님의 감화력이 성경저자들이 기록하는 모든 것에 균등하게 함께 하셔서 그들이 기록하는 각 부분, 즉 그들의 사상과 축자적

38) 곽안련, "영감," 『표준주석 마가복음』(서울: 대한예수교총회, 1957), 43-53.

39) 곽안련, "말씀하시는 하나님," 「신학지남」 19(1937/1), 62.

40) C. A. Clark, "Fifty Years of Mission Organization," in *the Fiftieth Anniversary Celebration of the Korea Mission of the Presbyterian Church in the USA*(1934/ June 30-July 3), Eds. Harry A. Rhodes and Richard H. Baird(Seoul; YMCA Press, 1934), 56-57.

표현까지 무오의 진리를 확보하게 하시고 그들이 재료를 선택, 배치하는 것을 하나님의 목적에 따라 결정하게 하신 것'이라고 믿었다.[41] 클라크는 '성경의 생성은 인간들의 작인과 하나님의 작인이 여러 가지 면에서 상호협력한 결과'라고 보는 유기적 축자영감설을 옹호했다. 이 유기적 영감설을 조리있게 피력한 학자는 루이스 벌코프(Louis Berkhof)다. "성경은 성경저자들의 내적 존재법칙과 조화를 이루며 그들의 성격과 기질, 은사와 재능, 교육과 문화, 어휘와 문체 등 그들의 있는 그대로를 사용하시는 가운데 유기적인 방식으로 그들에게 작용하셨다."[42] 곽안련에 따르면 성경 66권은 대략 40명의 기자들에 의해 기록되었지만 처음부터 끝까지 하나님의 구속계획이라는 일관된 주제를 보지(保持)하고 있다.

이처럼 클라크 등 표준주석 집필자들이 정통칼빈주의 성경관은 성경을 하나님이 주신 정확무오한 하나님의 말씀으로 믿으며[43] 성경해석에는 성령의 감화가 필요하다고 믿었다. 그들은 성경이 하나님의 계시를 기계적으로 받아 적은 글이라고 보지 않고 인간 저자들을 통해 기록하셨다고 믿는다는 점에서 유기적 축자영감설을 믿는다. 이 유기적 축자영감설을 예해하기 위하여 정통 칼빈주의는 성경의 네 가지 속성들을 믿고 강조한다.

① 성경의 자증(自證) 혹은 자기충족적 신임성(信任性): 성경은 그 자체 안에 독자적 권위를 가지고 있다. 교회나 어떤 사람이 성경이 하나님의 말씀이라고 말하기 때문에 하나님의 말씀이 되는 것이 아니라, 성경은 그 이전에 이미 독자적으로 하나님의 말씀으로서의 권위를 가지고 있다. 따

41) 곽안련, "영감," 44.

42) Louis Berkhof, *Summary of Christian Doctrines*(Grand Rapids, MI.: Eerdmans, 1938), 20.

43) 성경의 권위에 대한 정통칼빈주의의 견해는 박윤선의 다음 글들에 잘 나타나 있다: "신약성경의 권위에 대하여(1)," 고려신학교 교지 『파수꾼』 4(1954), 5; "우리의 성경," 『신학지남』 (1976/6), 5-7; "나의 신학과 나의 설교,"『신학정론』 4(1986/5), 4-5.

라서 칼빈주의(혹은 개혁주의)는 성경이 있기 전에 교회가 있었다고 주장하는 가톨릭교회의 주장을 반대한다. 칼빈주의는 교회도 하나님의 말씀에 의해 존재하게 되었다고 주장한다.

② 성경의 필요성: 칼빈주의는 인간의 구원과 생활을 위해 성경이 절대적으로 필요하다고 믿으며 성경은 우리의 구원과 생활에 절대적으로 필요한 유일한 기준이라고 믿는다.

③ 성경의 명료성: 칼빈주의 교회는 성경은 구원과 생활 문제에 있어서 모든 신자들이 분명하게 이해할 수 있을 만큼 명료하게 하나님의 뜻을 계시하셨다고 믿는다. 그래서 개혁주의는 평신도들의 성경 공부나 해석을 금지하지 않고 오히려 격려한다. 성경은 가톨릭이 주장하는 성직자들의 성경해석권 독점을 반대하고 원칙적으로 하나님의 성령의 감동 아래 사는 모든 성도들이 성경 진리를 분별할 수 있는 권리를 부여받았다고 믿는다.

④ 성경의 자기충족성: 가톨릭교회는 성경만으로는 부족하다고 하여 성경외에 전통(傳統)을 진리의 중요한 기준으로 삼았다. 그러나 칼빈주의 교회는 그러한 전통의 권위를 부인하고, 성경만으로 충분하며 오직 성경만을 진리의 유일한 표준으로 삼았다.

1937년에 착수된 표준주석 시리즈는 이런 원칙을 주창함으로써 기획되었고 클라크는 이 원칙을 주석작업에 관철시키려고 했다. 그런데 한국교회사의 맥락에서 보면 장로교의 표준주석 시리즈(1937-1964)가 표방한 이 성경해석 원칙은 1934년에 감리교단이 번역한 자유주의적 아빙돈 단권주석의 신학적 입장에 대한 대응차원에서 나왔다는 점이 중요하다.[44] 총회표준성경

44) 아빙돈 단권주석은 한국 감리교회가 선교 50주년을 기념하여 1934년에 발행한 주석으로서, 미국 아빙돈 출판사에서 펴낸 영문판 단권주석을 번역한 것이다. 이 주석은 문서비평, 고등비평, 역사비평 등 현대적 비평학을 사용한 새로운 주석이었다. 감리교 유형기 목사가 번역 및

주석은 계시의 역사를 종교진화론적인 선입관으로 폄하하고 이적(출 10:21-23, 14:21-23)을 부인하는 아빙돈 단권번역주석에 대한 반작용으로 기획되었던 것이다.[45)]

편집 책임자로 임명되었고 양주삼, 정경옥, 김창준, 전영택, 변홍규 등 총 53명이 번역자로 참여하였다. 이 번역진에는 송창근, 채필근, 김재준, 김관식, 윤인구, 문재린, 한경직, 조희염, 서고도 등 장로교 목사들도 합류하였다.

45) 박윤선, "한국교회 주경사," 『신학지남』140(1968), 9-14(특히 12).

1. 찰스 알렌 클라크의 성경관[46)]

웨스트민스터 성경신조를 받아들이는 칼빈주의 장로교인으로서 곽안련은 성경을 '하나님으로부터 온 직접적 계시, 신성한 책, 그리고 권위의 책'으로 받아들였다. 유기적 축자영감설을 신봉한 곽안련은 소위 기계적 축자적 영감 혹은 축자적 구술(口述)영감론은 배척했다. 기계적 영감은 성경 저자들을 "구술축음기(口述蓄音機, Dictaphone)와 같은 기계"로 간주하기 때문이었다. 하지만 영감의 범위에 관해서는 곽안련은 성경의 완전축자영감을 옹호했다. 그는 찰스 하지가 자신의 저서 〈조직신학〉[47)]에서 옹호한 완전축자영감설을 받아들였다. 이것은 영감이 성경의 모든 부분과 단어에까지 동일하게 미쳤다는 것을 의미한다. 이런 축자영감설을 고수하면서 곽안련은 "저자들의 이상 혹은 개념은 영감되었으나, 그 말들은 영감된 것이 아니라"는 주장을 비판했다.

따라서 곽안련은 성경이 신앙과 삶의 모든 행위를 가르치는 정확무오한 하나님의 말씀일 뿐만 아니라 과학과 역사 등의 분야에서 추종해야 할 정확무오한 진리의 말씀이라고 믿었다. 성경 기자들은 종교적이고 윤리적인 문제에서 뿐만 아니라 역사적 사건들과 과학적 사실, 그리고 지리적 정보제공 등에 있어서도 영감받았다는 것이다. 왜냐하면 디모데가 "모든 성경"은 "하나님의 감동"으로 되었다고 말했기 때문이다(딤후 3:16). 다만 곽안련은 성경의 권위와 영감에 대한 믿음의 문제에서, 구학파 신학자들인 A. A. 하지와 벤자민 B. 워필드처럼 성경 육필(肉筆) 원본(autograph)의 무오성을 고수했다. 곽안련은 성경 원본을 필사하거나 다른 언어로 번역 또는 인쇄하는 과정에서 성경 기록의 미세한 부정확함이나 비일관성이 발생했을 수도 있음을 인정하

46) 이호우, 『초기 내한선교사 곽안련의 신학과 사상』, 251-276.

47) Charles Hodge, *Systematic Theology* (New York, NY.: Scribner's Press, 1872).

였다. 그럼에도 불구하고 필사자들과 전달자들의 실수를 제외하고는 성경의 모든 부분이 하나님의 성령에 의해 영감되었기 때문에 진실하고 무오하다고 확신했다. 아빙돈 단권 주석서에 대해서도 그는 "그리스도의 신성, 그리스도의 [동정녀] 탄생의 합당성, 혹은 성경의 권위나 영감을 의문시하는" 곳이 40군데 정도 나온다고 하며 신학적 문제를 제기하였다.

2. 찰스 알렌 클라크의 성경해석학[48)]

(1) 문법적-역사적 해석

곽안련은 정통칼빈주의자답게 역사적-문법적 해석을 제1원리로 삼았다. 그는 문법적·역사적 주해방법을 적용하기 위해 그의 저서『설교학』에서 각론을 상술하고 있다. 첫째, 무엇보다도 먼저 설교자는 본문 구절 자체를 원저자의 의도대로 이해하여야 한다. 그 다음에 연결된 구절들을 연구하고 성경강목이나 주석 같은 책들을 통하여 가능한 한 유사한 구절을 찾아내 비교하지 않으면 안 된다. 둘째, 그러한 규칙을 정하고 나면 그 설교자에게는 본문이 진정으로 무엇을 의미하는가를 발견해 낼 중대한 책임이 맡겨진다. 특별히 설교자는 본문의 언어가 문자적인 것, 즉 표현 그대로의 것인지 비유적인 것인지를 주의해서 살펴야 한다. 셋째, 저자의 환경이나 그 저자의 시대나 국가 또는 그때의 습관에 대하여 살펴보면 본문을 옳게 해설하는 데 큰 도움이 될 것이다. 넷째, 다른 성경말씀이 해석하려고 하는 특정한 구절을 해석하는 데 도움이 되는 경우도 많다. 잘 알려져 있듯이, 이 역사적-문법적 해석은 로마가톨릭의 교리적 증빙본문 동원식, 취사선택적 성경해석을 극복하기 위한 16세기 종교개혁자들의 해석학 제1원리였다. 이처럼 곽안련의 구약주석에서 관철하려고 했던 해석방법은 문법적 역사적 해석이었으나 실제로 우의적-풍유적 해석과 모형론적인 해석이 더 자주 시도되었다.

(2) 우화적·모형론적 해석

곽안련은 문법적·역사적 해석 외에도 우화적·모형론적 해석을 실제 주석에서 자주 시도했다. 그는 우화적(Allegorical)-모형론적(Typological) 해석을 다소 혼용하면서 성경을 해석했다. 그의 우화적 해석은 성경 단어들의 이면에

---

48) 곽안련, 『설교학』(서울: 대한기독교서회, 1954[1928년 원저]), 35, 63-64; 이호우, 같은 책, 277-297.

숨겨진 어떤 영적 진리를 탐색하려는 강한 경향을 가지고 있다. 즉 어떤 특정 단어가 가지고 있는 또 다른 의미의 상징적이고 영적인 의미와 그것에서 도출되는 영적 교훈을 찾고자 했다. 이러한 해석은 성경에 광범위하게 나타나 있는 비유들에 대한 일반적인 해석방식이기도 했다(시68:2, 시68:29-30, 시74:19). 그런데 이런 해석학에 입각한 주석은 왕왕 설교학적 목적(目的)을 위해 단어나 표현을 성경본문의 문맥으로부터 격리시키는 경향을 촉발시켰다.

곽안련은 성경의 구원사(史) 전체에서 모형론적 유형을 찾되 그 유형을 찾는 과정에서 철저하게 성경의 자증성에 의존했다. '성경에 대한 가장 좋은 주해서는 성경이다'라는 칼빈주의 해석학을 신봉했다.[49] 이처럼 곽안련은 모형론적 해석관점에서 신구약 전체에 흐르는 하나의 신학적 통일성을 찾는 데 성경 자체가 성경 해석의 최고의 길잡이라고 보았다.

또한 곽안련의 주석 작업은 성경해석의 방향을 잡아 줄 성경의 통일성을 추구하는 데 치중했다. 그는 신구약의 독특한 메시지는 구원사(史)라는 주제에서, 그리고 구원사의 핵심인 그리스도 안에서 절정에 도달한다고 이해했다. 곽안련의 해석관에 있어서 구원사는 성경이 기록된 이유와 그 목적을 이루는 핵심 사안이었다. 그에 따르면 성경의 유일한 목적은 사람에게 구원의 계획을 계시함에 있다. 성경은 역사, 전기, 율법, 시, 애정실기(愛情實記)(룻), 비사(祕史)(에스더), 예언 등 모든 종류의 문학을 포함하지만 단순한 오락용 문학은 하나도 없고 다만 하나님의 구원계획을 명시하기 위하여 여러 가지 문학적 형식을 빌어 표현했을 뿐이라는 것이다. 따라서 곽안련의 성경해석은 개인구원론 중심의 성경해석이 될 가능성이 매우 농후했고 실제로 그러하였다. 나라와 민족 전체가 갱신되거나 새롭게 되는 것에 대한 관심보다는 개인을 구원대상으로 삼는 구원론적 경향이 두드러졌다(예레미야 주석).

---

49) Louis Berkhof, *Principles of Biblical Interpretation: Sacred Hermeneutics*(Grand Rapids, MI.: Baker Book House, 1952), 26. "성경으로 성경을 해석한다"는 말은 칼빈이 사용했던 문구였다(박윤선, "한국교회 주경사," 10-11).

3장

표준주석 시리즈의 성경해석 원리와 집필 원칙

표준주석 시리즈의 편집책임자 사무엘 마펫(1945년 이후 안광국 종교교육부 총무)과 편집진(박형룡)은 각각 〈서문〉을 각 주석서 앞에 붙였는데, 전자는 왜 표준성경주석서 시리즈가 출간되어야 하는지를 설명하고, 후자는 표준주석 시리즈의 성경해석 원칙과 집필원칙을 천명한다. 그런데 박형룡이 쓴 것으로 추정되는 〈편집자 서문〉은 2천년 성경해석사를 개관하며 본주석 시리즈의 성경해석 원칙의 정당성을 도출한다. 클라크의 주석들을 검토하기 이전에 1937년 11월의 편집자 서문(박형룡)에 논의된 표준주석 시리즈의 성경해석사 개관과 본주석 시리즈가 고수하는 성경해석원칙과 집필원칙을 자세하게 살펴볼 필요가 있다.

편집자 〈서문〉(이하 〈서문〉) I단원은 "성경은 무상명령의 권위를 가진 신국의 법전이므로 신국민이 될 것을 서약한 신도마다 그것을 수호할 의무가 있다"고 천명한다.[50] 〈서문〉은 성경본문만을 수지한 신도와 교역자들로서는 성경제서가 저작되는 시대의 정상과 그 말씀들을 받던 인민의 심리 상태와 그 말씀이 공급하고자 하는 실제수요를 명백히 알 수 없기 때문에 성경을 이해함에 있어 곤란을 당한다는 사실을 부각시킴으로써 주석시리즈 출간의 의의를 강조한다. 찰스 하지가 말한 것처럼 '성경은 명료한 서적이요 인민이 이해할 수 있는 책이다....구원에 관한 기사는 가장 명료하여 비록 무식한 자라도 용이하게 이해할 수 있다.'[51] 성경을 이해함에 있어서 성신의 지도는 가장 중요한 조건이다. 성경이 성신에 의해 쓰여졌으므로 성신의 지도가 성경공부에 필수적이다. 그러나 성신의 지도가 있다고 해서 성경의 학문적 연

50) 이 문장은 일제의 황국신민 서약강요를 생각나게 한다(곽안련, 『성경주석 레위기』[서울: 대한예수교장로회 총회 종교교육부, 1956], 13).

51) 곽안련, 『성경주석 레위기』, 15.

구와 해석의 필요성을 배제하거나 등한시하는 것은 아니다.[52] 성경에 대한 이성적 연구의 중요성을 강조하기 위해 〈서문〉은 칼빈의 시편 주석 영역판에 서문을 쓴 제임스 앤더슨이 천명한 멜란히톤의 원칙을 소개한다. "성경은 먼저 문법적으로 이해되지 못하면 신학적으로 이해되지 못한다." 성경해석은 성신의 마음을 탐지하는 지적 활동인데 성신의 마음은 언어와 문자로 표현되어 있기에 성경해석에 이성적-문법적 연구는 필수적이라는 것이다.

이어 〈서문〉 II단원은 성경주석의 전통은 구약성경에서부터 있어 왔음을 강조한다. 역대하 저자는 선지자 〈잇도의 주석(미드라쉬)〉(대하 13:22)[53]과 주석(미드라쉬)〉(대하 24:27)[54]을 언급한다. "주석"이라고 번역된 히브리어 미드라쉬(midrāš)는 "성경에 의해 암시된 사상이나 논제에 대한 상상적 발전 특히 교훈적 혹은 설교적 강해나 인민의 사상을 선도하는 종교적 설화"를 의미한다. 물론 이 미드라쉬는 정경을 대상으로 이뤄진 해석이 아니었다는 점에서 오늘날의 성경주석과는 다르다. 오늘날의 성경주석과 더 가까운 미드라쉬는 에스라 시대에 기원한 것이며 타르굼은 제 2성전시기에 유래했다.

오늘날의 성경주석과 좀 더 가까운 그리스도 이전의 미드라쉬(성경해석)는 히브리어의 아람어 번역본인 타르굼에 의해 이뤄졌다. 타르굼은 히브리어 본문을 아람어로 번역하고(의역) 해석한 것을 가리킨다. 타르굼은 구약의 의역 혹은 해석적 역술인 셈이다.

한편 이집트의 유대인들에서도 성경해석이 이뤄졌는데 알렉산드리아의 필로는 풍유적 해석의 대표자다(주전 40- 주후 20). 유대인들의 구전율법인 미쉬나 해석집인 탈무드가 2세기에 집성되었다. 이후 유대교의 구약성경 주석

52) 위의 책, 16.

53) "아비야의 남은 사적과 그의 행위와 그의 말은 선지자 잇도의 주석(미드라쉬) 책에 기록되니라."

54) "요아스의 아들들의 사적과 요아스가 중대한 경책을 받은 것과 하나님의 전을 보수한 사적은 다 열왕기 주석(미드라쉬)에 기록되니라."

은 9, 10, 11, 14세기의 카라잇파(Karaites =성경 수도[隨徒])들[55]에 의해 이뤄졌는데 이것은 랍비 전통을 배제한 주석류를 대표한다.

중세 유명한 구약성경 주석가로는 이집트 거주 유대인 학자 Saadia Ben Joseph(882-942년),[56] Moses a-Darshan Tobiaben Eliezer(11세기), Rashi(Solomon ben Isaac, 1040-1105년), Joseph Kara(1100년), Abraham Ezra(1092-1168년), Joseph Kimchi(아버지), Moses Kimchi and David Kimchi(아들들), Maimonides(1135-1204년), 철학적 경향을 가진 마이모니데스파(Maimunists=마이모니데스 추종자), 그리고 유대교 중세 신비주의자들인 카발리스트(11-15세기)들이 있다.[57]

근세 성경주석은 아이작 아브라바넬(Isaac Abrabanel, 1437-1508년), Moses Alshech(16세기 후반 터키 거주 유대인),[58] Elijah Levita(1469-1549년, 독일거주 유대인 히브리어 문법학자, 성서학자, 소설작자), Jacob ben Hayyim(1470-1538년, 튀니지 출생, 이탈리아 거주 유대인학자, 맛소라 계승자), Moses Mendelssohn(1729-1786년, 독일거주 유대인 학자. 18-19세기 독일유대교 계몽운동 주창자) 등에 의해 이뤄졌다. 멘델스존의 독일어번역(문학적 번역)으로부터 발원한 삐우리스트 주석가들(문자역 해석자들)[59]은 성경의 비판적-역사적 연구에 치중했다.

1903년 이후에 아브라함 카하나(Abraham Kahana, 1874-1946년, 러시아 출생, 팔레스틴 이스라엘 이주 유대인 학자)의 편집권하의 구약전서의 신주석 한 질(秩)이

---

55) 히브리어 동사 카라(qārā': 읽다)에서 파생된 말로 유대교 율법준수와 신학에서 토라의 최종권위만을 인정하는 종파를 가리킨다. 구전율법과 탈무드 등도 권위있는 문서로 간주하는 랍비유대교와는 대조되는 유대교 분파다. 이 분파는 7-9세기에 바그다드와 현재 이라크에 속한 압바시드 칼리파에이트 등에서 일어난 운동이다.

56) 이집트를 중심으로 활동한 유대인 주석가요 철학자다. 그는 유대교 역법계산 논쟁으로 유명해졌고 그의 아랍어 구약성경 번역본은 아랍인들에게 아주 귀중한 자산이 되었다.

57) 원래 편집자 서문에는 아래에 열거되는 모든 학자들의 이름을 성(family)만 제시하는 경우가 대부분이었으나 저자가 구글검색이나 세계의 여러 도서관 검색을 통해 완전성명(full name)을 복원했다.

58) 토라와 예언서에 대한 그의 설교적 주석들은 아주 귀중한 유대교 성경주석 유산이다.

59) Biurist라는 말은 히브리어 '삐에르'(bē'ēr='설명하다,' '해설하다')에서 파생된 말로 주해자들이라는 의미다.

출간되었고, 19세기 후반 마르쿠스 칼리쉬(M. Kalisch, 1828-1885년)와 금세기의 아브라함 가이거(Abraham Geiger, 1810-1874년, 독일거주 유대인 랍비와 주석가), 하인리히 그래츠(Heinrich Graetz, 1856-1941년, 독일 거주 유대인 역사가, 성경주석가), 카우프만 콜러(Kaufmann Kohler, 1843-1926년, 독일 출생 미국이주 유대인 학자)도 구약의 비판적 주석가로 유명하다.

기독교가 개창되면서부터 신약성경에 대한 주석(후포므네마티스모스)도 이뤄졌는데 영지주의 발렌타인 추종자 헤라클레스(175년)가 요한복음과 누가복음 주석을 집필했다. 이와 거의 동시에 순교자 저스틴의 제자 타티안(Tatian)은 사복음서 대조(diatessaron)를 시도했다. 4세기 시리아의 에프라임, 3세기 히폴리테스도 신약주석에 뛰어들었다. 그 중에서도 알렉산드리아의 클레멘트(150-215년)는 〈강요〉를 저술했고 그의 제자 오리게네스(203-254년)는 성경의 문자적, 영적, 도덕적 의미, 즉 3중 의미를 파헤쳤다. 그는 풍유적 해석을 통한 과격한 상상을 개진했다. 오리게네스는 4중 성경비교, 6중 성경비교를 통해 기독교의 성경본문비평을 창시했으며 우의적 해석을 통한 도덕적 강해에 치중했다. 그는 스콜리아라는 이름으로 난해절 부주(附註)를 달기도 했다.

요한 크리소스톰(347-407년)은 알렉산드리아 학파와 달리 성경의 문자적 해석을 선호한 안디옥 학파의 대표자로 이사야와 갈라디아서 등에 주석을 달았다. 크리소스톰 외에도 안디옥 학파의 대표자들로는 안디옥의 루시안(240-312년), 디오도러스 옵 타르소스(319-394년), 데오도르 몹수에스티아(393-428년) 등이 있다. 알렉산드리아 학파와 안디옥 학파의 긴장 시대 이후에 성경해석은 서방 라틴 교부들에 의해 계속되었는데 암브로시우스(340-397년)는 구약역사, 누가복음에 대한 풍유적-문법적 해석을 시도했다. 제롬(346-420년)은 라틴어 성경을 출간했다. 중세의 프란체스코 수도회 소속인 니콜라스 드 리라(Nicholas de Lyra, 1270-1340년)는 문자적 해석을 시도했다. 6세기 이후 중세기에는 성경주석은 조직신학적 신학사변에 의해 주변화되었고, 16

세기 종교개혁자들에 의해 성경중심적 기독교가 복원되었다. 루터는 처음으로 성경본문 각 책의 신학적 특징과 메시지의 미묘한 긴장과 차이를 식별한 성서신학자였다.

루터의 갈라디아서 주석과 캘빈의 전 성경 주석 출간 이후에 화란의 아르미니안파 그로티우스(1645년[60])의 주석과 화란의 언약신학자인 요한네스 콕세이우스(Johannes Cocceius, 1603-1669년)의 표상적 연의(演義)[61]에 의한 성경주석과 그의 제자 M. 비크링가(M. Vicringa, 1716년), H. 베네마(Hermanni Venema, 1787년)의 강단강해서가 간행되었다. 스위스 종교개혁자 피터 마터(Peter Martyr, 1562년), 영국 청교도 바이필드(N. Byfield, 1622년), 독립파 조셉 캐릴(Joseph Caryl, 1673년), 토마스 더람(Thomas Durham, 1653년)의 강단용 주해는 한 세기 전에 이미 출간되었다. 화란 갱정파들의 주석이 나올 즈음에 영국국교회 H. 하몬드(H. Hammond, 1660년), 장로교인 풀(M. Poole, 1679년)의 비판적 성경주석서가 출간되었다.

18세기의 로마가톨릭의 A. A. 칼메(Antoine Augustin Calmet, 1672-1757년)와 영국 비국교도 매튜 헨리(Matthew Henry, 1714년), 오경의 저작과 저자에 대한 근대비평의 선구자라고 불리는 스위스 갱정파의 리 클렉(Le Clerc, 1736년), 영국 아르미니안파의 다니엘 휫비(Daniel Whitby, 1726년), 아일랜드의 웨슬리파 아담 클라크(Adam Clarke, 1762-1832년), 영국의 패트릭(Patrick, 1707년), 시편과 예언서를 최초로 하나의 문학작품(단일 장르)으로 취급한 로버트 로우트(Robert Lowth, 1710-1787년), 토마스 스코트(1747-1821년), 캘빈주의 침례파 존 길(John Gill, 1771년), 비국교파 필립 다드리지(Philip Dodridge, 1751년), 비평적-강해적 주석으로 독일 성경학계에 일대전환을 가져온 독일 루터파 J. A. Pengel(1751년) 등은 권위있는 주석을 출간한 학자들이다. 이 중에서도 매튜 헨리의 주

60) 괄호 안의 연도는 죽은 해를 가리킨다.

61) 구약성경을 극단적으로 영해함으로써 모든 구절을 그리스도를 가리키는 것으로 해석하는 입장을 말한다.

석은 경건적 주석의 최고봉이다. 이들은 본격적 고등비평이 등장하기 이전의 주석가들의 면면이다.[62)]

이제 〈서문〉은 본격적 고등비평이 시작되고 나서 등장한 대표적 주석들을 예거한다. 먼저 독일 주석가들 중 이적을 부인하고 선지자들의 미래예견 능력을 부정하며 영감을 의심하는 자유주의적 주석들에는 드 베테(De Wette, 1843년), 게세니우스(Gesenius, 1866년), F. 히트지히(Ferdinand Hitzig, 1807-1875년), H. 에발트(Heinrich Ewald, 1875년), H. 올스하우젠(Hermann Olshausen, 1796-1839년), 딜만(A. Dillmann, 1834년)이 있으며, 신앙적 주석을 쓴 사람들에는 E. W. 헹스텐베르크(Ernst W. Hengstenberg, 1802-1869), 칼 프리드리히 카일(Karl Friedrich Keil, 1807-1888년), 하버링크(Haverinck, 1815년), 프란츠 델리취(Franz Delitzsch, 1890년; 나중에 벨하우젠파로 전향)가 있으며 슐라이어마허의 영향을 받은 주석가로는 개입파의 뤽크(Lücke, 1855년), 블릭(Bleek, 1859년), 톨럭(Tholuck, 1877년), 랑게(I. R. Lange, 1884년), 마이어(Haw Meyer, 1878년)가 있다. 보다 더 적극적 신앙적 신학자로 주석을 쓴 사람들에는 스티어(B. R. Stier, 1862년), 할레스(Harless, 1873년), 필리피(Philippi, 1882년), 루트하르트(Luthhardt, 1892년), 에브라트(Ebrard, 1887년), 그리고 스위스 학자 꼬데(F. L. Goddet, 1900년)가 있다. 신앙적인 미국 신학자들로는 프린스턴의 알렉산더(J. A. Alexander, 1860년), 찰스 하지(Charles Hodge, 1878년), 제코버스(M. W. Jacobus, 1876년), 알버트 빤스(Albert Barnes, 1871년), 영국학자로는 블룸필드(Bloomfield, 1860), 딘 알포드(Dean Alford, 1871년)가 있다.

〈서문〉은 다음으로 희랍어신약성서 주석가들 중 비평적 주석가들을 언급한다. 찰스 존 엘리캇(Charles John Ellicott, 1819-1905년), 라이트푸트(J. B. Lightfoot, 1889년), 브룩 F. 웨스트캇(Brooke Foss Westcott, 1825-1901년)이 대표적으로 신약주석을 출간했다. 독일의 자유주의 신학에 감염된 광교회파 영국

62) 곽안련, 『성경주석 레위기』, 19.

국교회 신학자로는 아더 P. 스탠리(Arthur Penrhyn Stanley, 1881), B. 짜웻(B. Jowett, 1883년), 존 윌리암 콜렌소(John William Colenso, 1814-1883년)가 있다.

이 외에 영국국교회 쿡(F. C. Cook, 1889년)이 편집한 〈설교자 주석〉(*The Speaker's Commentary*)과 존 제임스 스튜어트 퍼로운(John James Stewart Perowne, 1823-1904년)이 편집한 〈케임브리지 성경주석〉(*Cambridge Bible for Schools and Colleges*)[63] 이 있고 엘리캇이 편집한 〈영국독자들을 위한 성경주석〉(*A Bible Commentary for English Readers*, 1877년 이전 간행), 쇄프(W. Sehaff)가 편집한 〈통속 신약주석〉(*Popular Commentary on the New Testament*), 조셉 S. 엑셀(Joseph S. Exell) 등이 편집한 〈강단주석〉(*The Pulpit Commentary*)이 있다.[64]

이제 〈서문〉은 보다 20세기 초반 이후에 출간된 주석들을 소개한다. 20세기 초반 주석은 전질로 출간되는 경향을 띠기 시작했으며 전질주석이나 개인주석 모두 구약비평 결과를 주해에 반영하고 있다. 먼저 독일의 칼 마르티(Karl Marti), 노박(Nowack), 쉬트락(Strack), 쾌클러(Zöckler) 등이 비평적 구약주석을 출간했으며 폰 오렐리(H. C. von Orelli)가 보다 보수적인 구약주석을 발간했다. 신약주석으로는 19세기의 마이어 주석이 요한네스 봐이스(J. Weiss), 빌헬름 부세(W. Bousset) 등 신진학자들에 의해 개정판으로 재출간되었다. 영미권에 나온 과격 주석으로는 T. K. 체인(Cheyne)의 주석과 드라이버(S. R. Driver), 플럼머(Plummer)(이상 영국), 찰스 브릭스(C. A. Briggs) 등이 주도한 국제비평주석(ICC) 시리즈가 나왔고 그와 유사한 웨스트민스터 성경주석(드라이버가 창세기 주석 집필)이 나왔다. 이 외에도 주도적 비평가들인 베넷(W. H. Bennet), 케네디(A. R. S. Kennedy), 스키너(Skinner), 피크(A. S. Peake), 드라이버(Driver) 등이 *The Century Bible Commentary*를 출간했다. 영국의 뚜멜로(J. R. Tummelow)는 자유주의 색채를 띤 단권주석을 출간했다(1925년). 마지막으로 영미자유주의자들

---

63) 주요 집필자들로는 A. F. Kirkpatrick, A. B. Davidson, G. Findlay가 있다.

64) 곽안련, 『성경주석 레위기』, 20.

이 함께 1930년에 아빙돈 단권 주석(The Abingdon Bible)을 출간하기에 이르렀고, 이 단권주석이 1933년에 한국에 번역되어 소개되었다.[65)]

〈서문〉 III단원은 이런 파괴적 비평의 감염을 받은 다수의 주석에 맞서기 위해 표준주석시리즈가 기획되었다는 점을 강조한다. 파괴적 비평의 감염을 받은 다수의 주석은 성경을 신계영감의 계시서로 존숭하는 고래의 성경관에 반대하여 그것을 착오와 미신이 잡재한 일종의 종교서류로 본다. 본 주석시리즈가 출간되던 20세기 중반을 기점으로 볼 때 최근에 나온 다수의 성경주석은 성경의 해석이 아니라 성경의 해소이며 성경의 설파(說破)이다.

그래서 표준주석시리즈는 신앙선도의 책임을 갖는 주석, 교회의 실제적 수요를 충족시키는 주석을 발간하기에 이르렀다. 1957년 레위기 주석 편집 서문은 대한예수교장로회 총회가 한국교회 설립 70년만에 박형룡, 라부열 등 6인 편집위원회와 25인 집필자를 꾸렸다고 말한다. 본 편집위원회는 구미제국 캘빈주의자 학자 50여명에게 성경기고논문을 요청하기로 결정했다. 집필자는 웨스트민스터 교리 신봉자이면서 칼빈주의 보수신앙 소유자여야 한다고 언명되었다.[66)]

표준주석 책임편집자인 사무엘 마펫은 1935년 자유주의 계열에서 펴낸 아빙돈단권 주석을 의식해서였는지 '간략한 주석'으로서는 성경구절의 의미를 이해하는 데 거의 가치가 없다고 단언하며, 길고 자세한 주석서 시리즈가 필요한 이유를 말한다. 본 주석 시리즈는 많은 경우 새로운 독창적 연구의 산물이지만 지난 시기의 위대한 학자들의 학문적 열매들의 압축적 소개이며 인용인 경우가 많다는 점을 인정한다. 그는 본 주석시리즈의 성경관은 "보수적"이라고 밝힌다. 모든 성경이 하나님의 영감받은 말씀이요 신앙과 실천의 유일한 기준이라고 본다. 모든 성경책의 정경적 권위와 가치가 같다고 본

---

65) 위의 책, 21.

66) 1938년 신구약 새번역 성경이 등장했으며 1937년 겨울에 욥기-시편 주석, 1937년에 잠언, 전도서, 아가, 1937년에 로마서, 고린도전후서, 갈라디아서가 출간되었다.

다. 이 시리즈의 주석저자들은 성경에서 가르치는 진리의 체계가 웨스트민스터 교리와 장로교회들의 신조 안에 잘 요약되어 있다고 믿는다. 하지만 본 주석 시리즈 주석자들은 주석이 성경 자체를 대체할 수 없으며 성경이 성경의 가장 최선의 해석자라고 믿는다. 하나님 말씀은 자기설명적이기 때문이다. 신령한 것을 갖고 신령한 것을 해석하여야 한다는 것이다. 마펫은 성경의 많은 구절들과 어휘들의 정확한 의미가 오랜 사본 전승과정에서 망실되었으나 성경의 어떤 중요한 교리도 특정 본문의 부식이나 훼손으로 인해 흔들리거나 변개되지 않는다고 주장한다.[67)]

곽안련은 표준주석 시리즈 구약주석으로 레위기(1957), 욥기-시편(1937), 민수기(1956), 에스겔(1957), 예레미야(1964년)를 출간했다. 앞서 언급했듯이 표준주석 시리즈는 찰스 하지(C. Hodge)의 성경의 자명성과 영감론을 채택한다.[68)] 성경은 성신이 쓰신 글임에도 불구하고 인간의 언어와 문자를 매개로 하여 표시된 것이니 그 해석에 있어서 성신의 지도를 받는 때에도 그 본문의 언어학적 문법적, 수사학적 해명을 무시할 수 없다고 보았다. 성경은 먼저 문법적으로 이해되지 못하면 신학적으로 이해되지 못한다는 멜란히톤의 공리를 채택한 캘빈을 따라 표준주석 시리즈는 문법적, 언어적 연구의 중요성을 강조했다. 성경은 성신의 마음의 표시이지만 성신의 마음도 언어와 문자로써 표시되어 있으니 언어와 문자의 의미를 해득하기 전에 거기 나타난 성신의 마음을 알기는 어렵기 때문이다.[69)] 앞서 언급했듯이 이 〈서문〉은 다수의 비평적 성경주석이 신계(神啓)영감의 계시로서의 성경관을 타기하고 오류와 미신이 잡다한 일종의 종교문서로 보는 경향(아마도 아빙돈 단권주석)이 있음을 비판한다. 그것은 성경의 해석이 아니라 해소(解消)이며 성경의 설파라는 것이다. "그 집필자들은 무책임하게 자가설(自家說)을 벌여놓고 성경의 권

---

67) 곽안련, 『성경주석 레위기』, 4-6.

68) 위의 책, 15.

69) 위의 책, 16.

위에 미칠 영향에 대하여서는 하등 고려하지 않는다. 난관을 적발함에 있어서 용맹하고 그 해결에 등한하며 상충(相衝)을 지시함에 민첩하고 그 조화에 무성의하며 의운(疑雲)을 권기(捲起)함에 열중하고 그것의 말소에 냉정한 주석가들이 얼마나 많은가?"[70]

그럼에도 불구하고 표준주석 시리즈는 현대적 학식, 비평적 방식을 무조건 배척하는 것이 아니라 그것을 상당히 포함하며 신앙선도를 위한 최선의 주석서를 다섯 가지 원칙 아래서 기획했다. 첫째, "학구적" 주석이어야 한다. 교회의 중견유력계층을 상대로 성경을 가르치려면 학구적이어야 한다는 것이다. 그들은 성경을 성신의 말씀으로 믿고 살아있고 영존하는 말씀으로 믿고 그것을 이해하여 그들의 신앙과 생활에 지능적으로 응용하려고 지원하며 또한 그렇게 할 필요성을 느끼고 있으나 오직 상당히 지력적(智力的)인 성경교육을 받음으로써만이 이 지원을 성취하며 이 필요를 충족시킬 것이다. 그들은 성경의 단순한 설명에 만족하지 못하며 좀 더 심오한 연구의 결과를 맛보려는 기갈을 느낀다. 이에 성경의 문법적, 언어학적 연구가 요구되며 과학, 철학, 사학, 고고학의 참고가 유용하게 될 것이다. 성경 각부의 역사적 배경, 언어학적 근원, 문학적 함의 등을 구명하며 필요한 곳에서는 원어를 삽입하고 난해구절이나 쟁점에 대해서는 상이한 견해들을 소개하고 최선의 견해라고 사료되는 입장을 천명한다.

둘째, "비판적" 주석이어야 한다. 비판적 연구방법은 성경의 학문적 연구에 자연히 추수한다. 분별있는 비평적 연구를 지지한다는 말이다. 본문과 저자, 저작시기 등에 대한 논의를 내포한다. 근래의 성경비평계로부터 들어오는 각종 제안을 유의하며 학설들의 취사출척을 명민하게 밝히며 성경옹호의 처지를 고수한다. 셋째, "통일적" 연구방법이어야 한다. 성경 각책(저자)의 신학사상의 통일성을 기하는 주석이어야 한다. 중구동군(衆口同群)의 조화

70) 위의 책, 16-22.

일치를 꿈꾼다. 집필자들은 웨스트민스터 신조를 표준으로 삼는 칼빈주의적 신앙인들이어야 하며 주석들의 사소한 견해 차이는 편집인의 교열에 의해 제거될 것으로 기대되었다.

넷째, 실용적 방면을 존중하는 주석이어야 한다. 학구와 비판을 위주로 하는 주석서도 실용적이어야 한다는 것이다. 본문의 주석 중간에 신앙생활상에 실제 응용될만한 요소를 가입하고 대소지의 분류에는 대의와 결사를 별설(別設)하여 해당 구절의 전체 요의를 해득케 한다. 다섯째, 칼빈주의 정통적 신학사상을 주창하는 주석이어야 한다. 학구적, 비판적, 통일적, 실용적 주석이라 할지라도 정통신학사상을 떠나면 안된다. "성경주석의 목적은 성경저자들이 전달하고자 하는 진리, 성신이 계시하고자 하는 성지(聖旨) 등을 여실히 드러냄에 있다고 하면 하나님의 본의를 그대로 전하는 정통신학을 떠나면 아무 유익이 없기 때문이다." 요약하면 표준주석은 이 정통진리를 밝히고자 학구적이어야 하며, 정통신학을 옹호하기 위하여 비판적이어야 하며 통일적이어야 하며 실용적이어야 한다는 점을 분명히 했다. 결국 교회대중의 신앙을 선도하는 표준주석이어야 한다는 것이다. 이렇게 해서 1934년 장로교 희년총회는 종교교육부의 제안에 따라 표준주석 출간을 결의했고 그 결과 곽안련의 1937년 욥기-시편 주석이 최초로 출간되었다. 이 단원은 이 다섯 가지 집필원칙이 얼마나 관철되었는가를 중심으로 각 주석서를 분석하고 평가하고자 한다.

4장

찰스 알렌 클라크의 구약성경 주석

1937년에 출간된 욥기-시편 주석, 1956년의 민수기 주석, 1957년 레위기 주석과 에스겔 주석, 그리고 1964년의 예레미야 주석은 편집방향과 문체 등에서 차이가 난다. 욥기-시편, 레위기, 민수기 주석은 모두 다 국한문 혼용체로 쓰여졌고 옛날 한국서적처럼 세로읽기로 편집되어 있어 현대독자들에게 불편을 준다. 에스겔은 한문은 거의 없지만 세로읽기로 편집되어 있고, 가장 늦게 출간된 예레미야만 가로읽기로 된 한국어 주해서다. 국한문 혼용체로 된 상기 네 주석은 과연 클라크 선교사가 썼는지 아니면 누군가가 번역을 해주었는지 확실하지 않다. 1937-1956에는 박형룡 박사가 편집실무를 맡고 박윤선(1936년 8월-1938년 7월)과 김양선이 조수[71]로 일했던 것으로 보인다.[72]

---

71) 이들 중 누군가가 클라크의 영문원고를 유려한 국한문 혼용체로 번역해주었을 가능성도 배제할 수 없다.

72) 대한예장 종교교육부 총무 안광국이 쓴 1956년 서문에 보면 표준주석 시리즈 출간결정과 출간 순서가 언급되어 있다: (1) 희년 총회(23회)에서 표준주석 출간 결정; (2) 1차 1937년 11월 클라크의 욥기-시편 주석 출간; (3) 2회 잠언 전도서 아가서; (4) 3회 로마서 고린도전후서 갈라디아서; (5) 4회 바울 서간 교정 완료-대동아 전쟁과 일제탄압으로 중단. 1941년을 전후해서 라부열 선교사(R L Roberts)와 철학박사 겸 신학박사 곽안련은 강제출국을 당했다. 박형룡은 일본 혹은 만주로 망명했다; (6) 광복 후 다시 회집된 편집진은 박형룡, 계일승, 권세열, 곽안전, 구례인, 조요셉, 박병훈, 안광국, 윤하영으로 구성되었다; (7) 1945년 4회 조하반(Joseph Hopper)의 이사야 주석 출간; (8) 1955년 5회 권세열(Francio Kinsler)의 요한복음 주석 출간; (9) 1957년 6회 함일돈(Floyed E Hamilton)의 창세기 주해 출간.

1. 레위기

총론

I. 본서(本書)의 명칭(名稱)

'레위기'는 70인역에서 사용된 명칭이다. 본서에는 레위인에 관한 기사가 적기 때문에 부적절한 제목같으나 제사의식과 나병자(癩病者)의 정결식(淨潔式)과 기타 일반백성의 결례(潔禮)에 관한 의식(儀式) 등 제사장과 관련되는 제의식(祭儀式)이 많이 포함되었기 때문에 본서를 "레위인의 서(書)"라 한 듯하다.『레위인의 서(書)』라는 명칭의 신약적 전거를 굳이 찾자면 히브리 7:2을 들 수 있다. 여기에『레위 계통의 제사 직분』이라는 말이 나오는데 아마도『레위인의 서(書)』는 "레위계통 제사장의 직분서"라는 정도의 의미가될 것이다.

그런데 고대(古代)의 유대인에게는 본서(本書)의 특별한 명칭이 없었다. 모세오경을 전부(전통계승자들) 단일권(單一券)의 책으로 생각하였기 때문이다. 주후 5세기에 이르러 유대인 중에 맛소라 학자들이라고 불리는 일군의 학자들이 구약전서에 각주부록(脚註附錄), 모음부호, 단락구분(區分) 등을 표기(表記)하여 원래의 히브리어 성경 자음본문에 추가했다. 이것을 맛소라(Massorah) 부주(附註)라고 한다. 이 부주에 의하여 모세오경 전질(全帙)이 54구(區)로 나눠졌다. 이 54구(區) 중 레위기는 제 24구(區)로부터 제 33구(區)까지에 편입(編入)되어 있다. 이제 구분(區分)을 오늘날의 장절과 비교하면 다음과 같이 정리할 수 있다.

제 24구(區) .... 본서 1장-6:7
제 25구(區) .... 본서 6:8-8장
제 26구(區) .... 본서 9장-11장

제 27구(區) ························ 본서 12장-13장

제 28구(區) ························ 본서 14장-15장

제 29구(區) ························ 본서 16장-18장

제 30구(區) ························ 본서 19장-20장

제 31구(區) ························ 본서 21장-24장

제 32구(區) ························ 본서 25장-26:2

제 33구(區) ························ 본서 26:3-27장

맛소라 부주(附註)에 의(依)하여 이 모든 구명(區名)을 부를 때에는 그 구(區) 초두(初頭)에 있는 첫 글자 혹은 어구로써 지명(指名)하였다. 예컨대 제 24구(區)를 그 장의 초두어(初頭語)인 "와이크라"(wayyiqĕrā')로 칭한다. 그 의미는 "그리고 그(여호와)가 (모세를) 부르셨다"이다. 주후(主后) 4백년 경, 히에로니무스(Hieronymus)대에 이르러 비로소 유대인들이 모세오경을 현금(現今) 우리의 구약성경과 상사(相似)하게 분권(分卷)하여 명칭을 주되 그 각권 초두어(初頭語)나 어구(語句)로부터 각 책의 제목을 붙였다. 그래서 레위기는 유대인들에게 "와이크라"로 불렸다.[73]

II. 본서(本書)의 논건(論件)

본서(本書)의 시초부분(始初部分)에서는 출애굽기와 밀접하게 관련되며 그 결말은 민수기와 상연일관(相聯一貫)된다. 출애굽기 29장은 제사장(祭祀長) 임직예식(任職禮式)에 관한 규칙을 설명하고 본서(本書)는 그 예식(禮式)들의 집행(執行)에 관하여 해설한다. 본서(本書) 1장은 출애굽기의 마지막 장 배경, 즉 완성(完成)된 장막(帳幕)에서 '하나님이 말씀하셨다'는 말로 시작된다.

본서(本書) 내에 기록된 모든 사실(事實)은 모세오경 기사들의 연대순차(年

73) 곽안련, 『성경주석 레위기』, 35-36.

代順次)대로 출애굽 후(后) 제 2년 1월에 속한 것이라고 추정된다(출 40:1-17; 민 1:11 비교). 이 기간에 일어난 사실이나 사건의 수효(數爻)는 그리 많지 않다. 예컨대 출애굽기 29장에 기록된 아론과 그 아들들의 성직취임식(聖職就任式) 기사가 있고 다음에는 아론이 그 자신과 백성을 위하여 첫 번으로 제물(祭物)을 드린 사실(8장-9장), 나답과 아비후의 죽은 사실(10장), 불경죄(不敬罪)에 대한 형벌기사(刑罰記事)(24장) 등이 그것들이다. 그리고 그 나머지는 입법론(立法論)인데 그 입법은 모세 오경의 타부분(他部分)에 있는 율법과 같이 특수한 주요목적을 위해 이뤄졌다. 그 목적은 이스라엘 백성들로 하여금 저들을 택하신 하나님을 기쁘시게 하도록 훈련시키는 것이었다. 환언(換言)하면 하나님의 속성(屬性) 중에 중요한 것은 "거룩하심"이니 그 거룩하신 뜻대로 그들을 택하사 거룩하게 하시고자 함이다.[74)]

III. 본서(本書)의 저작자 문제(著作者 問題)

오경의 어떤 부분(部分)들을 가리켜 모세의 소작(所作)이 아니라고 하는 비평가들도 그 다대수(多大數)가 모세의 저술임에 틀림없다고 대체로 인정한다. 혹설(或說)에 의하면 본서(本書)는 요시야 왕 시대이든가 혹은 그 후대에 저작되었다고 한다. 왕하 22:8에 율법책을 찾아냈다는 말이 있는데 그 책은 장구(長久)한 세월에 거의 잊어버리게 되어 유야무야(有耶無耶)로 무관심하게 되었다가 발견한 모세오경 혹은 신명기라고 해석되어 왔다. 어떤 고등비평가(高等批評家)들은 그 때 발견되었다고 보고된 그 책은 신명기였는데 유실되었다가 우연히 발견된 것이 아니라, 그 당시 제사장(祭司長)들 중 누군가가 그것을 발견하여 모세의 저서(著書)라고 공포(公布)한 것이라고 말한다. 이것이 신명기 후대 위조설이다. 그들은 이 신명기 후대 위조설(後代 僞造說)을 근거삼아 오경(五經) 전부(全部)의 모세 저작도 부인(否認)한다. 그리하여 레위기의

74) 위의 책, 36-37.

저자도 모세가 아니라고 주장한다. 이런 주장에 맞서서 곽안련은 확평(確平)한 실증(實證)을 열거(列擧)하여 레위기가 확실히 모세의 저(著)라는 논거(論據)를 얻고자 한다.

본서(本書)의 근원(根源) 및 저자에 관하여 본서(本書) 1:1은 분명히 기록하고 있다. "여호와…모세를 불러 가라사대"이다. 이 말씀은 두 가지 사실을 포함한다. 즉 첫째는 본서(本書) 중의 율법들은 모세를 통하여 출현(出現)하였다는 것이고, 둘째는 이 율법은 모세의 심저(心底)에서 발원(發源)했다는 것보다 여호와의 계시로 내림(來臨)하였다는 것이다. 본서(本書) 전권(全卷)을 통하여 "여호와…모세를 불러 가라사대"가 56회나 반복되어 있는 것을 보아 1:1은 본서 전반(本書全般)을 지언(指言)하는 말씀으로 생각할 수밖에 없다.

그러나 곽안련이 현존(現存) 레위기가 자자구구(字字句句) 모세의 친수(親手)로 단번에 기록되었다는 의미로 레위기의 모세 저작설을 주장하는 것은 아니다. 추측컨대, (1) 모세는 그 수하에 서기관들을 두고 그들을 통하여 본서(本書)를 기록했을 수도 있다. 신명기 31:9-24에 의거해 오경(五經) 전서(全書)가 모세의 저서라고 주장하는 카일과 델리취(Keil and Delitzsch)가 모세오경 중 일부가 설혹(設或) 그의 친수(親手)로 쓴 것이 아니고 타인(他人)으로 서취(書取)시킨 것이라 하더라도 모세 저작이라고 주장하듯이 곽안련도 레위기 안에 일부 모세의 친작이 아닌 부분이 삽입되거나 추가되어 있다고 하더라도 레위기는 모세의 친저작이라고 주장한다. 그 이유는 그 사상과 서재(書材)가 전연(全然) 모세의 것인 때문이다. (2) 곽안련은 모세가 그것을 기록한 후(后)에 그 자신이나 혹은 그 밖에 영감(靈感)받은 이들이 약간(若干) 수정(修正)한 일이 있었을 가능성을 인정한다. 동일한 기사(記事)가 반복된 사실은 본서(本書) 전편(全篇)이 동일석상(同一席上)에서 기록되지 않았음을 의미한다. 그러나 본서(本書)에 하나님께서 직접(直接) 모세에게 말씀하셨다는 언명(言明)이 56회나 있고 이것을 반증(反證)할만한 논거(論據)가 없는 이상(以上) 본서(本書)의 저자를 모세로 인정함이 옳다고 본다. 또한 본서(本書) 중에 모세의 친수(親手) 기록을 명시적으로 언명(言明)하는 장구(章句)가 있는 것을 주의(注意)하지 않으면 안된다. 약 백 년전에 어떤 학자들은 본서(本書)를 모세가 기록할 수 없었을 것이라고 주장(主張)한 적이 있는데 그 이유는 모세 시대(時代)에는 기록문화가 충분히 발달(發達)되어 있지 못해 모세가 모세오경을 썼을 가능성을 거의 없다고 생각했기 때문이다. 그러나 곽안련은 1887년 애굽(埃及)에서 발굴(發掘)된 텔-엘-알마나 비문(碑文)에 호소하며 모세시대가 문자 문명시대였다는 사실을 주장했다. 아마르나 문서는 모세 시대(時代)는 물론, 오히려 그의 이전(以前)시대부터 문자가 생겨서 기록된 사실이 있었다는 것을 경이적(驚異的)으로 보여준다는 것이다. 끝으로 곽안련은 분명히 모세의 친저작(親著作)으로 인정할 수밖에 없는 부분들을 지적한다(출 17:14, 20-23; 24:4-7; 34:10-26; 민 33:2; 신 31:9, 11, 24-29; 신 32[모세의 노래]; 수 1:7-8; 8:31-35; 23:6; 24:26 등). 따라서 본서(本書)도 자초지종(自初至終)그 전부(全部)가 다 모세의 저작일 것을 의심할 수 없다는 것이다.

모세 친저설을 적극적으로 옹호한 후에 곽안련은 본서(本書) 중 주요한 약간(若干) 부분(部分)만이 모세 시대(時代) 로부터 전래(傳來)한 것으로서 현존(現存)하는 레위기는 사실 상 바벨론 포로(捕虜) 이후(以後)에 기록된 것이며 제사장(祭司長)들이 백성들에게 모세 당시에 쓰여진 서책(書冊)을 발견한 것처럼 거짓 선전(宣傳)한 결과 모세의 레위기 저작설이 생겨났다고 주장하는 다수(多數)의 비평가들의 견해는 반박한다. 그는 그같은 위조문서(僞造文書)가 어떻게 정경(正經) 중에 편입(編入)될 수 있었으며 또 실제로 그것이 독자(讀者)에게 무슨 유익(有益)을 줄 것인가를 생각해 보면 이런 생각은 근거가 없다는 말로 비평학자들의 논리를 반박한다.

1800년 경까지 레위기는 모세의 저작으로 일반적 인정을 받았다는 것은 비평가 자신들도 승인(承認)한다. 주전(主前) 몇 백 년에 기록된 역대기에는 여러 번(대상 15:15) 레위기와 그 외에 모세오경 중 다른 책들을 가리켜 "모세의 말씀"이라고 한 것을 볼 수 있다(대상 6:49, 22:13, 대하 5:10, 8:13, 23:18, 24:6, 9,

30:16, 33:8, 34:14, 35:6, 12). 그리고 곽안련은 예수께서 본서(本書)의 율법을 관설(關說)하시면서 모세의 말이라 하셨으니 실로 이 이상(以上) 더 적실(的實)한 증거가 없다고 본다. 즉 그는 "모세의 명한 예물"(마 8:4, 레 13장-14장), "모세의 율법"에 의한 "할례(割禮)"(요 7:23, 레 12:3)를 말씀하심으로 본서(本書)의 모세 저작을 인정하셨다.

현재 모습의 레위기는 모세 시대부터 예수 당시까지 약 1500년간에 여러 번 편집발행 되었을 듯하다. 유대인의 속설(俗說)에는 에스라가 당시 성경학자들을 망라(網羅)한 "대공회(大公會)"를 조직하여 가지고, 구약전서의 편집을 완필(完畢)하였다고 한다. 에스라와 같은 모세 이외(以外)의 학자들이 오경을 이사(移寫)했을 때 어떤 개소(個所)에 자기들의 약주(略註)를 가(加)하였을 수도 있다. 그렇다고 오경의 저자가 모세인 사실은 변할 리(理)가 없는 것이다.

이상 정론(正論)에 대하여 두 가지 반대론이 있다. (1) 예수께서 모세 오경을 인용(引用)하실 때 그것을 "모세의 글"이라 하신 것은 모세의 저작에 대한 권위를 증명하려는 것이 그 자적(自適)이 아니었고 다만 당시 유대인들의 일반적으로 알고 있는 말을 그대로 채용(採用)하셨을 뿐이라는 것이다. 이에 대하여 답변하면, 예수께서 유대인의 관습을 맹종(盲從)치 않으신 것은 주지(周知)의 사실이다(마 15:3-6, 유대인들의 관습 배격). 뿐만 아니라 그가 모세를 저작자로 표시(表示)하실 때에는 모세의 가르친 바가 곧 마땅히 행(行)할 의무(義務) 중의 일부분이 된다는 것을 의미하신 것이다. 즉 모세가 그같이 말하였으니 마땅히 준행(遵行)할 것이니라 하신 것이다. (2) "예수는 지식(知識)의 제한(制限)이 있는 인간이므로 오해(誤解)한 것이라"고 말한다(마 24:36 종말의 날에 대한 무지를 시인하는 예수). 그러나 그리스도의 최고자적(最高自適)은 그 십자가 수난을 통하여 천부(天父)와 그의 교훈을 계시하고 부여함에 있었다. 그런데 만일 반대론자들의 논(論)과 같이 실로 예수는 보통 인간의 지식에서 초월함이 없으셨다고 하면 그는 어떻게 자기의 이 중차대(重且大)한 사명을 수행할 수 있었을 것인가? 분명히 그는 모세오경이 모세시대부터 전래(傳來)한 것인지 불연(不然)이면 자기시대보다 불과 2, 3세기 전에 제사장(祭司長)들이 만든 위조문서인지를 확지(確知)했을 것이다. 그가 율법서를 위조문서로 아시고 그것을 권위자(權威者)로 인정하여 주장하셨을 것은 만무(萬無)하다. 또 만일 예수의 지식(知識)에 결함(缺陷)이 있을 것이라면 예수께서 자신을 하나님의 독생자(獨生子)로 주장하신 일도 진리(眞理)가 될 수 없는 것이다. 그리고 유대인의 모든 전설(傳說)과 또 고대(古代)로부터 현시(現時)까지의 기독교회(基督敎會)의 제반(諸般) 증거(證據)는 오경의 모세 저작을 확연(確然)하게 인정시킴에 부족함이 없는 것이다.

50년 전에 벨하우젠(Wellhausen)이라는 독일학자는 오경의 단일성(單一性)을 부인(否認)하여 그 저작의 복수성(複數性)을 주장하였다. 그리하여 오경의 모세 저작을 부인(否認)하였다. 오경의 제부(諸部)가 사중문서(四重文書: J, E, P, D)로 조성(組成)되었다고 주장하는 벨하우젠의 원문서설(原文書說)은 오경 중 동일사변(同一事變)의 중출(重出)한 설화들과 기타 본문 상 기이한 현상의 유래를 설명하여 주는 듯하다. 벨하우젠의 가설은 거금(距今) 40년 전에는 학자들에게 일반적으로 인정을 받았을 지라도 최근에는 조지 L. 로빈슨 박사(G. L. Robinson)의 말과 같이 그 가설은 무너지고 있다.[75)]

IV. 본서(本書)의 자료배열(資料排列)

일설(一說)에 의하면 본서(本書)의 자료는 조직적으로 배열되지 않았으니 동일어(同一語)의 중복이 간혹(間或) 있을 뿐 아니라(22:39-40, 22:8, 19:9, 23:22) 문맥상 연락(聯絡)이 부족하여 근사(近似)한 기사들이 인접(隣接)해 있지 않고 서로 격리되어 있는 실례도 불소(不少)하다고 한다(12장, 15장, 19:5-6, 22:7-25 비교). 그리고 이렇게 자료가 불통일(不統一)된 현상의 원인은 본서(本書) 전편(全編)의 저술이 일시에 완성되지 못한 까닭이라고 설명한다. 모세오경의 모세

---

75) 위의 책, 37-41.

저작을 믿는 사람들에게도 본서(本書)는 모세가 자기의 조기(早期) 혹은 만기(晩期)의 기록들을 집합성책(集合成冊)한 듯이 보인다. 그리고 모세시대 이후 포로기(捕虜期) 후에 선지(先知) 성인(聖人)들이 일어나서 구약(舊約)의 기록들을 수집(蒐集)하여 편집(編輯)할 때 간혹 삽입한 주해가 전무(全無)하리라고 단언하기가 난(難)할 것이다.

그러나 일견 모세오경에 있는 율법조문들의 어떤 부분(部分)에 연락(聯絡)이 없어 보일지라도 숙고상찰(熟考詳察)하면 그렇지 않은 것이다. 그리고 그 책 전체에 있어서의 통일되는 정신(精神)과 또 적은 어구(語句)에라도 피차(彼此) 모순(矛盾)되거나 반대(反對)됨이 없는 것 등등(等等)을 고찰(考察)하면 그 전서(全書)가 일인(一人)의 노력(努力)으로 저술(著述)된 것임을 십분(十分) 가지(可知)할 것이며 동시에 저자가 그 율법을 주신 하나님의 영감(靈感)을 실제로 받은 사실을 믿을 수밖에 없다. 카일과 델리취는 오경의 단일성을 확실(確實)히 인정하였으며 본서자료들의 불통일설을 승인(承認)하지 않았다. 두 사람은 "일정(一定)한 년대(年代)가 오경(五經) 각서(各書)를 모순(矛盾)없이 일관(一貫)했고 자료(資料)들이 체계(體系)있게 배열(排列)되었고 전후(前後) 사상(思想)은 호상(互相) 관련(關連)되어 후자(後者)는 전자(前者)를 확충(擴充), 해명(解明)한다"고 논술(論述)하였다.[76]

V. 본서의 원문비평

곽안련은 레위기가 모세오경 중 원문 보존 상태가 가장 좋다는 조지 부캐넌 그레이(G. B. Gray)의 논평(Numbers 주석)과 사마리아 오경의 레위기와 70인역의 레위기보다 현재 히브리어 본문이 가장 모세의 원본에 근접하다고 보는 엘리오트 빈스(Elliot Binns)를 따라 레위기의 모세저작을 옹호한다.

76) 위의 책, 41-42.

VI. 본서에 관계된 율법

레위기 율법들은 네 계기에 주어진 율법들이다: 애굽을 탈출한 저녁(출 12장), 시내산 체류시기(출 20장-민 10:10), 광야 유리방황 시기(민 15-36장), 요단강 도강 직전 시기(신명기 전부). 이 율법 중에서 언약편(출 20:23-23:33), 제 2 십계명(출 34:11-26) 등은 고대의 전통 중에서 재록편집되었고 다수의 율법들은 모세 시대의 정황 중에서 발생되었을 것이다. 모세의 율법은 더러는 고대법을 편입하여 포함한 듯한 것도 있고 혹은 전연 새로운 것도 있고 또 그 둘이 섞인 것도 있다. 인간이 안일한 생활을 향유하게 된 때에 인간의 성의는 그들이 경배하는 신 등으로 더불어 소산물을 분식한다는 의미로 제사를 드리게 되었으니 그 때에는 경배자와 신의 관계가 친우였다. 제사는 공포에서 감사로 감사에서 환희로 점차 변했다. 이 과정에서 서약풍습이 생겨났고 서약준수 실패의 축적된 경험이 속죄제(속건제)를 발생시켰다. 이 속죄제 경험의 축적은 인간본성에 죄성이 있음을 자각시켰다. 이 자각은 자신의 성결을 이루고자 하는 갈망을 충족시키는 겸허의 제사(Humility Sacrifice)를 발생시켰다. 속죄제와 속건제가 훨씬 더 늦게 생겨났다.[77] 이처럼 저자는 비교종교학자들의 제사발전론 도식을 따라 구약성경의 제사제도 발생과정을 설명한다. 제사는 하나님의 제단에 바치는 헌물을 의미하면서도 하나님께 봉사하는 의미있는 행위를 가리킨다(롬 12:1; 빌 4:18; 히 13:15-16)(51). 제사의 목적은 헌제자가 그것을 통해 하나님과 화목케 되고 또 하나님으로부터 영적 복리를 얻는 것이다.

레위기에 기록된 모든 표상들과 전형들은 갈보리 산상에서 흘린 그리스도의 보혈의 의미와 또 그 피를 흘릴 필요성과 그 결과로 따라오는 사실을 깨닫게 하는 중요물이다. 많은 신약성서 구절들이 이 사실을 입증한다(요 1:29; 고전 11:25; 엡 5:2; 벧전 1:18-20; 요일 1:7; 계 5:6, 9-10; 마 20:28)(71). 레위기는 히브

77) 위의 책, 49.

리서가 말하는 것처럼 원형 그리스도의 피제사의 모형제사인 각종 제사를 통해 도래할 메시야를 앙망하게 한다.

레위기 제사는 그리스도의 피가 하나님의 영원한 경륜의 성취임을 보여준다. '생명은 피에 있다.' 인간은 범죄로 그 피를 더럽혔다. 하나님의 법은 피 속에 있는 더럽힌 생명을 그에게 다시 환납하게 하는 것이다. 그런데 하나님은 그 범죄인이 회개와 신앙으로 무죄자의 피를 자기의 피 대신으로 드릴 수 있게 하셨다. 생명으로 생명을 대신 함은 죄인의 죄를 사할 수 있으니 이는 믿음으로 의인(義認)된다는 뜻이다(롬 5:1; 3:23-24)(73).

레위기에서 제사의 의미를 교시하는 두 절은 21:6, 21절 "여호와께 흠향할 ...제"라는 말이다. 이 구절은 영적 의미를 의인적으로 표시하는 것임에 틀림없다. 그 제례가 표하는 헌제자의 회심 혹은 헌신을 즐기시고 기뻐하시는 하나님의 뜻을 가리킨다(시 50:9-14, 19; 학 2:8). 구약시대 하나님은 그 백성들이 제사의 추상적 의미를 해득하기에는 너무도 유치한 줄로 아시므로 그들에게 짐승의 몸과 피를 드리라 하신 것이니 이는 하나님께서 그들이 드리는 제물을 음식으로 취식한 것이 아님을 의미한다. 헌제자는 제물이라는 그릇에 자기의 자백과 눈물, 신앙을 담아 드리는 의미로 유형한 물건을 바쳤던 것이다.[78]

VII. 현금에 레위기가 적게 사용되는 이유

첫째, 많은 사람들이 레위기에서 단순한 법령들만 발견하고 그보다 더 심오한 영적 의미를 발견하지 못한다. 본서는 영적 의미를 명시하는 데 치중한다. 둘째, 어떤 독자는 옛날 이스라엘에게만 적용되는 율법이기에 그리스도인에게는 실제로 가치가 없다고 생각한다. 특히 히브리서 9:23을 근거로 레위기 제사법은 후대의 그리스도의 피제사의 모형이므로 가치가 없다고 생

78) 위의 책, 74.

각한다. 그러나 원형제사를 잘 이해하려면 모형을 잘 이해해야 한다. 셋째, 어떤 독자는 저자문제가 해결되지 못해서 그 율법의 신적 기원과 권위를 확신하지 못한다. 그러나 본 주석서는 레위기가 그리스도인에게 주는 영적 유익을 잘 부각시킨다. 그리스도의 대속진리를 충분히 이해하기 위해서는 레위기 심층공부가 필수적임을 강조한다.

VIII. 본서의 저작목적

첫째, 유일하신 하나님이 인간에게 하나님의 거룩함을 본받는 거룩함을 요구하신다는 것을 계시하기 위함이다. 둘째, 이스라엘 백성이 거룩한 나라로 살도록 훈육하기 위함이다. 셋째, 이스라엘을 이방인과 구별하기 위함이다. 넷째, 이스라엘이 거룩한 백성이 되어 모든 나라에 복이 되도록 하기 위함이다. 다섯째, 이스라엘로 하여금 세계를 향한 제사장 사명(선교사명)을 성취하도록 하기 위함이다.[79]

IX. 본서의 실제적 유익은 무엇인가?

첫째, 거룩하신 하나님의 성품을 계시함으로써 하나님이 인간의 죄를 미워하심을 가르친다. 둘째, 그럼에도 죄짓는 인간을 긍휼히 여기시는 하나님의 자비와 사랑을 가르친다. 셋째, 하나님이 인간의 죄를 용서하기 위해 속죄의 중보가 필요함, 즉 무죄한 피가 흘려져야 함을 가르친다. 동물의 대속적 희생, 더 나아가 그리스도의 종말론적 대속적 희생을 예고적으로 가르친다. 넷째, 신령한 예배를 가르치며 하나님이 어떻게 인간에게 임하시는지 가르친다. 다섯째, 근대의 문명화된 법률 개서에 이바지한다(노사관계, 국가와 종교관계, 토지소유권, 죄인교화 등).[80]

---

79) 위의 책, 75-76.

80) 위의 책, 76.

구성과 단원별, 장별 주해 요약

1. 제사 규정(1:1-6:7)

(1) 인민에게 내리는 훈령(1:1-6:7): ① 서언(1:1-2) ② 번제(1:3-17) ③ 소제(2:1-16) ④ 평안제(3:1-17) ⑤ 속죄제(4:1-5:13) ⑥ 속건제(5:14-6:7)

대의(大意)

1. 번제와 소제

번제는 가장 오래된 제사로 노아와 아브라함이 드린 제사가 바로 번제였다. 전체를 불태워드리는 제물의 "번소(燔燒)"는 하나님의 명령에 순종하여 그 영광을 위하여 행하는 것이다. 베다니의 마리아가 향유옥합을 깨뜨려 드리는 것이 번제의 일종이다(93).

소제 규정은 육류를 흔히 식용하지 못하는 빈자를 위하여 "설시"한 것이다. 소병(小餠)으로 선지자 엘리야를 공계한 사르밧 과부의 선행을 열납하신 하나님께서는 모든 소제자들의 제물을 받으실 것이다(눅 4장 26절). 소제는 언제나 번제 규정 다음에 "기록" 되었으니, 그 이유는 태고로부터 두 가지 제사가 다 봉헌되었고 (창4:3), 또 그 의미도 상사하기 때문이다. 제사제도의 초기 시절에는 제사장의 일이 각가 호주가 친수 집행한 듯하다(94).

소제물과 관련해 주목할 만한 몇 가지 사실이 있다. 야생 곡류는 헌제에 부적하였고 다만 인간이 배양한 곡물에 한하였는데 이는 헌제시에 헌제자의 정력까지 드리는 의미인 듯하다. 인간이 배양한 곡물 중에도 비교적 열등한 연맥과 기타 곡류는 봉헌이 불가하였고 오직 소맥만을 사용하였다. 소맥이라도 날 것 그대로는 사용 불가하였고, 봉헌자의 기능과 또 지정한 도구에 의하여 정제한 후에 비로소 봉헌할 수 있었으니, 즉 인간의 노력이 요구된 것이다. 제물은 일부분만 불살랐으니 이는 그 일부분이 거룩하면 그 전체까지 그러하다는 의미였다(롬 11:16). 헌제자는 그 제물 중에서 취식할 부분이 없다. 헌제물은 제사장이 차지한다. 성서 중 흔히 "기도"를 표상하는 유향은 헌제에서 제사장이라도 만지지 못하였다. 번제가 그 헌제자의 몸을 봉헌하는 상징인 것 같이, 소제는 그 소유물을 봉헌하는 상징이다. 스코필드 성서강해 중에 소제의 "의의"를 영해하여 말하기를, 고운 가루는 그리스도의 성격의 완전무결하심과 그가 인간 심령의 유일무이한 생명 양식이심을 표시함이라 하였다. 그리고 그것을 화제로 봉헌한 것은 예수께서 죽기까지 고난당하심을 생각하게 하는 것이며, 유향은 하나님께 관한 그리스도의 향기로운 생활을 연상케 하는 것이다. 그리고 제물에 꿀의 혼합을 금하였으니, 그것은 신이 주시는 감미있는 은사에는 꿀과 같은 자연 산물이 아니고 신의 초자연적 은사로 유래하였음을 암시하는 것이니라 하였다. 또 기름이 섞인 것은 예수께서 성령으로 탄생하신 일을 생각게 하며 기름을 제물 위에 붓는 것은 그리스도께서 성령 충만하심이요, 화덕은 예수께서 당하신 불현(不現)의 고통(히 2:18; 마 27:43-46), "번철"은 예수의 수난을(마 27:27-32), 소금은 신의 진리의 능력으로써 악한 누룩의 작용을 배제 또는 방지시키심을 생각게 한다고 하였다.[81]

2. 평안제, 속죄제와 속건제

평안제(화목제)라는 말은 원어로 쉘라밈이니, 그것은 받은 구원을 인하여 감사할 때나, 하나님께 구원을 기구할 때에, 또는 자원적 경건행위를 표시할 때에 드리는 제사이다. 단순한 감사제 이상의 제사다. 그리고 이 제사는 엄위의 관념을 일으키는 번제와 달리 환희의 념을 일으킨다. 그리하여 이 제사는 향연을 그 내용상 특색으로 한 것이다. 평안제는 공적으로는, 국가적 경사와 환희지사에 행하였고(삼하 6:17) 오순절(레 23:19)과 제사장의 성별식(레

81) 위의 책, 104-105.

9:4)에 관하여 행한 것 뿐으로써 기타는 사적 즉 개인적 제사였다.[82)]

번제, 소제, 평안제 등 삼제사와 속죄제, 속건제의 양제사를 서로 비교하면 후자 즉 속죄, 속건 양제사는 전자보다 비교적 새롭고 진보적인 것이다. 고대에 전자 삼제는 다 유행된 것이었으나, 후자는 불연하였다. 속죄제와 속건제를 통하여 하나님은 인간들에게 죄에 관한 새로운 관념을 주신 것이다. 즉 죄는 얼마나 증오할 것임과 또 반드시 그것을 제거하여야 할 필요를 가르쳐주신 것이다. 예수께서는 마태복음 5:48에 그같은 이상을 말씀하셨다. "하늘에 계신 너희 아버지의 온전하심과 같이 너희도 온전하라." 또 요일 3장에는 "주를 향하여 이 소망을 가진 자마다 그의 깨끗하심과 같이 자기를 깨끗하게 하느니라"고 하셨다. 본서에서 하나님께서는 다른 각양 제의의 이상에 이 두가지 "제례"를 명하시고 또 십육장에 이르러 대속죄일을 정하시고 일년 간에 발생된 전국 백성의 범죄에 관하여 망각한 것이든가, 혹은 아직 속량되지 못한 것까지라도 철저히 청산하여 버리고 다시 전국이 일치한 보조로 정결한 새 출발을 하게 하셨다. 곽안련은 속죄제는 모세 때에 새로이 생긴 제사라고 본다. 번제, 소제, 화목제는 먼저 제명이 지명되고 그리고 설명되었으니, 그것은 그 제명들이 벌써부터 민중들에게 주지되어 내려온 까닭이 아닌가 한다. 그와 반면에 속죄제와 속건제 제사들의 경우 제명이 먼저 지명되지 않고 설명이 선행한다. 이 두 제사가 당시 민중에게 초문되는 것이라면 무엇보다 먼저 그것에 관한 설명이 필요했을 것이다.[83)]

속죄제물 드리는 규례는 번제의 규례와 거의 비슷하다: 1) 지정한 장소와 시간에 당자가 "직접 휴대"하여 봉헌함 2) 죄를 고백하며 희생의 머리에 안수함 3) 희생을 재함 4) 제사장이 그 피를 뿌림 5) 불로 소각함 6) 제사장이 취식함(봉헌당자는 이 식사에 참여함을 불득함). 속죄제물을 바치는 큰 뜻은 죄의

---

82) 위의 책, 106.

83) 위의 책, 113.

대가를 지불하여야 하는 이유로써 그 피를 뿌리는 것이다. 속죄제의 제육은 모든 제물 중에 지극히 거룩한 것이다. 이것은 제사장 중 남자라야 가히 먹으며, 무엇이든지 이 지성물에 접촉하는 것은 거룩하게 되며, 무슨 옷이든지 여기에 접촉되었으면 성소 안에서 세척하여야 하며, 만일 유기류가 접촉된 경우에는 재로써 닦아야 하고 토기인 경우에는 파괴시켜야 한다. 그 까닭은 속용물로써 그 지성물에 접촉하여 과도하게 거룩해졌기 때문에 다시는 그것이 속용될 수 없게 되었다는 의미에서 토기는 파괴시켜버리는 것이었다.[84]

마르쿠스 칼리쉬(M. Kalisch)에 따르면 속건제가 종교적 의지로 보아서는 속죄제에 비하여 덜 중대하나, 속건제가 속죄제보다도 먼저 제정되었다. 그러나 레위기는 제사의 의의를 중요시하여 속죄제 규례를 먼저 다룬다. 속죄제 중에는 제일 중요한 것으로는 대제사장과 전 회중을 위한 제사였다. 다음으로는 속건제 규례는 무엇보다도 여호와의 성물에 관한 범죄에 관하여 언급하였다. 처음 익은 열매, 십일조, 혹은 서원물중의 제사장의 소득품 규정등을 위배할 때 드려지는 제사가 속건제다. 이는 저자의 "생각"에 이런 류의 범과가 제일 중대한 죄라고 간주하였기 때문이다. 그 다음으로는 사람이 그 이웃에게 범한 건과 등을 논하였다. 속건제가 속죄제와 구별되는 특이점은 아래와 같다.

1. 속건제는 타인(여호와까지 포함함)의 재산에 손해를 주는 범행에 관한 것이니, 흔히 성물과 타인의 소유권 침해에 관한 죄 때문에 드리는 제사이다.
2. 속건제를 드릴 때에는 침해한 본물에 본물가의 오분의 일 되는 벌금을 추가하여 배상하는 법이 있으므로, 속건제물은 벌금제물이라고 하여도 무방할 것이라고 한다.

---

84) 위의 책, 126.

3. 피에 관한 의식이 속죄제 의식보다 단순하나, 번제물과 평안제물의 피와 같이 제단 곁에 쏟아버릴 뿐이고 번제단 뿔에 바르는 것은 없다.
4. 속건제의 희생은 항상 숫양으로 하고 암양이나 산양(염소)으로는 드리지 못한다.
5. 속건제의 제물은 4장에 기록된 속죄제 규례에서와 같이 헌제인의 지위와 정상의 구별에 의하지 않고 모든 사람이 다 일치하게 드린다. 요컨대, 속죄제는 속건제의 양심상 관계되는 바에 치중하여 제혈을 특수하게 사용하였으나, 속건제에는 오로지 관계자의 물질적 손해에 대하여 취급한 모양이고 양심관계는 속죄제를 요하는 범행에 있어서처럼 크지 않다. 속죄제와 속건제의 제의는 동일하나 그 제물은 그렇지 않다. 또 속죄제는 속죄함이 그 중심사상이로되 속건제는 배상이 그 중심목적이다. 범인은 제 아무리 극빈자라고 하여도 범죄한 형벌로 자기가 절취한 물건을 주인에게 배상할 때에 그 물건의 오분의 일 되는 배상을 첨가하여 배상하여야 되며 동시에 숫양일수(一首)로 헌제하지 않으면 안 되는 것이었다.[85)]

속건제의 규정이 현대인에게 주는 교훈은 아래와 같다. (1) 하나님께서는 십일조와 기타 마땅히 드릴 봉헌물에 대하여 소유권을 가지셨다. 그리하여 그 드릴 바를 불납하면 하나님의 물건을 절취함과 같다(말 3:8-9; 고후 8:7). (2) 사람은 마땅히 타인의 소유물을 존중시하여야 할 것이다. (3) 사람이 그 이웃의 소유권을 침해한 경우에는 반드시 그 손해를 배상하고 또 하나님 앞에 나아가 죄속함을 받아야 할 것이다. (4) 배상이 없는 회개는 원만하지 못하다. 세례요한의 교훈도 그와 같았다. (5) 불철저한 회개와 인색한 배상은 신이 용납하지 않으신다. 숫양을 제물로 드릴 때에도 성전세겔에 대하여 원만한 것

---

85) 곽안련, 『표준 성경주석 레위기』, 127.

을 봉헌하여야 될 것이라 하였다.[86)]

(2)제사장에게 내리는 훈령과 그 소득품에 대한 규정(6:8-7:37)

① 번제(6:8-13) ② 소제(6:14-18) ③ 대제사장의 소제(6:19-23) ④ 속죄제(6:24-30) ⑤ 속건제와 제사장의 소득품(7:1-10) ⑥ 평안제(7:11-21) ⑦ 기름과 피 식용 금지(7:22-27) ⑧ 평안제물 중 제사장 몫(7:28-34)

대의(大意)

1:1-6:7이 인민에게 준 헌제 규정이라면 6:8-7:37은 제사장들을 상대로 하고 제사규정을 훈시하는 듯이 보인다. 6:8-7:37의 착안점이 희생에 있지 않고 항상 꺼지지 않는 불에 있는 까닭인 듯하다. 예배시에 사용하는 성화로써 항상 꺼지지 않으며 없어지지 아니하여 부절히 향기를 신전에 상달하게 한다는 것은 과연 이스라엘 백성의 어디까지든지 거룩한 백성으로 지내기를 원한 사실을 확실히 증명한다.[87)]

제사장은 하나님께 가까이 나아가는 직분자들이다(레 7:35; 21:17; 민 16:5; 겔 44:15-16; 비교. 출 19:21). 하나님께 가까이 사귀는 자들이다. 제사장은 신께서 계시하시는 그 어전에서 사역하며, 한편으로는 신전에 거룩한 예물을 봉정하며(인간중보), 또 다른 한편으로는 하나님이 내리시는 평강과 속죄를 백성들에게 전달한다. 특별히 속죄제의 제육은 하나님 앞에서 백성들의 죄를 속하기 위해 즉 그들의 죄를 제거하기 위해 제사장들이 취식했다.[88)]

2. 예배의 개시(8-10장)

(1) 아론의 아들들의 위임식(8:1-36)

86) 위의 책, 132.
87) 위의 책, 136.
88) 위의 책, 158.

(2) 아론의 1차 헌제(9:1-24)

(3) 제사장의 1차 위법과 제 규정(10:1-20)

대의(大意)

8장이 보여주듯이 제사장 자신과 국민을 위한 제 1차 헌제는 하나님의 영광(神榮)의 특별현현에 의하여 제사장들의 제단봉사가 하나님 존전에 가납(嘉納)됨을 국민 앞에 증명함으로써 그들이 받은 임직을 확인하는 신적 승인을 받기 위함이다.[89] 그러나 아론의 가문은 성직 위임식 직후에 두 아들들 나납과 아비후의 비법적인 탈선으로 영적 권위에 큰 훼손을 당한다. 나납과 아비후는 이상한 불로 분향하다가 즉결처분적 징벌을 당하고 아론은 아들들의 죽음을 공식적으로 애도하는 일도 금지당한다. 이 일로 제사장 금령이 반포된다. 마지막으로 속죄제물의 제육을 먹지 않는 아론은 모세에게 질책을 당하자 변명을 개진한다.

3. 청정법(11-16장)

(1) 동물로 인한 부정(11:1-47)

① 정, 부정으로 식용 여부를 구별함(11:1-23): 수류(獸類)(1-18절), 어류(9-13절)(신 14:9-10), 조류(13-19절), 곤충류(20-23절)

② 접촉으로 인한 부정(11:24-30): 부정한 동물접촉(24-28절), 부정한 포행류(기는 동물) 접촉(29-38절), 정한 동물 사체 접촉(39-40절), 포행류의 부정(24-30절)

(2) 산후(産後)의 부정(12:1-8)

① 남아(1-4절) ② 여아(5절) ③ 결례(6-8절)

(3) 나병으로 인한 부정(13:1-14:57)

---

89) 위의 책, 174.

① 나병 타진법(13:1-44) ② 나병 취급법(13:45-46) ③ 의복에 나타난 나병(13:47-59) ④ 나병자 결례식(14:1-32) ⑤ 가옥 내 나병(14:33-53)

(4) 유출물로 인한 부정(15:1-33)

① 남자의 유출물(15:1-18) ② 여자의 유출물(15:19-30) ③ 결론(15:31-33)

(5) 속죄절일(16:1-34)

① 대제사장이 단신으로 지성소에 들어감(2-10절) ② 대제사장을 위한 속죄제(11-14절) ③ 백성을 위한 속죄제(15-19절) ④ 아사셀에게 보낼 산양(20-22절) ⑤ 기타 규정(23-28절) ⑥ 속죄절 봉수(奉守)에 관한 일반적 지침(29-34절)

대의(大意)

레위기의 구성은 논리적이다. 1-7장에서 헌제규정이 나오고 8-10장이 중보자인 제사장 규정이 뒤따르고 17장 이후에는 제사장의 근본 사명인 거룩한 것과 비거룩한 것, 정한 것과 부정한 것을 나누는 범주구분이 자세히 개진된다. 헌제규정과 그 헌제를 집행하는 제사장 위임은 선민으로 하여금 신은에 접근하여 성결하신 신과의 교통으로 생의 성화를 이루도록 하는 통로를 개시한 것이요 17-26장의 청정법은 이 통로의 장애물인 죄의 표현과 결과 여러 가지를 지시하고 그것들을 회피하게 하거나 제거하는 규정을 가르친다. 죄는 원래 영혼에서 시작되고 거하나 영혼의 기관인 신체 전부에 투입하여 그것의 생명을 파손하여 사망과 부패를 일으키고 또 그 죄의 악영향은 사람으로부터 피조물 전체에까지 퍼져 사람과 피조물 전체가 죄에 봉사한즉 하나님의 당신의 지혜와 공의로운 정치의 율법에 의거하여 만물을 허무와 부패에 굴복하게 하셨다(롬 8:20-21). 정한 것과 부정한 것, 거룩한 것과 속된 것의 구분은 죄로 인해 세상에 들어온 부패와 타락의 영향으로부터 인간을 보호하려는 것이었다. 인간은 자신이 먹는 것과 접촉하는 것을 통해 죄와 부

패에 깊이 참여할 수도 있고 그것으로부터 보호받을 수도 있다.[90)]

12-15장은 다양한 경우에서의 정결예식을 제시한다. 히브리인의 종교의식 중에 정결예식이 제사 다음으로 중요한 행사이다. 혹시 제사와 정결예식 양자가 다 필요되는 경우에는 정결의식이 제사의 예비적 행사로 선치된다. 제사를 봉헌하는 것은 하나님과의 화목과 성결을 이루는 일의 주요 예식이다. 그러나 정결예식도 일종의 독립적인 예배행위이다. 사무엘 선지자는 다윗에게 기름부으러 베들레헴에 이르러 공황 중에 있는 장로들을 보고, "내가 여호와께 제사하러 왔으니 스스로 성결케 하고 와서 나와 함께 제사하자"고 언명한 후 이새와 그 아들들을 성결케 하고 제례에 내참하기를 청한 일이 있었다(삼상 16:5). 다윗이 사울을 피하여 놉 땅에 이르렀을 때 대제사장 아히멜렉은 다윗과 그 동료들의 전야에 여자와 접근한 사(事)의 유무를 부지(不知)해 진설병을 시여하기를 주저한 것이었다. 이는 남녀간의 성적 접근은 부정결한 사인이 된다고 간주하였기 때문이다(삼상 12:4). 아사랴는 일국의 군주였지만 나병이 발생한 이유로 격리된 생활을 할 수 밖에 없었던 것이다(왕하 15:5).

청정법의 제정원인에 관한 견해를 개진함에 있어서 마이모니데스(Maimonides)는, "청정법은 일반백성이 무단히 성전에 자주 출입함을 제지하기 위하여 생기한 예법이다. 사람이 성전에 빈빈히 출입하면 그것을 신성하게 여기는 태도가 등한하여질 것을 염려함에서 이런 청정률이 생겼다"고 말한다. 또 다른 한편 정결예식의 목적은 이스라엘인과 이방인간에 영구한 장벽을 확립하기 위함이었다는 설도 있다. 또 일설에 의하면 이는 위생의 방책으로서 전체 사회와 개인을 질병에 대항하여 보건하고자 하는 특수목적에 의하여 제정된 것이라 하는 것이다(Hess, Michaelis). 끝으로 가장 정확한 견해를 소개하면, 모세율법의 결례는 선민으로 하여금 인류의 육체적 사망과

---

90) 위의 책, 188-189.

질병과 추상의 원인인 죄악에 대하여 심각한 죄악성을 가지게 하기 위함이라고 함이다.

정결의 특별한 의식이 부과된 부정들이 인체의 삼종현상(사망, 질병, 추상)에 국한된 사실에 감하여 보면 구약에 제정된 결례의 율법은 청결이나, 선미(善美)한 수신(修身)과 예의를 조장하기 위한 규정들이 아니라, 즉 신체의 생명을 전염병과 기타 건강에 유해한 사물에 대항하여 보호하기 위한 공안적 규정들이 아니라, 오직 그것들의 단순한 주지는 인심(人心)에 사망 또는 사망이라 칭하는 모든 것에 대한 심각한 공포를 인상(印象)시키고 그리하여 죄 또는 죄라 칭하는 모든 것에 대한 전적 증오를 선동하며, 타락된 인간의 겸비를 부절하게 하려 함이요 그의 육체생활의 모든 주도적 과정(발생, 출산, 음식, 질병, 사망)에서 그의 모든 정상(情狀)이 죄의 저주 하에 있으므로 (창 3:14-19), 율법은 그리스도에게로 인도하는 몽학선생이 될 만하다는 것을 그에게 기억시키어 그의 신체에까지 임한 그 저주로부터 구속하실 자를 추구하는 원망(願望)을 그의 심중에 일으키고 유지하려는 것이었음이 분명하다(갈 3:24; 롬 7:24; 8:19; 빌3:21)』(Lerer, Keil und Delitzsch).[91] 이스라엘인의 결례는 이스라엘로 하여금 자기들의 타락된 인성 곧 죄성을 상기하게 하여 신전에서 마땅히 저의 영적 정화를 보지하여야할 필요를 느끼게 하는 것이다(253).

이를 위해 대속죄절이 가장 중요한 제례로 등장한다. 대속죄일은 1년간 인간이 죄와 부패에 물든 상황을 상정하고 일괄해결하는 방식으로 영육간의 쇄신과 성결을 이루게 하는 절기다. 회개치 못한 죄 등을 전부 모아 한번에 속하여 정결케 하려하심이었다. 속죄절일의 영적 교훈은 매우 중대하며 그 뜻을 해득하는 것은 신약을 이해함에 매우 유익하다.

1. 대속죄절일은 종교적 대청결일이니 그날의 순서집행은 오직 대제사장

---

91) 위의 책, 214-217.

만이 가능하다. 이는 신약에 예수께서만이 우리의 죄를 속할 수 있음을 상징한다(히 9:11).

2. 대제사장이 1년에 1차만 지성소에 들어간다. 그같이 예수께서도 우리 죄를 단번에 십자가상에서 속하신 것이다(히 9:26; 10:10)
3. 대제사장은 그 속죄제의 직무를 행할 때 평소에 입는 영광스러운 복장을 벗고 보통 제사장의 예복같은 것을 입었다. 그같이 예수께서도 구속사업을 위하여 자기의 영광을 다 내어놓고 우리와 같은 인간이 되어 강세하셨다(히 2:17; 빌 2:7-9).
4. 대제사장은 속죄를 위하여 지성소 휘장 안에 들어갔다. 그같이 예수께서도 구속사업을 위하여 사망의 휘장 안에 들어가신 것이다.
5. 대제사장은 성소에서 나와 다시 영광스러운 옷을 입고 그 백성을 위해 축복하였다(9:22; 눅 1:22). 그같이 예수께서도 그 백성을 축복하시기 위하여 장차 영광스럽게 오실 것이다.

구약의 대제사장과 신약의 대제사장의 가장 큰 차이점은 구약의 대제사장은 먼저 자신을 위하여 속죄제를 드린 후에야 타인의 죄를 속했지만, 신약의 대제사장은 죄를 아시지도 못하는 분이라는 것이다(히 7:27)(269).

곽안련은 16장 속죄일의 영적 교훈에 대한 논의는 아사셀을 대사탄이라고 본 오리게네스 등의 견해를 인용하면서 다소 이상한 대속설(사탄보상적 대속설)을 주장한다.[92] 욥 1:9-11, 계 12:10에 근거해 사탄을 인류의 대적이요 악한 원수라고 규정하는 곽안련은 "속죄절기와 같은 일대 영적 청결일에 강하여 마귀로 인한 죄악과 비애를 전부 그것에게 환부일소(還附一掃)시키는 일은 가장 적합한 조치라고 아니할 수 없을 것이다"라고 말한다.

92) 위의 책, 269-272.

4. 성결법(17-26장)

(1) 동물식용 규정(17:1-16)

① 도살장소 규정(1-9절) ② 피 음용 금지(10-14절) ③ 부칙(15-16절)

(2) 성생활 규정(18:1-30)

① 불법 혼인, 간음, 혹은 몰렉숭배 금지(1-23절)

② 권고적 금령 결론(24-30절)

(3) 종교적, 윤리적 각종 계율(19:1-37)

① 여호와의 거룩하심을 따라 백성도 거룩해져야 할 의무(1-2절) ② 부모 공경과 안식일 엄수령(3절) ③ 우상숭배금령(4절) ④ 평안제 관련 훈계(5-8절) ⑤ 추수시 행할 인도적 자선(9-10절) ⑥ 각종 죄악 엄금 계율(11-18절) ⑦ 불법 교합 엄금(19절) ⑧ 비복(婢僕)과의 불법관계 엄금(20-22절) ⑨ 과목 사용 관련 금계(23-25절) ⑩ 피 식용 금령, 요술금령, 영매술금령(26, 28, 31절) ⑪ 음행 금령(29절) ⑫ 안식일 수호 및 성소 경외령(30절) ⑬ 연로자와 나그네 접대 훈령(32-34절) ⑭ 총괄적 권면(37절)

(4) 각종 종교적 죄악금령 및 벌칙 규정(20:1-27)

① 몰렉 제사 금지(1-5절) ② 여호와의 거룩하심에 대항하는 요술엄금(6, 8, 27절) ③ 부모 저주자 처벌 규정(9절) ④ 음행금령과 그 처벌규정(10-21절) ⑤ 각종 권고적, 일반적 법령(22-26절)

(5) 제사장 관련 규정(21:1-24)

① 제사장에게만 관련된 규정(1-9절) ② 대제사장에게 관련된 규정(10-15절) ③ 제사장 자격을 박탈케 하는 신체상의 흠결(16-24절)

(6) 제물 관련 규정(22:1-33)

① 제물 취식 요건(1-6절) ② 유흠 희생 봉헌금지(7-25절) ③ 제물 관련해 첨가된 세부규칙(26-30절) ④ 권고적 부칙조항(31-33절)

(7) 성일 또는 절기에 관한 지시(23:1-44)

① 안식일(1-3절) ② 유월절과 무교절(5-8절) ③ 초실의 봉헌(9-14절)

④ 오순절(15-22절) ⑤ 나팔절(23-25절) ⑥ 속죄절일(26-32절) ⑦ 장막절(33-36절) ⑧ 요약(적요)(37-38절) ⑨ 장막절 부칙(29-43절) ⑩ 결론(44절)

(8) 의식적 또는 도덕적인 차원의 네 종류 보충규정(24:1-23)

① 성막 내 등대 규정(1-4절) ② 진설병 규정(5-9절) ③ 불경죄와 그 벌칙(10-16절, 23절) ④ 사람과 가축 손상죄 벌칙(17-22절)

(9) 안식년과 희년(25:1-55)

① 안식년(1-7절) ② 희년, 토지할양 제한 규정(8-22절) ③ 토지나 레위인의 가옥 속량 규정(23-24절) ④ 빈자에게 이자 취식금지(25, 35-38절) ⑤ 동족 노예화 금지(39-46절) ⑥ 이스라엘 사람이 자국 내 외국인에게 노예가 된 경우 규정(47-55절)

(10) 결론적 권면(26:1-46)

① 우상숭배금지와 안식일 근수 및 성막공경 규정(1-2절) ② 순종자의 복(3-13절) ③ 불순종자에게 내리는 다섯 가지 경고(14-39절) ④ 회개하므로 회복될 것(40-45절)

대의(大意)

17장의 기록 중 최대 문제는 짐승의 피에 관한 것이다. 17장의 주제는 전장과 밀접한 관계를 가지고 속죄제의 요점을 성립시키는 피의 문제를 취급한다고 볼 수 있다. 이 장은 어떻게 짐승의 피가 인간의 죄를 속하는 데 소용되는가를 설명한다. 동시에 본장은 이스라엘의 일상생활의 실제적 의무를 교시하여 준다.[93]

본 단원의 가장 중요한 관심사 중 하나는 합당한 성관계다. 고대 역사를 보면 유대인과 이방인이 통혼을 수의대로 한듯하다. 요셉은 애굽인의 제사장의 딸에게 장가들었고 모세는 미디안 여인에게 장가들었다가 그가 죽자 애

93) 위의 책, 274.

굽 여인을 재취하였다. 룻은 모압 여인으로서 히브리인 보아스에게 시집갈 때 이웃들은 확실한 찬의와 입증을 표시하였었다. 그러나 이런 예들은 예외사요 이스라엘 자족 중에서 구혼하는 것이 상도이었다(창 24:2,3). 친족간 호상결혼에 관하여는 오랫동안 애굽과 기타 여러 근방의 풍속을 좇아 유대인들도 친족결혼을 행하고 있었다. 친매와 결혼함은 애굽왕가의 관습을 삼아 시인한 것이었다. 아브라함의 처 사라는 그의 이복누이였다(창 20:12). 야곱은 동시에 두 누이들(모계의 종매)을 아내로 삼았었다. 고대에는 일부다처에 대하여 별 시비가 없었던 것이다. 후대에 이르러서는 이방인통혼의 악영향이 여하한지를 매우 심각히 인식하게 되었다. 그래서 결국 에스라, 느헤미야 시대에 이르러서는 이에 대한 금령을 공포하게까지 된 것이다. 그렇다고 근친혼을 장려할 정도는 아니었다. 곽안련은 이 근친혼 결혼금지를 모세가 반포한 법이라고 말하면서도 왜 이전 조상들의 결혼은 예외가 되는지에 대한 명쾌한 답변을 제시하지 못하고 있다.[94]

유대인학자들은 19장을 십계명의 해석으로 본다. 3-8절은 십계명의 상반부에 해당하고, 9-18절은 그 하반부에 해당한다(즉 여호와 하나님을 사랑하고 또 이웃 사랑하기를 네몸같이 하라 함이다)는 것이다. 본장에서 "나는 여호와 너희 하나님이로라"는 말이 16차나 기록되었으니 이는 본장에서 명하는 수종 법규를 하나님이 엄숙히 인정하시는 표다. 또 다른 학자들은 이 장을 성결의 대요강장이라고 말한다. 16차나 출현되는 "나는 여호와 너희 하나님이로라"고 한 것은 하나님이 얼마나 세상 모든 사업에 관심을 가지고 있는지를 표시한다는 것이다. 하나님 자신이 거룩하심으로 그 백성들도 마땅히 거룩하되 다만 음식물과 성생활에만 아니라, 좀 더 나아가 그 사업에서까지 성결해야 할 것이었다. 19장은 레위기 전체의 주요목적, 즉 이스라엘 백성으로 거룩한 백

94) 위의 책, 281-282.

성이 되게 하시려는 하나님의 중심관심사를 재천명한다.[95]

20장은 18장의 기사와 유사한 제2범죄기록이다. 특히 이 장은 범칙자가 받을 형벌과 또 그들에 관한 권면을 담고 있다. 이장에서 특별히 주의할 점은 그 벌칙들의 상이점들이다. 이 장에는 두 종류의 형벌을 말했으니 첫째는 돌로 쳐죽이는 것과 둘째는 백성 중에서 끊어지게 하는 것이다. 형벌의 목적과 결과는 이스라엘 백성의 성결을 보존하려함이니 즉 불결한 자를 제거함으로 하나님과 그 백성의 성결을 보존하려 함이다.[96]

21, 22장에는 한 가지 고상한 원리를 말한 것이 있으니, 즉 하나님께 접근하는 자나 또는 하나님께 드리는 것은 그 종류마다 완전해야 된다는 것이다(출 12:5). 그러므로 제사장은 반드시 그 육체적으로 결함이 없어야 하며 또 제물로 드리는 희생도 무흠한 것이라야 가합하였다. 그리고 이상 양자의 경우는 모두 하나님과의 접근이 포함되었으므로 성결할 필요가 있었다. 21장은 특별히 제사장의 성결법을 가르친 말씀이다. 제사장들은 하나님 앞에 제물을 드리는 신성한 임무가 있는지라(6,8,15), 일반평민보다 법규상으로 그 가족관계에 있어서 최고 표준대로 할 것이다. 보통 제사장은 시체접촉으로 부정하게 되었으면 타인들과 같이 결례식을 요할 뿐 아니라 당초에 사자가 제일 가까운 친족이 아닌 이상에는 도무지 접촉하지 않도록 하여야 되는 것이다(2,3절).[97]

모세오경 중에서 절기에 관한 제일 명백한 설명은 레위기 23장과 민수기 28-29장에 기재되어 있다.[98] 25장에는 안식년과 희년에 관한 규정이 있고 또 빈민구휼을 위한 그 규정(희년규정)의 응용이 있다. 매 칠년에 일차식 안식년을 지키고 또 칠 안식년 후 즉 오십년되는 해에 희년을 지켰다. 희년이 되

---

95) 위의 책, 289-290.

96) 위의 책, 301.

97) 위의 책, 306-307.

98) 위의 책, 320.

면 백성들은 각각 자기의 고향과 본가에 돌아가 다시 토지소유권 회복의 수속을 할 것이다. 전국토지의 진정한 소유주는 여호와시므로 이스라엘 백성의 토지매매는 다만 다음 희년이전의 소출 가치(그 토지의)에 관한 것이다. 농토와 농민은 불가분의 관계를 가지고 있는 것이므로 이 법은 농촌에만 시행되었고 도시에는 무관하였다.[99)]

역대하 36:20-21에서 유대 왕국의 전기간에 안식년을 등한시하였음을 알 수 있다(레26:34 이하 비교). 그런데 바벨론 포로귀환 이후에 이 제도를 지킨데 대하여는 일종 사화가 있으니 즉 알렉산더 대왕이 안식년을 인하여 유대인들에게는 세금을 면제시켰다는 것이다(Josephus, Antiquity 8:6). 또 로마의 율리우스 카이사르(Julius Caesar)도 그렇게 하였다 한다. 안티오쿠스 에피파네스가 벳수라(Bethsura)를 공격할 때에 그곳 주민이 반항하지 못한 이유는 그 해가 안식년이므로 농경을 못한 까닭에 물자결핍으로 대항하기 불능하였기 때문이다. 헤롯 대왕에게 예루살렘이 포위되었을 때에도 같은 이유로 인하여서 불가피하게 항복을 하게 되었다. 희년에 대한 관설은 23장과 27:16-25, 민수기 36:4(슬로브핫의 딸에 대한 기사) 외에는 성경 중 다른 데서는 찾아 볼 수 없다. 룻기 4:3-7이 혹시 희년과 관련된 말이 아닌가 한다. 그러나 그것에는 믿을 만한 직접증거가 없다. 그래서 혹자는 유대인이 희년을 실제로 지킨 일이 없었다고 한다(Kranold, Hupfeld). 그러나 유대인의 랍비들이나 또는 요세푸스는 포로 전까지는 잘 지켰으며 또 돌아온 후에도 다시 지켰다고 확언한다. 로마의 디오도루스 씨쿨루스(Diodorus Siculus)의 보도에 따르면, 유대인들은 자기의 토지를 방매하기 불능하다고 했는데 그것이 당시 유대인들이 희년을 지킨 증거라고 본다. 에발트와 다른 학자들은 '희년을 지켰다는 말이 없다'고 하여 희년을 지킨 일이 실제로 없었다고 증명하기는 어렵다고 말했다. 선지서 중에 암시된 것을 보아도 희년제도가 실시되었음을 알 것이라고 말했다

99) 위의 책, 343.

(사 61:1-2; 겔 46:17; 렘 11:23; 23:12; 48:44). 전기 예레미아서의 "벌하는 해"라는 구절이 있는데 그것은 희년을 가리킨다고 보는 학자들도 있다. "누구든지 악행으로 취득한 것이 있으면 그해에 도로 반환할 것이라" 함이다. 에발트는 예레미야 32:6-12에 근거해 요시야 왕 때에 희년법을 더러 고치어 다소 방법을 달리하여 시행하였다고 추정했다. 느헤미야 5:1-13에 희년에 대한 암시가 더러 있는 듯하다. 바벨론에서 돌아온 후에도 백성들이 그 제도를 알았겠고 부분적으로 그 제도의 실시를 회후(恢後)하였을 것이다.[100]

26장은 결말적 권면으로서 허락과 경고를 포함하는데 이스라엘이 하나님을 순종하는 경우에 받을 복(3-13절), 하나님을 순종치 않는 경우에 받을 징벌(14-39절), 회개하는 경우에 받을 하나님의 은총(40-45절)으로 단락구분이 이뤄질 수 있다. 본장의 대부분은 성결법에 대한 고상하고도 인상적인 결론이다. 본장의 체재와 내용은 신명기 28장(출 23:20)과 비슷하니 먼저 순종자의 축복을 논하고 그 다음으로 불순종자의 받을 저주를 좀 더 길게 술하였다. 그런데 신명기에는 회개와 회복을 말하지 않았다(40-44절). 이 장에 사용한 용어와 사상은 예레미야서와도 같고 그보다도 에스겔서에 더욱 가깝다. 회복의 묘사에 있어서는 에스겔서는 본장보다도 더욱 원만하다(겔 36장).

5. 십일조, 서원, 그리고 그 대상(代償)(27:1-34)

① 서원과 그 속량 규정(1-29절)

② 십일조 규정(30-33절)

③ 결론(34절)

대의(大意)

서원의 내용여하를 알고자 하면 신명기 22:21-22을 보면 된다. 서원은 하

100) 위의 책, 353-354.

나님 앞에 특별한 책임을 지는 것이니 항상 자진해서 제출하는 것이다(민 30:2; 시 15:4). 누구든지 서원한 것을 어기면 속죄제를 드릴 것이다(레 5:4-6). 여자의 서원에 대한 규칙은 민수기 30:2-16에 기재되어 있다.

하나님께 서원하는 일은 고대부터 있는 것이며 또 보편적이다. 이것은 기도와 동반하였다. 기도자는 자기의 소구(所求)를 얻기 위해서 조건적으로 무엇을 행하기를 서원한다. 또 그 서원은 적극 소극의 양 방면이 있다. 혹인은 신전에 무엇을 봉헌하기로 서약하기도 하고 또 혹인은 자기의 일상생활에 필요하고 안위되는 일을 거절하기로 서약하기도 한다. 후자의 실례는 민수기 6:1-21, 30, 삼상 14:24, 시편 132:2-5등에 있으며 전자의 실례는 창세기 28:20-22, 이사야 11:30-31, 민수기 21:1-3등에 있다. 본장의 소론은 적극적 방면에 속하는 것이다. 봉헌할 수 있는 서원물은 (1)인간(2-8절), (2)짐승(9-13절), (3)가옥(14-15절), (4)토지(16-25절)이다.[101]

본서에 여호와께서 그 백성에게 명령하신 모든 법도들은 그들에게만 관계되는 것이 아니요, 오늘날 우리에게 더욱 큰 관계가 있다. 개인이나 국가를 막론하고 하나님께서 요구하시는 이상은 곧 몸과 영혼을 완전히 하나님께 봉헌하고, 죄를 멀리함으로써 성결케 되는 것이다. 그 요구 범위는 유대인에게나 이방인에게나 다 마찬가지이다. 성결의 유일한 방법은 하나님께서 택하신 유일한 중보자요, 대제사장이신 예수의 대속하여 주신 공로를 의지하며 그를 통하여서만 가능한 것이다. 또 성결을 소유한 유일의 증거는 하나님의 명하신 계명에 기쁜 마음으로 원만히 순도하는 것이다. "나 여호와 너희 하나님이 거룩하니 너희도 거룩하라"고 명하신 교훈은 우리에게 주신 중대한 명령이다.[102]

---

101) 위의 책, 365-366.

102) 위의 책, 371.

분석과 평가

길고 자세한 〈서론〉은 레위기 본문에 대한 견실한 주석보다는 레위기 본문에 연역적-신학적 덧씌우기를 한 것으로 드러났다. 먼저 〈서론〉을 요약한 후 그의 〈서론〉이 본문주해에 어떤 영향을 미쳤는지 검토하려고 한다. 곽안련의 주석서들의 특징은 긴 서론에 이미 개별책들과 본문들의 주해방향이 자세히 서술된다는 점이다. 곽안련의 레위기 주석은 귀납적인 본문석의를 통해 각 개별 책들과 단원, 그리고 장절의 의미를 발견하려는 전통적 석의를 관철시키지 못한다. 그 이유는 레위기를 모세가 썼다는 대전제를 비판적으로 검토할 자세가 없었기 때문이다.

곽안련은 레위기의 저작을 모세에게 돌리는 논의를 전개함에 있어서 모세저작설을 부정하는 비평적 견해들을 진지하게 받아들이는 듯하지만 고등비평의 여러 학설들이 결정적인 모세저작 반박 증거가 될 수 없다는 이유로 기각한다. (1) 카일과 델리취의 의견(신 31:9, 24)을 따라 모세오경 전체를 모세가 썼다고 주장한다. 물론 모세가 레위기의 모든 부분을 자자구구 다 쓴 것이 아니라 자신의 수하에 서기관 혹은 대서인(아론, 엘르아살, 여호수아)을 두고 썼을 가능성도 인정한다. (2) 모세가 쓴 후에 자신 혹은 다른 사람이 약간 수정한 것이 있을 수도 있다. 유대인의 전설에 따르면 에스라가 구약성경 전체의 마지막 편집을 총괄했다.

동일한 기사가 반복된 것은 동일석상에서 한 사람이 일필휘지로 쓴 것이 아님을 보여준다. 하지만 하나님이 56회나 모세에게 말씀하셨다는 사실은 모세의 사실상의 친저성을 지지한다. 1887년에 이집트에서 발굴된 아마르나 문서는 모세시대가 충분히 문자기록이 가능한 시대였음을 증거한다. 모세오경 중 모세의 친작 부분은 출 17:14, 20-23, 24:4-7, 34:10-26, 민 33:2, 신 31:9, 11, 24-29, 신 32장, 수 1:7-8, 8:31-35, 23:6, 24:26이다. 레위기는 자초지종 모세의 저작이라는 것이다.

곽안련은 바벨론 유수 이후 제사장들이 모세 시대로부터 내려오는 고래

(古來)의 율법을 바탕으로 레위기를 저작했다는 비평학자들의 입장을 거짓 선전이라고 일축한다. 모세오경을 하나님이 모세에게 주신 계시가 아니라고 보는 이 포로기 이후 제사장 저작설은 모세오경을 위조문서라고 보는 것과 같기 때문이다.

곽안련은 역대상 15:5이 레위기와 모세오경의 다른 책을 가리켜 모세의 말이라고 했고(대상 6:49; 22:13; 대하 5:10; 8:13; 23:18; 24:6, 9; 30:16; 33:8; 34:14; 35:6, 12), 나사렛 예수도 레위기 율법(정결법)을 모세의 율법이라고 했으니(마 8:4=레위기 13-14장; 요 7:23=레위기 12:3) 더 이상의 확실한 증거는 필요없다고 본다. 그는 여기서 예수의 모세율법 언급이 곧 모세오경의 모세친저설을 증명하는 것이 아니라는 반박논리(유대인의 일반 관습을 차용하였으며 예수는 인간적으로 제한된 지식을 갖고 있었다)를 재반박한다.

마지막으로 모세오경의 단일성과 모세저작설을 부인하는 벨하우젠의 JEDP 문서가설(당시 기준으로 50년 전에 발표된 최신 비평이론)을 간략하게 소개하고 그것이 이미 나온지 반세기도 못되어 세차게 반박당하는 일시적 유행이론이라고 반박한다.

레위기의 자료배열은 주제적인 응집성을 결여하고 있다고 본다. 동일한 말이 반복되고(11:39-40; 19:9; 22:8; 23:22), 문맥상 연락이 매끄럽지 못하며 근사한 기사가 인접하지 않고 상호 이격되어 있는 경우가 허다하다(12장, 15장, 19:5-6, 22:7-25 비교). 자료의 불통일은 본서 전편이 일시에 저작된 것이 아니기 때문이다. 곽안련에 따르면 이 현상은 모세가 자신의 조기 혹은 만기의 기록들을 집합성한 것일 가능성 때문에 나타났다. 모세 시대 이후 혹은 바벨론 유수 이후에 선지 성현들이 나타나 구약의 기록들을 수집하고 편집할 때 간혹 삽입한 주해가 전무하리라고 단언하기는 어렵기 때문이다(42). 그가 철저히 따르는 카일과 델리취는 오경의 단일성을 확정적으로 옹호했고 불통일성을 인정하지 않았으며 "일정한 연대가 오경 각서를 모순없이 일관했고 자료들이 체계있게 배열되었고 전후 사상은 호상 연관되어 후자는 전자를 확충, 해명한다"고 주장했다.

곽안련은 그레이(Gray), 비너(Wiener), 빈즈(Binns) 등의 레위기 사본비평 입장들을 소개하며 레위기의 사본 보존상태가 다른 책들에 비하여 양호하고 70인역이나 사마리아 오경의 텍스트보다는 현존 레위기 히브리어 사본이 모세의 원본에 더 가깝다고 주장한다. 모세오경 율법의 혼합적 구성과 배열 등은 모든 고대율법 집성물에 흔히 나타나는 현상임을 강조하고 모세오경의 혼합적 구성은 모세친저성의 결정적인 반증이 아니라고 못박는다. 세상의 각종 율법이 실제로 체험하는 중에 제정된다는 것이다. 모세의 율법 중에는 모세보다 더 오래된 시기의 율법도 있고, 전혀 새로운 것도 있고, 이 둘이 뒤섞여 있는 경우도 있다. 그는 제사제도의 변천을 종교심리학적으로 설명하며 성경의 제사제도가 이 발전도식을 추종하는 것은 아니라고 한다. 종교심리학에 따르면 모든 제사가 공포심리에서 시작되어 감사로, 감사에서 환희의 지경으로 점차 변천했다. 신과 경배자의 관계는 친우관계로 발전하게 되었다. 그 후 어느 시점에 인류에게 서약의 풍습이 생겨났고 서약준수시 받을 복에 대한 기대도 생겨났다. 나실인 제도가 바로 이런 사례라는 것이다. 인간이 복을 받을 것을 기대하다가 복을 받지 못하자 속죄제와 속건제를 드리기 시작했다는 것이다. 점차 인간이 자신의 죄성을 깊이 자각하여 겸허의 제사를 드리기에 이른다. 속죄제와 속건제는 번제보다 훨씬 더 후에 생겼다. 제사발생순서는 인류 양심의 발달경로를 반영한다는 것이다. 그러나 성경의 제사가 반드시 이 경로를 그대로 따른 것이 아니라고 첨언한다.[103]

곽안련은 레위기 주석 전체에 걸쳐서 학구적, 비평적, 실용적, 정통신학 옹호적 입장을 천명한다고 하지만 사실상 모세오경에 대한 벨하우젠류의 문헌비평과 역사비평을 역비평하는 것을 학구적이며 비평적인 주석이라고 주장하고 있다. 특정 구절을 주석할 때 그는 히브리어 구문을 통째로 해석하

103) 위의 책, 50.

거나 검토하지는 않으나, 히브리어 단어를 활용해 자신의 주석적 논지를 강조한다. 제사의 종류를 논함에 있어서 창세기 4장부터 모세오경 전체에 걸친 제사장면을 망라하여 검토한다.[104] 속죄제의 의의와 유래 등을 논할 때에는 학구적일 뿐만 아니라 경건한 예배감정을 격앙시키는 설교자적 필치를 구사한다.

제사의 근본적 의의를 논하는 부분은 피제사, 형벌대속설적 제사신학을 신구약 전체에 걸쳐 전개한다.[105] 그리스도의 형벌대속적 죽음은 우연이 아니며 하나님의 영원하신 경륜의 성취임을 입증한다. 곽안련은 현대독자들이 레위기를 덜 읽게 되는 이유는 그 책에서 단순한 율법만을 발견하고 더 심오하고 신령한 메시지, 영단번에 드려진 그리스도의 십자가 제사를 발견하지 못하기 때문이라고 진단한다(75). 서론 마지막에서 레위기의 실제적 유익을 논한다(죄를 미워하고 죄인을 불쌍히 여기시는 하나님 계시, 무죄한 자의 중보자적 역할 숙지, 신령한 예배론, 현대의 시민법, 민법, 노동관계법, 가정법 등의 개정에 지침을 제시). 주석은 본문, 대의(大意), 석의(釋義) 순서를 따르며 석의에서 실제적 적용사례를 제시한다. 왕왕 결론이 추가된 부분이 있는데 이 경우 특별보설의 역할을 한다(11-16장 결론 동물의 정부정의 문제). 예를 들면 현대독자들에게 낯선 율법이나 기준을 해명할 때 결론단락을 추가한다(15장 여자의 유출병 논의 끝에 결론 31-33쪽; 11-16장의 석의 마지막에 결론; 23장 절기규정 석의 마지막에 결론 추가). 특히 11-16장의 정한 동물과 부정한 동물 분류기준에 대한 긴 논의는 학구적, 비평적 입장을 취하며 나름대로 그 기준을 제시하려고 한다(209-211). 곽안련은 이 정한 동물과 부정한 동물 규정에 대한 상징적 해석을 따라 이방인과 선민을 구분하는 상징적 율법이라고 본다.[106]

대체로 곽안련은 레위기 주석에서 "본문"과 "대의(大意)", 그리고 "석의" 순

104) 위의 책, 62-66.

105) 위의 책, 71-74.

106) 위의 책, 211.

으로 집필하였다. “대의” 부분에서는 주제, 저자의 의도, 비평적 문제 등 해당 문단의 일반적 틀에 관한 여러 가지 측면을 제시했고, “석의” 부분에서는 단어별로 혹은 문구별로 해당 문단을 강해하였다. 때로 특정 낱말이나 문구에 초점을 모으고 그 낱말이나 문구의 어원, 문법적 용법, 평행구절, 그리고 역사, 종교, 문화, 사회 등과 해당 문구의 정황적 관계를 고찰하였다. 전체적으로 개별 절 단위로 혹은 소단락 별로 전개된 주석을 통해 드러나는 특징은 다음과 같다.

첫째, 곽안련이 위 다섯 가지 원칙을 레위기 주석서에 얼마나 충분히 관철시켰는지를 판단하기는 쉽지 않다. 분명한 것은 레위기 책 자체의 성격 때문에 문법적-역사적 연구방법이 레위기에서는 현저히 후퇴되고 있고 오히려 우화적 해석방법과 아울러 모형론적 주해방법이 폭넓게 발견된다는 점이다. ‘시내산에서 본 장막제도는 천당의 그림자요, 나팔절은 재강림 때의 그림자요, 희년은 예수께서 주관하실 영원한 나라의 그림자다.’ ‘레위기 1-5장의 다섯 가지 제물(번제, 소제, 화목제, 속죄제, 속건제)이 다 예수의 그림자라고 할 수 있으나, 일반적 뜻으로만 그림자가 되고 사소한 뜻까지는 되지 않는다.’ 레위기 2:10의 아론의 임직예식은 예수의 임직예식의 그림자다. 레위기 24:6의 ‘죄의 값은 사망이다’라는 선언에서 문둥병은 죄의 그림자라고 간주된다. 곽안련은 하나님의 이와 같은 유일한 구원계획은 ‘무죄한 피’(동물희생의 피, 그리스도의 피의 그림자인 동물희생의 피)에 있는 ‘생명’을 단번에 바침으로써 완성된다고 주장한다. 〈레위기 강의〉에서 곽안련은 역시 이 점을 다음과 같이 강조했다.[107]

107) 곽안련, 『레위기 강의』(서울: 대한기독교서회, 1954), 18. 〈표준주석 시리즈〉에 레위기 주석을 출간하기 전에 이미 곽안련은 95쪽 짜리 『레위긔 강의』(서울: 조선야소교서회, 1919)를 저술했고, 1954년에는 레위기 강의로 출간되었다. 이 두 단계의 저술을 완성하는 책이 표준주석 레위기 주석인 셈이다.

이 뜻을 신약 중에 명백히 가르쳤으니, 요한복음 1장 29절에 세상 죄를 지고 가는 하나님의 어린 양을 보라 하였고, 또 마태복음 26장 28절에 이 피는 새 언약의 피라고 하였고, 에베소서 5장 2절에는 예수께서 우리를 위하여 몸을 버리사 제물과 생축(生畜)이 되어 향내 나는 제물을 하나님께 드렸다고 하였고, 에베소서 1장 7절에는 그 피로 말미암아 구속함을 받을 것이라고 하였고, 베드로전서 1장 18-20절에는 구속함을 얻은 것은 양과 같은 그리스도의 피라고 하였고, 요한일서 1장 7절에는 예수의 피가 우리의 죄를 깨끗하게 씻어 줄 것이라고 하였고, 묵시록 5장 6절에는 각 족속과 모든 사람을 피로사서 하나님께 드리셨다고 하였으니…….

곽안련의 구원사적 주제는 예수 그리스도에 그 초점이 맞추어져 있다. 다시 말해 그는 모형론적 해석방법을 통해 구약성경의 중심 주제를 예수 그리스도에 관한 메시야 예언의 성취에 비추어 파악하고자 했다는 것이다. 구약성경의 모든 책들은 그리스도가 역사 속에서 실현된 구속 계획의 신적 행위자로 오실 것을 예기(豫期)하고 있다는 것이 그의 확신이었다. 하나님은 갈보리 상의 예수님을 통하지 않는 다른 어떤 인간 구원 계획도 가지고 계시지 않는다고 그는 믿었다.

곽안련은 그리스도를 구약성경 전체의 중심 주제요 완성으로 보았다. 그는 레위기를 공부함으로 예수의 일과 그의 계신 것을 더욱 분명히 알 수 있다고 말했다. 이처럼 그리스도 중심적 해석에 대한 강조는 그의 모든 작품에 두루 흐르고 있다(욥19:25, 이사야 서론, 시편 18:37-38). 결국 곽안련의 모형론적 성경해석법은 성경에 흐르고 있는 신학적 통일성을 시종 내내 추구하고 있다. 그 통일성이란 그리스도 예수를 통해 완성되는 하나님의 구원 계획인 것이다.

둘째, 곽안련의 레위기 주석은 전체 집필자를 대신하여 시리즈 서문을 쓴 마포삼열의 입장보다 훨씬 보수적이고 반비평주의적인 입장을 취한다. 마포삼열은 학구적이고 비평적인 주석의 중요성을 적극 강조한 반면에 곽안련은 역사비평적 입장을 대적하는 의미의 비판적 주석을 시도한다. 셋째, 정통칼빈주의 옹호, 통일성 옹호에는 열심을 보이지만 상대적으로 실용적 주석이 되기에는 부족하다. 레위기 주석에는 초창기 한국교회 선교사의 자의식이 별로 반영되어 있지 않다. 이 주석서들과 그의 다른 저서들과의 관련성도 결여되어 보인다.[108] 더 나아가 전통종교와 문화와 기독교의 관계에 대한 선교학적 관심도 비교적 결여되어 있다. 예외적으로 곽안련은 유대인의 유월절과 한국인의 정월 대보름 잔치간의 사상적 유사성을 지적하는 정도에 그쳤다.

한국 1월 14일 밤에 어두운 백성이 짚으로 제용을 만들어 자기의 1년 재앙을 그 제용의 몸에 붙여 십자 거리에 버린다. 그러므로 예수의 참 도리를 알지 못하는 어리석은 풍속이라고 하겠으나, 그 근원을 미루어 생각하면 구주의 십자가의 그림자인 듯하다.[109]

여기서 그는 한국의 종교, 문화적 배경 속에서 성경해석을 상황화하고자 한 것처럼 보인다. 하지만 이 사례를 제외하고 그의 기타 주석서에서는 성경해석에 대한 상황화적 접근법을 찾아보기가 어렵다. 사실, 다른 주석서들에서 때로 한국의 역사, 문화, 관습, 고대 종교 등을 언급하기도 했지만, 이는 단지 성경의 단어나 문구에 대한 해석을 예증하기 위한 것에 불과했다.

한국교회에 신사참배 강요가 강화되던 시기인 1937년에 표준주석 시리즈 첫 주석으로 욥기-시편 주석을 저술한 것은 역사적 위기사태에 대한 응답인

108) 곽안련은 『한국교회와 네비우스 선교정책』에서 한국교회가 부흥하게 된 14가지 이유들을 제시하고 있으며 전통종교, 일제 강점과정 등의 역사적 사실을 의식하고 있다. 그런데 그의 주석서 어디에도 자신이 선교하는 선교지 주민들이 처한 정치적, 사회적, 경제적 상황에 대한 언급이나 암시가 거의 없다(303-317).

109) 곽안련, 『레위기 강의』, 121-122.

것처럼 보이나 정작 주석 자체에서는 위기에 처한 민족을 어루만지려는 실용적인 주석다운 면모가 약하다. 약간 늦게 나온 박윤선의 주석시리즈가 오히려 설교적 적용점과 설교재료, 예화자료 등을 제공한다는 점에서 실용적 주석다움을 보여준다.[110] 넷째, 히브리어를 알고 있는 독자들이 극히 적었을 시기에 히브리어를 구사하는 주석서가 과연 어떤 독자층을 겨냥했는지가 다소 불분명해 보인다. 마지막으로 클라크가 그렇게 많은 주석서를 단시간에 그렇게 많이 저술한 것이 독자적인 연구산물인지 카일과 델리취 등 보수주의 학자들의 여러 입장을 대체로 절충하고 추수(追隨)하여 썼는지 의구심을 자아내는 면도 있다.

110) 김회권, "박윤선의 구약주석 비평," 「신학사상」158(2012/10), 9-54.

2. 민수기

총론

I. 본서(本書)의 명칭과 특성

민수기는 맛소라 학자들의 모세오경 분류법(54부분)에 따르면 레위기는 24-33단락이요 민수기는 34-44단락을 구성한다. 모세의 율법을 오권(五卷)으로 분(分)한 것은 맛소라 학자들의 54구 구분보다 더 옛적부터 전래(傳來)한 것인데 주전(主前) 250년 경에 발행된 70인역(譯)에나 또 주전(主前) 500년경 발행된 사마리아 오경에도 발견할 수 있으며 또한 애굽(埃及)의 필론의 저서와 요세푸스의 저서도 이 사실을 입증하였다. 민수기는 한 때 원망기(怨望記)라고도 불렸다. 창세기, 출애굽기, 레위기에서 천지창조로부터 애굽으로 내려갔다가 거기서 피(避)하여 나아와 시내산까지 도착한 이스라엘 민족의 역사를 포함하였고 민수기에서는 시내산을 떠나서 광야에서 거주하다가 여리고 맞은 편(便) 모압평지에까지 도착한 경로를 기록한 것이다.

곽안련은 민수기도 모세 친저 후에 서기관들의 손을 거쳐 전승되었기에 통일성과 균형이 결여된 것처럼 보이지만 근본적으로 모세의 단일저작이라고 본다. 본서는 자체의 역사와 특성을 갖고 전승되어 온 활서(活書)라는 것이다. 문학적으로 민수기를 고찰(考察)하면 통일과 균형이 부족해 보이지만 최대(最大) 중요한 설화(說話)들을 내용으로 하는 이야기치고는 통일성이 있다. 본서에 적힌 설화(說話)들의 연속(連續)은 마치 주옥(珠玉)을 끈에 꿴 것 같이 가경(可驚)하나 너무 상세한 말들이 많기 때문에 내포(內包)된 취지(趣旨)가 모호(模糊)하여진 듯한 감도 없지 않으나 문학적 통일성은 옹호될 수 있다.

민수기의 중요한 자적(自適)은 다른 히브리 성서의 목적과 같다. 하나님을 높이고 그의 엄위(嚴威)하심과 성결(聖潔)하심을 현시(現示)하고자 함이다.

이를 위해 하나님의 성결과 성별(聖別)은 그의 특별한 대표자들인 레위인들과 제사장들과 또한 선민(選民)들의 성결, 성별이 필수적으로 요청된다. 그러나 그들은 연약(軟弱)하여 원망과 불신뢰로써 신(神)의 인내와 신실을 환기(喚起)시키기도 했다. 이스라엘 백성은 이 과정에서 신을 봉사하는 대열심(大熱心)이 분발(奮發)함을 보여주기도 했으며 다른 때에는 멸망을 자취(自取)하기도 했다.

민수기의 가경할만한 특징은 선민이 영적 지도자들의 약점과 결함을 추호도 은닉해주지 않고 들추어낸다는 점이다.[111] 모세 자신이나 미리암과 아론과 아론의 자손들이 패악(悖惡)한 고라와 그 악당(惡黨)들과 같이 종교적 인도자로서도 각자의 미련한 행동의 결과로 인하여 죄벌(罪罰)과 고통을 미면(未免)한 실례(實例)들이 실려 있다. 그러나 다른 견지에서 보면 본서(本書)는 신의 선민(選民)의 불가항적 전진(前進)의 활발한 기록이다. 여하(如何)한 노력이나 휼계(譎計)나 또는 이스라엘 백성에 대한 신의 목적(目的)을 방해하려는 자들의 여하(如何)한 방해에도 퇴굴(退屈)함이 없이 그들은 전진(前進)하였다. 요약컨대 민수기는 하나님의 선민의 불가항력적 전진 기록이다.

II. 본서의 재료의 근원과 문학적 구조

다수(多數)의 고등비평가들은 오경의 문원(文原) 분석(分析)에 주력해 기타 원문서(原文書)의 존재를 가정(假定)하고 제장구(諸章句)의 문원(文原)을 이 문서 저 문서에 귀속시킨다. 이것은 소위(所謂) 원문서론(原文書論)이다. 오경 중에도 민수기는 통일이 불완전하고 동일한 설화의 반복된 것이 허다(許多)하며 고시구(古時句) 등을 인용하였다고 해서 고등비평가들은 민수기가 몇 편의 원문서들의 혼합집성물이라고 의심할지도 모른다. 그러나 본서(本書)의 본문을 펴놓고 본문 그대로 고찰(考察)하여 연구하며 원문서가 있었다는 선입견을

111) 곽안련, 『표준주석 민수기』(서울: 대한예수교장로회 총회종교교육부, 1964[원출판 1956]), 36.

품지 않는 자에게는 이런 비평론의 필요가 조금도 느껴지지 않는다. 아무러한 서책(書冊)이라도 수 천 년 간 내려오면서 여러 번 거듭하여 등서(謄書)된 일이 있다면 그 책 내용에 여간(如干)한 불통일과 반복이 발생하거나 읽기 어려운 어구(語句)가 출현할 것은 필연(必然)한 사실이겠다. 곽안련은 자료의 복합성과 통일성 결여, 동일자료의 반복출현 등을 어느 정도 인정한다. 그럼에도 불구하고 민수기의 원문서론 가설을 주창하는 고등비평을 배격한다. 벨하우젠의 원문서가설은 불필요하다는 것이다. 민수기의 오류라는 것이 기껏 필사과정상 생긴 반복과 불일치라는 것이다.[112)]

III. 본서의 장소와 시기

곽안련은 민수기가 지리적, 연대적 골조를 따라 편집되었다고 보았다. 출 19:1과 민수기 10:10은 동일장소 시내산에서 일어난 일들을 기록한다. 민수기의 과제는 하나님의 거룩케 하시는 임재를 얻기 위해서 이스라엘 백성을 적당히 조직하는 것이다. 출 19:1과 40장, 레위기 전체, 민수기 1:1-10:10의 목적에 부합되지 않는 율례와 법도가 민수기 중간에 복잡하게 뒤섞여 있는 것은 사실이나(출 20:23; 레 17-26장; 민 5-10장), 이 세 부분의 통일성을 부정할 정도는 아니라고 본다. 민수기의 앞부분 1-10장은 출애굽기와 레위기와 밀접하게 연결되고 후반부는 신명기와 긴밀하게 연결된다. 민수기 33:50-36:13에 기록된 율법과 교훈은 가나안 땅에 들어갈 것을 선견하면서 준 것들로서 신명기에 기록된 일부 교훈의 관점과 같다(4:1, 6:1, 7:1, 9:1, 12:1). 민수기는 모세오경 전부에 기계적으로 절취한 일부분같이 되어 있는 결과로 통일성이 결여되어 있는 것이 사실이다. 민수기 1:1-10:10에서만 제재의 통일성을 발견할 수 있는 것도 사실이다. 놀랍게도 민수기의 대부분은 시내산에서 가나안 남부까지 여행한 것에 대한 기록으로서, 놀랍게도 40년의 마지막 몇

---

112) 위의 책, 37-38.

년간에 일어난 일을 기록하지 않는다. 민수기는 더 나아가 정작 38년 방황하는 동안에 일어난 일(고라 자손의 반역 제외)에 대해서도 거의 다루지 않는다.

IV. 전후서와의 연락

본서의 첫째 단원인 1:1-10:11은 출애굽기와 레위기의 부록으로 볼 수 있다. 출애굽기 19:1에 이스라엘 백성이 시내 광야에 도착한 기사가 있고 민수기 10:11-12에는 그 장소를 떠난 기사가 있으니 그 동안에 발생한 모든 사변(事變)들은 다 동일한 장소에서 되었을 것이다. 그 뿐 아니라 출애굽기 19:1로부터 민수기 10:11까지에 기록한 주요한 제재(題材)는 두 호상(互相) 긴밀히 연락되어 단일 연맥(連脈)의 소부분들인 것이 현저(顯著)한데 그 일관(一貫)된 목적은 하나님의 성화(聖化)시키는 임재를 얻기 위한 것이다. 이스라엘을 거룩케 하시는 하나님의 임재를 모실 이동식 천막이 회막(會幕)인데 출애굽기 25-40장은 이 회막 설계와 건축에 관한 기사이며 레위기는 성막을 중심으로 시행될 제사제도(祭祀制度)를 규정한다. 출애굽기 28-29장과 레위기 1-10장은 여호와를 봉사(奉事)하기 위하여 제사와 제사장직(職)을 제정(制定)하는 기사를 다루며 이 두 책의 중심주제인 제사장과 제사제도를 계승한 민수기 첫 장(章)들은 제사장에게 수종(隨從)들도록 임무를 부여받은 레위인들의 과업을 제정(制定)하고 여호와의 성결(聖潔)과 불가접근성(不可接近性)을 현현(顯現)하기 위한 회중(會衆)조직에 관한 일을 기록한다. 현재의 출애굽기 19:1로부터 40장까지와 레위기 전편(全篇)과 민수기 1:1-10:1까지의 세 부분(部分) 중에 그 주요한 목적과 일치하지 않는 율례(律例)와 법규(法規)가 혼잡하여 있으나(특히 출 20:23, 레 17장-26장, 민 5-10장 참조), 이 사실 때문에 그 세부분의 실질적(實質的) 통일성을 무시할 수는 없다. 출애굽기, 레위기, 민수기의 구분을 좀 더 적의(適宜)하게 하면 다음과 같다.

(1) 출 1장-18장은 애굽에서 시내산까지 나가는 사실의 기술(記述)이고

(2) 출 19장-민 10:10은 시내산에서 된 사실의 기술(記述)이고

(3) 민 10:11-36:13은 시내산에서 여리고 맞은 편 요단 언덕까지 도착한 사실의 기술이다.

민수기의 첫째 부분인 1장으로 10장까지의 기사(記事)가 출애굽기와 레위기의 기사(記事)에 각각 긴밀히 연락된 것처럼 그 후(後)부분은 신명기와 연락(連絡)되었다. 민수기 33:50으로 36:13까지에 기록된 율법과 교훈은 신명기에 기록된 그것과 같이 (신 4:1, 6:1, 9:1, 12:1 기타) 요단 강 건너 갈 것을 선견(先見)하면서 또는 가나안 땅에 들어가 정주(定住)한 후에 실행될 것을 예상하고 수여(授與)된 것이다(33:50-55, 34:2, 17:29, 35:2, 10 이하). 그러나 본서의 앞에 나온 장절(章節)들을 신명기의 분리된 부분으로 간주될 수 없는데 그 이유는 이 모든 절(節)이 신명기와 동일한 제재(題材)들을 논하고 있기 때문이다(민 22:50-56과 신 7:1-6, 12:2-5; 비교 민 35:9-34와 신 19:1-13 비교-도피성). 이상에서 살펴본 것처럼 민수기는 모세오경 전부(全部)에서 기계적(機械的)으로 절취(切取)한 일부분같이 되어 있는 결계(結界)로 제재(題材)적 통일성을 결여하고 있다. 민수기의 큰 주제는 이스라엘 백성이 신민(神民)으로 조직된 시내 산을 떠난 후로부터 신약지(神約地) 가나안에 들어가 정복하기로 준비된 때까지의 그들의 동정(動靜)이다.[113]

IV. 본서의 원문비평

곽안련은 민수기의 원문비평을 시도한다.[114] 조지 B. 그레이(G. B. Gray)의 말을 따라 민수기의 보존상태가 좋다는 점을 받아들인다. 봐이너(Weiner), 빈즈(Binns) 등의 사본학적 판단을 존중하며 민수기 히브리어 사본이 사마리아

113) 위의 책, 39-40.

114) 위의 책, 44.

오경이나 칠십인역보다 더 낫다고 본다. 사본상의 실수 외에는 큰 오류가 없다고 판단한다.

VI. 본서에 기재된 율법

곽안련은 종교적, 의식적 율법과 세속적 사회적 율법을 구분한다. 고대 이스라엘 사람들은 이 두 법을 의식적으로 구분하지 않았을 것이지만 현대독자들의 관점에서 보면 이런 구분이 가능하다. 종교적 예식적 율법은 성물규정, 교직의 조직, 거룩한 헌물봉헌 규정, 성력일(聖歷日), 각종 제사규정, 의식적 정결규정, 옷단 귀에 부착하는 술 규정을 포함하며, 세속법은 정치적 조직규정, 군사적 조적, 재판법, 개인간의 제관계, 재산법, 상속법, 형법 등을 포함한다.[115] 세속법을 따로 다룸으로써 곽안련은 세상의 정치, 행정, 사법 등 모든 영역에 하나님의 통치를 관철시키려고 하는 정통칼빈주의 입장을 명백하게 드러낸다.

VII. 본서에 기재된 제사제도

민수기의 제사제도는 헌제장소 규정, 거룩한 절기규정, 제물봉헌 규정, 헌제자 규정 등에 의해 해명된다.

VIII. 본서의 역사적 가치

민수기의 역사적 가치에 대해서 논하면서 곽안련은 민수기의 긴 편집 및 필사과정의 역사는 인정하지만 대체로 모세시대의 기록이라고 주장한다. 벨하우젠의 문서가설은 결정적인 증거를 제시하지 못하는 가설일 뿐이라는 것이다. 상호모순적 기사(고라, 다단, 아비람 사건), 동일한 사건의 중복기록(미디안 여인 유혹사건)은 3천년 전 경전 등의 책에서는 흔히 나타나는 현상이라고 본

---

115) 위의 책, 46-50.

다. 모세 이후의 편집자들은 모세가 기록한 것을 접수하여 편집할 때에 간혹 보삽(補插)을 행하여 원문의 의미를 명시하려는 구절도 적지 않았을 것이다(신 34장 모세의 별세 기사). 하지만 이런 정도의 난점이 민수기의 역사적 가치를 손상시키지는 못한다는 것이다.[116)]

아울러 곽안련은 역사와 연대기를 구별하며 민수기의 역사적 가치는 단순히 연대기적 사실 기술에서만 찾을 수 없다고 본다. 진정한 가치를 가진 역사기록은 과거사로써 독자를 교훈하여 모방할 것과 기피할 것, 특수한 정황에 임하여 마땅히 행하여야 할 것과 행하지 말아야 할 것을 구별한다. 역사는 과거지사 중 일부를 발췌하고 선별하여 순서대로 정돈하되 그것에 대한 논평을 가해야 한다. 과거사의 역사가 미래에 대한 지침이 되도록 제시하여야 한다. 이런 점에서 민수기는 역사라는 것이다. 그는 이스라엘의 역사와 성격은 모세같은 인물을 설정하지 않고는 설명될 수 없다고 주장한다. 역사적 교훈 도출을 위한 주석이 가장 현저한 책이 민수기 주석이다.

IX. 본서의 종교적 가치

클라크가 보기에는 민수기의 종교적 가치는 선민사상에 있다. 이스라엘의 선택은 특권수여가 아니라 세상 모든 사람들에게 하나님을 아는 지식을 제공하기 위함이었다. 하나님께 성결한 백성이 되어야 하나님께 경배할 수 있고 섬길 수 있다. 민수기는 사건의 연대기만을 기록하는 데 그치지 않고 선민 이스라엘의 경력의 의의를 해석한다. 민수기는 하나님이 어떻게 택하신 백성을 통치하며 지도하신 것과 어떻게 그들의 결핍을 채워주신 것과 어떻게 그들의 범죄와 연약에 대하여 관인(寬忍)하신 것과 어떻게 그들에게 자기가 언약하신 것을 완수하신 것과 어떻게 장구한 훈련으로써 그들을 양성하여 세상에서 하나님을 섬기며 그를 증거하도록 단련하셨는가를 기록했다

116) 위의 책, 57.

는 것이다. 민수기는 말세를 당한 하나님의 백성에게 거울이 되고 경계가 되는 기록이다(고전 10:11).

X. 모세의 지위

첫째, 군사적, 정치적 지도자로서 모세가 수행한 업적은 과연 위대하다. 오합지졸 노예를 질서정연한 나라로 조직화한 것은 모세의 가장 위대한 업적 중 하나다. 둘째, 모세의 업적은 생전에 이룬 업적보다 그가 남긴 모세의 율법이 후손들에게 끼친 영향력이 훨씬 더 다대하다. 셋째, 지도자와 입법가로 성공한 모세는 위대한 종교적 천재요 선지자다.

XI. 신약에 인용된 본서의 제구절

1. 개인의 행동이나 성격에 관한 것
   ① 모세가 하나님의 집에서 충성한 것(12:7=히 3:2-5)
   ② 발람의 탐욕(20장=벧전 2:15; 유다서 12절)과 이스라엘 백성들이 우상에게 유혹됨(12:7=계 2:14)
   ③ 고라와 그 악당들(16장=유다서 11절), 특히(16:38=히 12:3), 또는 (16:5=딤후 2:19)
2. 백성들의 범죄와 형벌(행 13:8; 고전 10:5, 8-11=히 3:7-4:3; 유다서 5절).
3. 여호와의 수호하심
   ① 만나(11:4-9=요 6:30-35, 41-58; 계 2:17)
   ② 반석의 물을 주심(20:11=고전 10:3-4)
   ③ 목자없는 양(27:17= 마 9:36; 막 6:34)
   ④ 구리뱀(21:8-12= 요 3:14)
4. 법도와 율례
   ① 유월절(9:12=요 19:36; 고전 5:7-12; 엡 1:7; 골 1:14 비교)
   ② 맹세를 서원함에 대하여(30:2=마 5:33)

③ 나실인의 규정(6장=눅 1:15; 행 18:18; 21:26)

④ 레위인에게 십일조를 내는 법(18:21-24= 히 7:5)

⑤ 결례에 암소의 재를 사용하는 법(19장= 히 9:13-20).

구성과 단원별, 장별 주해 요약

1부 19일간의 시내광야 체류(1:1-10:10)

I. 인구조사, 진영의 순서, 레위인의 지위와 직무(1-4장)

1. 인구조사(1장)
2. 진영의 질서(2장)
3. 레위인의 특수한 지위(3장)
4. 행진시의 레위인 직무(4장)

대의(大意)

인구조사는 민수기에서 실시되지만 그것을 염두에 둔 인두세(출 30:12 반세겔 속전세 납부 규정; 38:25 이하 인두세 징세 실시)는 이미 출애굽기에 등장한다. 이 인두세 규정은 인구조사에 대한 준비적 공작이다(출 38:26과 민 1:46 비교, 세금액을 갖고 인구 역추산). 기왕에는 레위인이 속전세를 수집하는 책임을 졌는데 민수기 인구조사는 각 지파와 가문의 두령이 책임을 맡는다. 이번 인구조사의 목적은 종교적인 목적 외에 세속적 정사를 집행하기 위함이었다. 2장은 진영조직을 다루는데 레위지파의 위치가 인상적이다. 레위지파는 중앙의 장막의 사면에 분주(分住)하게 하고, 모세, 아론, 그리고 제사장들은 장막출입구인 동편에 거하게 하였다. 진영의 배치와 조직의 의의는 '이스라엘 가운데 하나님께서 성결하게 하시는 자'로 거하신다는 것을 선포하는 데 있다. 3장은 레위인의 의무와 숫자를 망라한다. 아론과 모세가 낳은 자를 열거하면서부터 본장은 시작된다(82-83). 4장은 행진할 때 레위지파 가문이 각각 맡은 세부임무를 진술한다. 3장에서는 지성소 바로 옆에 장막을 치고 분주한 게르손 자손을 먼저 언급했으나 4장은 법궤운반 책임을 맡은, 즉 가장 중요한 임무를 부여받은 고핫 자손의 세부임무를 먼저 언급한다.[117)]

II. 각종 율법과 규칙(5-6장)

1. 부정한 것을 진영 밖에 축출함(5:1-4)
2. 제사장이 받을 보수(5:5-10)
3. 의처에 관한 심사(5:11-31)
4. 나실인에 대한 법규(6:1-21)
5. 제사장의 축복(6:22-27)

대의(大意)

민수기 중에서 편집과 구성에 있어서 통일성이 가장 결여된 단원이다. 위의 다섯 가지 주제를 다루되 "여호와께서 모세에게 일러 가라사대"로 시작되는 언사가 현저하다. 곽안련은 의처조사법에 대한 부론을 첨가함으로써 구약성경이 여성차별적이라는 인상을 심어주지 않도록 애를 쓴다. 마이모니데스에 따르면 70인공회(산헤드린)는 이 의처조사법을 폐지했다고 전해진다. 라이트풋 〈요한복음 주석〉은 요한복음 8장의 간음하다 붙잡힌 여인 일화에 등장했던 한 산헤드린 의원 중 일인에 의해 폐지되었다고 말한다. 곽안련은 이 부록에서 바벨의 함무라비법전의 의처조사법, 헬라인과 로마인의 신명(神明)재판관습에 비추어 민수기의 의처조사법을 평가한다. 이 신명재판은 인간적 형사행정의 오류를 없애기 위한 제도였다는 것이다. 하지만 모세시대의 신명재판은 신지의 이적적 계시가 출현하던 계시시대였기에 가능한

117) 위의 책, 68-93.

법이었지 그것이 없는 한 동서고금 여러 나라들에서 시행된 신명재판은 부적합한 오류라고 본다.[118)]

III. 족장들이 드린 예물(7장)

대의(大意) 단락이 생략되어 있다. 12지파의 족장들이 드린 예물을 진술함에 아무런 변이 없이 단조적으로 열 두 차례나 반복한다. 본장의 교훈은 솔선수범의 정신을 진작하는 데 있다. 또한 본장은 교회설립에 있어서 세속적 관원들의 지원의 중요성을 지시한다(겔 45:15; 46:2 비슷한 생각 피력).[119)]

IV. 다른 율법과 규례(8:1-10:10)

1. 등대(8:1-4)
2. 레위인들(8:5-26)
3. 보유적(補遺的) 유월절(9:1-14)
4. 장막상의 화운(火雲)(9:15-23)
5. 두 은나팔(10:1-10)

이 단원에 수집된 제 지령은 이미 반포된 어떤 규례들의 재진술 혹은 보충이다(특히 9장 보유적 유월절 규정). 각 단락, 각 규정진술간의 긴밀한 맥락성과 연결성은 결여되어 있다. 장막의 화운은 출애굽기 40:34의 재진술이다. 은나팔 제작 규정만 새로운 규정이다. 은나팔은 전회중 소집시, 족장소집시, 행진 개시시, 전쟁시에 부르도록 규정된다.

---

118) 위의 책, 100-109.

119) 위의 책, 122.

2부 광야에서 유리함(10:11-22:1)

1부가 광야행진 요령을 진술하고 2부는 실제 이뤄진 행진과 그 과정에서 일어난 사태들을 다룬다. 2부는 이스라엘을 가나안 땅으로 이끌어 들이시려는 하나님의 목적에 대항하는 이스라엘 백성의 원망과 불평, 저항과 반역적 성향을 부각시킨다.

I. 시내산에서 바란 광야로 행로할 때 생긴 사변들(10:11-12:16)

1. 시내산에서 떠난 일(10:11-36)
2. 행로 중의 제 사변들(11장)
3. 모세의 특수한 선지자됨이 증명됨(12장)

대의(大意)

10:11-36은 시내산 출발일시, 행로의 순서, 발행의 보도, 그리고 하나님께 드리는 기원문으로 구성되어 있다. 35-36절은 법궤동선과 관련해 여호와께 상주(上奏)한 기원이다(시 68:1). 광야의 이스라엘이 적기충만한 제 종족들 거주지를 통과하였을 것을 기억하면 이 기원문이 실감있게 들린다. 구적에게 승리하게 해달라는 간구와 전투 후에 다시 법궤(이스라엘 진영)로 돌아와 임재해 달라는 간구가 기원의 내용이다. 구름기둥과 불기둥의 안내를 받았음에도 모세는 동시에 광야지리에 익숙한 호밥(이드로의 아들, 모세의 처남)에게 광야길라잡이가 되어 달라고 간청하나 거절당한다. 11장과 12-14장은 이스라엘이 계기적으로 반역한 사실을 보도한다. 반역이 극에 달해 약속의 땅에 들어가기를 거절하는 데까지 이른다. 11장은 다베라 원망, 만나에 대한 불평과 원망, 모세의 비탄기도, 신의 응답, 70장로 임명, 메추라기 쇄도 사태를 다룬다. 12장은 자기 가정식구들에게 공격당한 모세를 신원하고 위로하는 하나님을 보여준다.

II. 정탐꾼의 파견과 그 보고(13장)

가나안 남부지방 정탐결과를 담은 정탐들의 보고는 백성들의 비겁, 불신앙, 그리고 급기야 하나님과 모세에 대한 반역을 야기했다. 40일 동안의 정탐기일이 반역적 이스라엘 출애굽세대의 40년의 광야유리 방황이라는 징벌로 응답하는 신적 진노가 폭발했다.

III. 회중의 실망과 징벌(14장)

반역의 절정은 다시 애굽으로 돌아가자는 환애굽 시도였는데 갈렙과 여호수아가 이 반역을 진정시키고 모세는 사태를 간신히 수습한다. 모세는 반역세대를 전멸하시려는 야웨의 폭풍같은 진노에 맞서 간절한 중재에 나섰고 이스라엘 출애굽 1세대 진멸을 일단 막았다. 그러나 야웨께서는 이 반역세대의 가나안 땅 입성은 불허하시겠다고 선언하신다.

IV. 각종 율법과 규칙(15장)

15장은 5, 6장과 유사한데 피차 서로 연결이 잘 안되는 각종 율법들이 느슨하게 배치되어 있다. 같은 장 안에 있는 율법들끼리도 연결성이 잘 안보이고 앞뒤 장과의 연결성도 결여되어 보인다. 곽안련은 카일과 델리취의 견해를 따라 이 각종 율법들(헌제물 규정, 거제 떡제물, 무의식적 허물, 안식일 위반자 징벌, 의복에 단 술 규정)의 본장 배치목적은 성장 중인 새로운 세대에게 희망을 고취하며 그들의 주의를 가나안 땅으로 지도하기 위한 것이라고 본다(200).

V. 반역과 징벌(16장)

16장은 광야생활 초기에 가데스에 발생한 사변이거나 가데스를 떠난 직후에 발생한 사태를 보도한다. 명색이 장자인 르우벤의 후손들인 다단과 아비람(26:5-9)이 반역지휘부를 구성한 이유는 아마도 자신이 속한 지파의 장자권이 무시되고 유다 지파가 선두에 서게 되고(11:9) 제사장 직분이 아론가문에게 간 것과 모세의 특수한 지위를 통분히 여겼기 때문일 것이다. 고라는 모세와 아론의 아버지 아므람의 동생 이스할의 자손이니 아론가의 금사직위(禁司 직위)에 대해 시기하였을 것이다. 그는 또 이스할의 동생 웃시엘의 자손인 엘리사반이 고위에 오른 것(3:30)에 대해서는 불평을 품었을 것이다. 또한 고라의 소속 고핫 자손과 다단과 아비람의 소속 르우벤 지파가 회막의 남측에 설진(設陣)한 것도 이들의 반역모의를 용이하게 했을 것이다(211).

VI. 맹아장(萌芽杖)(17장)

17장도 16장에 이어 아론가의 제사장직의 합법적 정당성을 공증하는 데 할애된다. 16장의 시험(아론가 제사장직)은 소극적이나 17장의 시험은 적극적이다. 아론의 지팡이에만 싹이 남으로써 아론가의 제사장직은 신원되었다.

VII. 제사장 혹은 레위인의 직무와 보수(18장)

아론가의 제사장직이 옹호되고 합법화된 후에 제사장과 그 조력자들의 직무경계가 정해지고 각각의 보수규정이 뒤따라 나오는 것은 논리적이다.

VIII. 사체 오염에 대한 결례(19장)

사체의 오염력 때문에 제사장들의 사체 및 분묘 접촉을 금하는 관습은 이집트, 인도, 페르샤, 마오리 족 등에 보편적으로 나타나며 사체오염으로부터 정결을 회복하는 절차도 대동소이하다. 그러나 이스라엘의 사체오염 극복 정결예식은 하나님의 계시의 일부로서 다른 나라들의 관습적 정결예식과 다르다. 사체접촉 오염 규정이 19장에 나오는 이유는 16장의 반역으로 징벌당해 죽은 14,760명의 사체처리 문제 때문인 듯하다(16:46-50). 붉은 암송아지를 통한 정결예식은 코란의 제 2수라(Sura)에도 약간 변형되어 나타난다.[120)]

---

120) 위의 책, 234.

IX. 가데스에서 생긴 일(20:1-21)

본 단원은 미리암의 죽음, 므리바의 반석수 사건, 그리고 에돔의 이스라엘 통과거절 상황을 보도한다. 14:33은 40년의 장기적 광야유리생활을 예고하는데 그 사이에 고라, 다단, 아비람 반역사건이 일대 사변이며 다른 중요한 사건들은 무엇이 있는지 알려져 있지 않는다. 바란광야의 가데스에서 홍해길로 광야에 들어가라는 명을 받고 떠났던(14:25) 이스라엘이 지금 다시 가데스로 돌아왔다(20:1). 38년 전에 떠났던 가데스로 다시 되돌아온 것이다. 그동안 유리방황했던 지역들은 신명기 2:1이하에 기록되어 있다.[121]

X. 모압으로 가는 길(20:22-22:1)

1. 아론의 사거(20:22-29)
2. 호르마에서의 승리(21:1-3)3. 동사(銅蛇)(21:4-9)
4. 여행(21:10-20)
5. 시혼과 옥의 패망(21:21-22:1)

대의(大意)

이 단원은 위의 다섯 가지 사건들을 보도한다. 21:4-9의 구리뱀 주조에 대한 주해에서 곽안련은 구리뱀이 햇빛에 비칠 때 그 광택이 불뱀색을 띠었기 때문이라고 추정한다. 저자는 구리뱀은 구원의 상징이니 그것을 향해 전향하는 자마다 만민의 구주이신 하나님에게 구원을 받았기 때문이라고 말한다(지혜서 16:6-7). 그리스도의 자증언에도 이 구리뱀 사화가 언급되고 있다(요 3:14). 루터는 구리뱀이 세 가지 점에서 구원의 상징이라고 말했다. 첫째, 구리뱀은 뱀의 모양을 가졌으나 독이 없다. 마찬가지로 하나님이 자신의 독생자를 죄있는 육신의 모양으로 보냈으나 죄는 없다(롬 8:3; 고후 5:21; 벧전 2:22-

---

121) 위의 책, 240-241.

24). 둘째, 구리뱀의 고거(高擧, 높이 쳐듦)는 독사를 살하여 동상화(銅像化)한 것의 승리적 공시다. 그와 같이 십자가상의 그리스도의 고거는 천하의 악한 정사와 권세를 극복하신 공적 승리였다(골 2:14-15). 셋째, 광야의 이스라엘인은 하나님 말씀에 대한 신앙적 순종으로 눈을 들어 구리뱀을 앙시(仰視)함으로써 불뱀에게 물려 받은 해독(害毒)을 면할 수 있었다. 이처럼 우리는 신앙으로 십자가상의 그리스도를 앙시하여야 옛 뱀에게 물어뜯긴 상처(창 3:15), 즉 죄와 죽음과 악마와 지옥의 권세로부터 구출될 수 있다. "그리스도는 모든 유독한 권세 중에 가장 유독한 것 즉 죄를 자신에게 지우시고 그것을 위하여 대속적 속량을 행하셨으니 구리뱀의 원형이시다"(헹스텐베르크).[122)]

3부 요단강 골짜기 동편 아라바 5개월(22:2-36장)

I. 발람의 설화(22:2-24:25)

1. 발락과 발람의 상의(22:2-41)
2. 발람의 예언(23-24장)
   ① 1차 예언(23:1-12)
   ② 2차 예언(23:13-26)
   ③ 3차 예언(23:27-24:13)
   ④ 고별사(24:14-25)

대의(大意)

22-36장은 이스라엘이 모압평지에 거주할 때 일어난 사건들이나 제정된 율법들에 대해 말한다. 곽안련은 대의 다음에 그리고 석의 중간에 대요(大要)

122) 위의 책, 256-257.

라는 단원을 배치하여 22-36장의 내용을 발람설화(22-24장), 각종 율법과 사변(25-31장), 잡다한 지리지형에 대한 설화(32-36장)로 구분해 요약한다. 22장의 대요는 최초의 발람 초청, 발람의 최초 거절, 초청의 갱신, 발락의 여행, 발람의 환영으로 나눠 22장을 요약한다. 23-24장은 발람의 예언인데 대의나 대요가 없이 바로 석의로 들어간다. 23:9은 발람의 눈에 비친 홀로 분리된 이스라엘 백성의 면모가 묘사된다. 이스라엘은 홀로 처하는 백성, 하나님의 목적을 이루기 위해 거룩하게 분리된 백성으로 살아갈 것을 내다본 것이다(287). 발람이 더 이상 점술을 쓰지 않고(23:23; 24:1) 광야에 있는 이스라엘을 바라보니 하나님의 영이 그에게 임했다(24:2). 그는 하나님의 출애굽 구원사를 깨닫고 창세기 12:3을 반복한다(24:9). 24:17의 야곱에게 나오는 한 별은 동방박사가 염두에 둔 별이다(마 2:2). 옹켈로스 타르굼은 아예, "한 왕이 야곱에게서 나며"라고 의역한다.[123)]

II. 각종 율법과 사변(25-31장)

1. 바알브올(25장)
2. 2차 인구조사(26장)
3. 여식(女息)의 상속과 모세의 후계자(27장)
4. 공예배에 관한 제 규정(28-29장)
5. 서원(30장)
6. 미디안인에 대한 성전(聖戰)(31장)

대의(大意)

대의와 대요가 위의 여섯 가지를 해제한다. 25장은 바알브올 음행으로 민족적 재난이 임했을 때 비느하스의 열심이 하나님의 진노를 진정시켰다. 죄

123) 위의 책, 296-297.

인을 처단하는 행위가 하나님의 진노를 진정시킨다는 점에 종교적 열심의 위력의 고전적 예를 본다(25:6-15). 26장은 미디안 침공과 가나안 입성전쟁을 준비하기 위하여 군사적 조직화를 도모하는 가운데 실시된 인구조사를 다룬다. 1차 조사에 비해 인구가 줄어든 이유는 심판의 대재앙 때문으로 보인다. 광야시절이 하나님의 심판 아래 보낸 세월이라는 암시인 셈이다. 25장에는 대요 대신에 단락구분을 의미하는 분해(分解)가 이뤄진다. 27장 슬로브핫의 딸 상속 요구는 여자의 지위를 개선하는 데 있지 않고 가족소유가 타인의 수중에 넘어가는 것을 막기 위함이었다. 28-29장은 출애굽 2세대의 가나안 입성준비가 완성된 시점에 반포된 각종 율법을 제시한다. 하나님에 대한 교유, 봉사의 관계를 규정하는 제사 율법(정기적 제사)이 반포되었는데 이것들은 출애굽기 23:14-17, 29:38-42, 31:12-17, 레위기 23장, 민수기 25:1-2에 이미 기록된 기성 율법의 정리정돈이며 완성본이다. 이 두 장은 정기적으로 드리는 공적 헌제물의 분량을 한정하는 것을 목적으로 하며(28:2; 29:39) 동시에 고정된 절기들과 성일들을 목록화하여 제시한다. 정기적 헌제물의 분량에 관한 일람표로서 정돈 완성된 점에 있어서는 유비가 없다(328-329). 30장은 레위기 27장의 서원법을 그것의 효력을 부각시킴으로써 보완하여 최신판으로 개정한다. 31장의 역사성을 의심하는 학자들의 견해를 논박하며 곽안련은 31장의 전쟁성격이 여호와의 전쟁임을 강조한다.

III. 잡다한 지리지형에 관한 율법(32-36장)

1. 요단강 동지구의 분배(32장)
2. 애굽으로부터 모압까지의 노정기(33장)
3. 요단강 서(西)의 영토(34장)
4. 레위 성읍(35장)5. 여후사(女後嗣)의 결혼에 관한 율법(36장)

대의(大意)

32장은 르우벤, 갓, 므낫세 반지파의 요단 동쪽 정착과정을 보도한다. 이 사실은 여러 군데서 이미 언급된다(신 3:12 이하; 4:43; 29:8; 수 12:6; 13:29, 31; 14:3; 18:7). 33장은 이스라엘의 광야노정기를 기록하는데 맛사, 므리바, 다베라 같은 지역에 대한 언급이 누락되어 있다. 32장은 대요 대신에 분해가 나오고 각 여행지를 구분해 소개한다. 34장 가나안의 영토경계, 영토분배 감독자 등을 다룬다. 모세는 여호수아와 엘르아살을 도와 영토분배를 도울 족장 10명을 지명한다. 35장은 가나안 영토분배 계획이 성립된 이후에 중요관심사로 떠오른 레위인의 성읍을 다룬다. 레위인은 타지파의 영토 내 48개 성읍을 할당받아 거주하여야 한다. 그 중 여섯 성은 도피성이다. 36장은 슬로브핫의 딸이 부친의 땅을 상속하게 된 경위와 그 상속조건인 자기 지파 남자와의 결혼을 다룬다(27:1-11).

분석과 평가

민수기 주석도 본문, 대의, 석의의 구조로 전개된다. 아주 가끔 대지(大旨)나 분류가 대의와 석의 사이에 끼이는 경우가 있다(83, 93, 100). 나실인 제도를 주석할 때 미쉬나와 대화를 시도한다(111). 여호수아 이름 뜻에 대한 특주(162-163)가 추가되어 있다. 이런 주석구조는 박윤선 주석에도 그대로 나타난다. 분류, 대지가 때로는 분해로 적시되기도 한다.[124] 장절 단위의 주석이 대부분이다. 분해가 대요(大要)라고 적시되기도 한다(민 22장).[125] 민수기 21장 불뱀-놋뱀 사건을 형벌대속설적 기독론의 증빙으로 삼는다.[126] 대요와 분해가 동시에 나오기도 한다(민 25장).[127] 26장, 33장, 35장 주석에 다시

---

124) 위의 책, 166, 174, 188, 200, 212, 226, 235, 241, 250.

125) 위의 책, 269, 272.

126) 위의 책, 256-257.

127) 위의 책, 302-303.

분해가 나온다.

민수기 주석은 그 책이 역사적 기록이기 때문에 문법적-역사적 해석이 현저하게 빈번하다. 그러나 그럼에도 불구하고 민수기 21장 놋뱀 사건, 발람의 예언 등에서는 그리스도 지시적 예언으로 읽으려는 우화적-모형적 해석이 슬며시 끼어든다. 교훈적이라는 점이 실용적이라면 민수기 주석은 레위기에 비하여 다소 더 실용적이다. 그러나 장절 구분을 지나치게 세분화하여 민수기의 역사적 내러티브가 갖는 역동적 전진감이 잘 부각되지 않는 점이 아쉬운 점이다.

민수기 자체가 광야백성의 징계와 연단 이야기이며 훈육적 거울이므로 자연스럽게 교우들의 실생활 교훈 도출에 용이한 편이다. 따라서 곽안련의 민수기 주석에는 상대적으로 실용적인 면모가 부각되어 있다. 그러나 광야백성과 일제 치하라는 엄혹한 현실에 처한 한국 기독교인들 사이에 어떤 유비도 이뤄지지 않는 점은 놀랍다. 민수기 주석을 읽는 독자들의 삶의 자리에 대한 선교학적 관심이 약하고 개인구령적 열심, 혹은 경건주의적 영성도야의 관점이 다소 두드러진다. 민족 이스라엘의 향방과 훈련목적이 민수기의 주제인데도 불구하고 곽안련의 민수기 주석에는 한국인들을 향한 하나님의 비전, 일제하 고난의 의미 등에 대한 해석이나 주석이 거의 이뤄지지 않는다.

3. 욥기

총론

I. 고난의 문제

의인이 왜 고난을 당하는가? 사랑의 하나님이 어찌하여 인생에게 고통을 주시는가? 하나님이 전능하시다면 어찌하여 비애와 고통이 심한 세상을 창조하셨으며 또한 그가 이 모든 괴로움을 폐하시거나 그치게 하시지 않으시는 이유는 무엇인가? 무죄한 자가 왜 고통을 당하는가? 이것들이 욥기가 제기한 질문들이다. 이 질문들에 대한 답은 사후 신전(神前)에 가야 얻을 수 있다. 의인의 고난 문제를 다루는 성경은 시편 37, 49, 73편과 이사야 하반부(특히 53장), 욥기 등이다.

이사야 53장은 대신수난사상을 개진하는데 무죄한 자가 유죄한 자의 죄가를 대상(代償)하기 위하여 또는 악인에게 회개할 기회를 주시기 위해 받는 고난이다. 예수의 십자가상의 고난은 그 이상의 의미를 포함한다. 독생자를 보내신 하나님 아버지의 입장은 애매하고 무죄한 희생의 대표자다. 삼신론에 빠지지 않고 삼위일체의 하나님관으로 보자면 이 독생자의 희생, 즉 아들의 희생이 곧 아버지 하나님의 희생인 셈이다. 선악응보론은 이 세상의 고난을 설명하는 것은 옳으나 이것으로 모든 세상고난을 설명할 수는 없다. 욥기는 이 고난문제에 대한 장편의 논의로써 결코 단일공식으로 그 문제를 해결하는 것이 불가능함을 암시한다.[128)]

---

128) 곽안련, 『표준주석 욥기-시편』, 박형룡 편집(서울: 예수교장로회 총회 종교교육부, 1954 [1937년 초판]), 3.

II. 욥기의 내용

욥기는 에돔의 우스 땅 의인 욥의 고난과 그 극복 이야기다. 천상 어전회의에서 사탄의 도발이 시작되고(세상에 하나님을 순전한 마음으로 경외하는 자는 없다!) 하나님은 당신의 종 욥을 지목해 사탄의 도발을 봉쇄하시려고 한다. 이 과정에서 욥의 신앙이 어느 정도 순전하고 진실한가를 검증하는 세찬 시험이 시작되고 이런 천상어전회의 담화를 모르는 욥과 세 친구는 고난의 원인을 찾으려는 논쟁에 빠져든다. 하나님은 마침내 자신의 고난이 죄없는 자의 고난이라고 주장하는 욥의 결백을 인정하고 그에게 갑절 이상의 축복을 내려주시고 고난 드라마는 종료된다. 욥은 자신이 당한 극한 고난을 초래한 죄는 없다고 주장했으나 이치를 모르고 하나님의 공의를 의심하고 대든 것에 대해서는 뉘우친다. 하나님은 이에 앞서 욥의 고난원인을 직접 언표하지는 않으나 우주의 조직 및 그 통제에 있어 신지(神智)신능(神能)의 위대함을 보여주셨다. 38-39장에 나오는 신지신능(神智神能)을 드러내는 창조신학 담론은 하나님의 통치가 인간의 이성으로 궁구될 수 없는 신비가 있음을 강조하는 바 욥의 우인들이 주장하는 선악응보론은 욥의 고난을 설명하는 도식이 될 수 없음을 천명하였다. 하지만 욥도 하나님의 공의를 의심한 것을 뉘우치고 하나님과 화해하였고 오히려 그릇된 신학으로 자신의 인격과 명예를 크게 모독한 우인들을 위해 사죄 중보기도를 드렸다.

III. 본서의 저시(著時)와 저자

곽안련은 에스겔 14:14, 야고보 5:11 등에 입각하여 욥의 역사적 실존성을 의심하는 제학설을 반박한다. 욥의 생존시대는 욥기의 내포적 증거에 의하면 족장시대라고 볼 수 있다. 족장들처럼 욥도 우양을 많이 소유했고(1:3; 42:3), 제사장직을 겸한 가장이었고, 모세 이전부터 있는 제사였던 번제를 주로 드렸고, 고대 통화였던 금조각(게시다)을 사용했고, 고대의 악기가 사용되었으며, 후대에 발전된 우상숭배 등이 언급되지 않았다. 욥의 향년도 족장

시대의 향년과 거의 유사하다. 욥의 우인 엘리바스는 에서의 아들이거나 그의 후예일 것이다. 4세기 교회사가 유세비우스는 욥의 시대를 이삭 시대라고 추정했는데 타당해 보인다. 곽안련은 탈무드의 전설에 의거해 출애굽 이전의 모세가 쓴 저작이라고 추정한다. 하나님을 전능자라고 부르고 수면 중 계시수납 장면은 모세가 쓴 창세기에서만 나오기 때문이다.

곽안련은 욥기의 주제가 고도의 철학적 난제이며 욥기의 시문이 아주 발전된 형태라는 사실, 그리고 욥기 안에 이스라엘 역사적 사건들을 암시하는 구절들(욥 15:18-19=왕하 16:10-11; 12:12-17, 15:19=주전 722년 북왕국의 멸망[왕하 17장])의 존재에 비추어 후대저작설을 주장하는 학자들의 견해를 청취한 후에 반박한다(15). 후대저작론이 내세우는 증거가 결정적이지 못하다는 것이다.

곽안련은 욥기가 진정한 역사적 사실의 기록이라고 믿고 그 저자가 신뢰할만한 인물이어야 하나님의 말씀으로서의 권위가 부여될 수 있다고 주장하며 모세저작설을 옹호한다.

IV. 욥기는 어떤 종류의 책인가?

욥기의 장르규정에서 있어서도 곽안련은 희곡, 심리적 연극, 장편영웅서사시 등의 규정을 모두 배척하고 하나님의 계시를 담은 역사적 기록임을 주장한다(22). 욥기 자체가 스스로를 역사적 사건을 기록한 책으로 공언하며 비유나 풍유가 일부 포함되어 있을지라도 욥기는 역사적 사건들을 다루는 책이라는 것이다. 곽안련은 욥기의 사탄과 신약의 사탄을 근본적으로 동일한 존재라고 본다. 사탄의 천상회의 축출이 이뤄지지 않았으나 하나님과 사탄 사이에는 어느 정도 적기가 감지된다는 것이다. 가룟 유다가 그 마각을 드러낼 때까지 사도단에 참여하여 예수님 면전에 출입한 것처럼 하나님의 아들에 의해 천상에서 추방될 때까지는 사탄도 천상어전회의의 출입권을 누렸다는 것이다.

V. 욥기의 신학사상

1. 신론

하나님은 인간과 자연의 창조주이시면서 우주의 도덕적 주권자다. 욥은 신의 순수한 도덕적 인격과 그의 거룩함과 그의 불변적 공의와 그의 전지전능하심과 그의 절대적 주권에 대한 탁월한 발표에서 단연 최고다.

2. 내세관

신관을 피력하는 경우에서처럼 고등한 내세관은 없다. 음부에 대한 진술이 가장 많이 나오지만 음부는 지옥은 아니다. 악인과 선인이 다 죽어서 가는 곳이다. 저자는 24차례나 천상어전회의(천계회의)를 언급하지만 그리스도로 구속받는 성도들이 거하는 처소로 설정되지는 않는다. 그러나 고통의 극점에서 욥은 내세영생에 대한 신념을 피력했다(9:33; 14:4; 16:19; 19:25-26). 이상의 구절은 영혼불멸과 육체부활 둘 다에 대한 신념을 피력한다.

3. 사탄에 대한 견해

욥기의 사탄은 구약의 다른 책(창 3장; 겔 28:14-19; 왕상 22:19; 슥 3장)에서 등장하는 유혹자/사탄과도 다르고 신약의 사탄과도 다른 점이 있다. 욥기의 사탄은 참소자이긴 하지만 악마라고 불리지는 않고 여전히 하나님의 천계회의에 회원이다. 그러나 욥기의 사탄은 그 정체는 신약의 사탄과 동일하다고 볼 수도 있다. 다만 아직 천상에서 축출되는 단계에 이르지 못할 뿐이다.

4. 하나님과의 교제를 위한 사모(思慕)

욥은 하나님을 의심하고 하나님께 대들었지만 그의 근본적 불평과 항변마저도 하나님과의 친교를 사모하는 성의를 피력한 것이었다.

VI. 본서의 도덕적 표준

본서는 보상없는 선이야말로 지고의 도덕, 즉 정당한 도덕적 행위라는 관점을 피력한다(29장). 31장은 산상수훈에 버금가는 고상한 도덕을 제시한다. 하나님의 순전하심과 거룩하심같이 사람도 보상과 상급없이도 순전함과 거룩함을 추구하라는 것이다.

VII. 본문에 관련된 제(諸)문제

욥기 주석의 학구적 면모는 본문의 편집과 구성에 관련된 난제를 논하는 데서 잘 드러난다(28-36). 첫째, 서문과 결론은 욥기의 고유한 부분이 아니라는 견해를 소개하고 반박한다. 그가 반박하는 주장은 다음과 같다. 서문과 결론부는 내용과 형식 면에서 3-41장과 조화되거나 유기체적 응집성을 보여주지 못한다. 또한 욥기 서문에서는 죽은 것으로 되어 있는 자녀들이 욥과 우인들과의 논쟁 부분에서 여전히 살아있는 것처럼 전제되고 있으며 결론에서는 하나님이 욥을 칭찬하지만 논쟁 부분에서는 하나님이 욥을 원망하는 것처럼 보인다는 것이다. 곽안련은 이 모든 쟁점들을 조목별로 반박함으로써 서문과 결론을 비평가들이 말하는 그 소위 원욥기에서는 없었던 것이라는 주장은 지지되기 힘들다고 결론내린다.

다음으로 곽안련은 욥기 26-28장의 편집문제를 들어 각 주장의 출처를 다르게 규정하려는 학자들의 주장을 자세히 소개하고 논박한다. 먼저 26장은 욥의 대사가 아니라 그 내용상 25장의 빌닷 주장(하나님의 응당한 징벌 옹호)으로 돌려져야 한다는 주장을 경청하고 반박한다. 악인이 받을 벌을 옹호하는 27:7 이하를 욥의 말이 아니라 소발의 말이라고 보려는 견해를 소개하고 반박한다. 지혜를 얻기가 어렵다고 말하는 소위 지혜난득론(智慧難得論)을 펼치는 28장은 전후맥락과 전혀 맞지 않으므로 후대의 삽입이라고 주장하는 견해를 자세히 소개하고 반박한다.

마지막으로 욥기 32-37장의 엘리후의 강설이 욥기 전체의 맥락에 맞지 않은 후대 보삽물(補揷物)이라고 생각하는 주장을 자세히 소개하고 반박한다. 욥의 우인들의 말보다는 좀 새롭고 야웨의 창조신학 담론보다는 덜 완전한 중간수준의 담론이 현재의 욥기에 배치된 것은 자연스러운 저작결과임을 논증한다.

VIII. 수난 문제의 해결을 위한 제 암시

무죄자가 어찌하여 고난을 당하느냐는 난제에 대해 본서가 준비한 대답이 무엇인지를 가르쳐주는 암시들을 찾아볼 필요가 있다. 욥기에는 수난문제 해결을 위한 6대 암시 또는 간접적이나마 일조(一條)의 계명적 설명이 발견된다.

1. 본서의 결론에 제시된 해석: 더 큰 복을 주시기 위한 고난을 주실 수 있다(빌 1:12). 이런 사상은 성경에 나오지만 욥기가 제시하는 해결책은 아니다.
2. 세 친구의 해석: 모든 고난을 죄의 탓으로 돌리는 단순화 오류를 범한다. 욥기가 제시하는 해결책은 아니다.
3. 친구들의 압박을 받으면서 발표한 욥의 해석(19:6-20): 하나님이 욥을 미워하기 때문에 고난을 주셨다고 보는 입장이다(16:9-12; 비교. 9:22-23). 이것은 세 친구들의 공격을 논박하기 위해 욥이 임시방편으로 제시한 입장으로 본서의 진정한 해결책이 아니다.
4. 엘리후의 해석: 대체로 세 친구의 인과응보론을 답습하지만 새로운 요소도 도입한다. 죄와 벌은 비례해야 하며 하나님은 때로 죄를 짓지 않도록, 즉 영적 유익을 위해 죄와 상관없이 고난을 주신다고 말한다(33:15-16). 하나님은 죄를 짓고도 그것이 죄인줄도 모르는 자에게 고통을 주셔서 죄에서 떠나게 하신다(36:15).
5. 본문의 서문에 나타난 해석: 인간신앙의 진위 여부를 아시기 위해 고난

을 주신다. 하나님은 선민에게 특별한 보수를 베풀지 않고라도 그들의 자발적 또는 무조건적 신복(信服)을 받을 수 있다는 사실을 욥을 통해 증명하고자 했다. 이 중대한 책임이 욥에게는 무쌍의 영광이었고 욥은 과연 이를 감당했다.

6. 하나님의 교훈부에 나타난 해석: '주께 대하여 귀로 듣기만 하다가 눈으로 주를 뵙나이다'(42:1-6)[특히 5-6절]). 이 말은 욥이 하나님의 교훈(38-41장)이 자신의 고난원인에 대한 대답이 되었다고 영접했음을 암시한다. 오랫동안 암담하고 협착한 개인적 경험권 내에서만 배회하다가 홀연히 하나님의 인도를 받아 전우주적 관찰을 가지게 될 때 욥은 심각하게 신을 알게 되었다. 하나님은 자연계에 나타난 신지신능의 위대를 설명하여 신정(神政)에 대한 인간의 가장 정당한 태도는 순종이요 항의가 아니라는 것을 가르쳤다. 하나님을 뵘으로써 자신의 고난이 하나님이 자신을 미워해서도 내린 징벌도 아니요 자신의 죄악에 대한 응징이 아니라는 것을 깨닫고 하나님의 설명이 아니라 하나님 자신을 영접했던 것이다. 자신의 눈에 나타나신 하나님이 자신이 고난을 당한 이유를 따져묻는 항변에 대한 최고의 대답이었다.
7. 내세문제와 연관된 수난: 이 대답은 본문에 명시적으로 드러난 대답은 아니다. 욥기에 나타난 내세관에 비추어 볼 때 수난의 이유가 내세생명을 더욱 풍성하게 하려는 의도를 가졌다고 볼 수 있다. '사람이 죽으면 다시 살것인가?'라는 질문(14:14)에 대한 욥의 대답은 '내가 알기에 나의 구속자가 살아계시니 후일에 그가 땅에 서실 것이라. 나의 이 가죽 이것이 썩은 후에 내가 육체 밖에서 하나님을 보리라'(19:25-26)이다. 이 욥의 희망은 요한계시록 21:3-4에 응답되고 있다. "내가 들으니 보좌에서 큰 음성이 나서 이르되 보라 하나님의 장막이 사람들과 함께 있으매 하나님이 그들과 함께 계시리니 그들은 하나님의 백성이 되고 하나님은 친히 그들과 함께 계셔서 모든 눈물을 그 눈에서 닦아 주시니 다시는 사

망이 없고 애통하는 것이나 곡하는 것이나 아픈 것이 다시 있지 아니하리니 처음 것들이 다 지나갔음이러라." 이렇게 볼 때 욥의 고난 이유는 내세영생 소망의 맥락에서도 발견될 수 있다는 것이다.

구성과 단원별, 장별 주해 요약

I. 서문(1-2장)

1. 욥의 본래의 행복된 상태(1:1-5)
2. 제 1회 천계회의(天界會議)(1:6-12)
3. 제 1회 시험(재산과 자녀를 잃음(1:13-22)
4. 제 2회 천계회의와 제 2회 지상 시혹(試惑)과 삼우인의 내방(2:1-13)

대의(大意)

1장의 첫 몇 절로 욥기 저자는 당시의 사회상태와 욥과 그 가족의 경우와 그 밖에 이 이야기를 전개시키는 데 필요한 모든 말들을 유감없이 기술하였다. 욥은 아브라함 이삭 야곱과 같이 막대한 부를 가진 경건하고도 유덕한 족장으로 소개된다. 저자는 욥의 경건을 번영과 행복의 조건으로 부각시킨다. 그는 범죄에 이르지 않을 정도의 향락을 금하는 것과 같은 일은 하지 않았으나, 여러 가지 방면으로 경건과 무죄를 힘쓰며, 그의 가정에 불행이 오지 않게 하려고 인력으로 할 만한 것은 무엇이나 다해보았다. 가정의 제사장으로서의 욥은 아침에 일찍 일어나서 그의 아들들을 성결케 하고, 혹은 그들이 범죄하였을까 하여 그들을 위하여 제사를 드렸다.

그런데 저자는 인계와 천계와의 어간에 가로 막혀 있는 휘장을 걷어치우고 천계회의 광경을 조명한다. 회의석상에서 욥의 경건은 여호와에게는 칭찬대상이었으나 사탄에게는 비방대상이 되었다. 사탄은 신의 대적이로되 신의 전능하신 섭리 하에 굴복하여 궁극적으로 그의 일을 돕게 되는 자이다. 사탄의 직분은 흔히 인간행위의 신실여부를 시험하는 것이다. 사탄은 욥의 경건이 오직 정열된 이기주의 이외에 다른 것이 아니라고 하나님께 도발해 욥을 엄청난 고난의 시험 속으로 집어던진다. 이렇게 사탄은 욥을 참소하였으나, 여호와께서는 욥을 신의하셨다. 여호와 욥을 완전히 신의하시기 때문에 자신의 신의의 정당성을 증명하기 위하여, 또한 욥의 경건을 증명하기 위하여 사탄에게 그를 시험할 권리를 주셨다. '수난은 단련의 효능이 있다'(32, 36장)는 엘리후의 말은 실로 진리를 말한 것이다. 욥에게 도덕적 유익을 주려는 것보다도 사탄의 참소에 반대해 욥의 경건을 증명하고, 결국 욥에 대한 신(神) 자신의 신의가 잘못되지 않았음을 증명하는 것이 욥의 수난을 허용한 신허(神許)의 주요 동기였다.

1:13 이하부터 무대는 천계로부터 지상에로 전환된다. 개막과 아울러 사탄의 계획의 실현이 전개된다. 욥은 재산과 자녀를 잃는다. 2장에서는 하나님의 아들들의 제 2차 회의가 열리고 여기서 여호와께서는 욥의 경우를 거듭 말씀하셨다. 하나님이 욥이 유례없는 고난 중에서도 자기의 완덕을 유지하자 그에 대한 하나님 당신의 신임이 무오(無誤)함을 확증하였다고 단언하셨다. 그러므로 여호와께서는 사탄에 대한 자기의 승리를 당당히 주장하시고, 욥을 새로운 찬사의 대상으로 삼으셨다.[129)]

II. 욥의 비탄과 사(死)를 위한 애소(哀訴)(3장)

서언에 나타나는 욥의 기이하게 순종적인 태도로부터 이 본론의 대화의 모두(冒頭)에 나타나는 욥의 실망적인 태도로 과도(過度)하는 연결을 탐지함에는 정세한 심리적 통찰이 요구된다. 우인의 내방에 제회(際會)하여 욥의 마음에도 또한 변동이 일어난다. 환난의 제 일격에 견인하는 신앙이라도 그 계

129) 위의 책, 45-55.

속적 시혹(試惑)에는 감내치 못할 수 있다. 친구들이 와서 욥을 위로하려고 시도할 때까지 욥은 온갖 재난과 시혹을 참아낼 수 있었고 또한 그 인내를 지속할 수도 있었다. 그러나 세 우인과 상회할 때, 또한 그들의 무언심절한 동정을 받을 때 욥의 침착성은 깨어졌다.[130)]

III. 논전(論戰) 제 1회(4-14장)

1. 엘리바스의 변론(인생이 하나님 앞에 의롭지 못함)(4-5장)
2. 욥의 답변(6-7장) ①호소의 권리(6:1-13) ②친구들에 대한 불신임(6:14-30) ③인간생활과 비애(7장)
3. 빌닷의 역사적 증거(8장)
4. 빌닷에 대한 욥의 대답(9-10장) ①하나님이 무죄자를 죄인으로 판단하신다고 주장함(9장) ②도공과 이토(泥土)(10장)
5. 소발의 변론(통속적 지혜의 음성)(11장)
6. 욥의 변명(12-14장) ①하나님의 능력과 공의(12-14장) ②우인들을 버리고 하나님께로 전향함(13:1-22) ③사후사(死後事)(13:23-14:22)

대의(大意)

욥의 친구 삼인 중 엘리바스는 지혜롭고 가장 숙고하는 인물이었고, 또한 제일 먼저 말한 것으로 보아서 가장 연장자이었던 모양이다. 그의 변론은 하나님에게서 은총으로 받은 묵시에 기초했다. 그는 당초부터 수난의 원인에 대한 강한 선입관념을 가지고 있었고 또한 그것을 확언하는 사람이었기 때문에 욥을 완전히 동정할 수 없었다. 엘리바스의 설사(說辭)는 시작부터 끝까지 냉연(冷然)한 이상론이요 진정한 동정의 언사란 일어도 없었다. 욥을 괴롭게 하는 난제는 "무죄한 자가 어떻게 고난을 당할 수 있겠는가?"인데도 엘

---

130) 위의 책, 61-62.

리바스는 욥의 이 심정을 알지 못하고 욥은 다만 신체의 고통 때문에 절규하는 줄로 알았다. 5장에서 엘리바스는 욥의 비상한 실망에 대한 경탄을 표현하고 또한 욥의 불평에 불찬동을 표시하였다. 그는 불인내(不忍耐)는 우열(愚劣) 혹은 불경건의 표지라고 인정하였다. 욥은 그가 전연 자기를 공평하게나 관후하게 대우하지 않았다고 느낀다. 욥의 친구들은 처음에는 오직 극진한 사랑의 정으로 그를 대하였을 것이며 또한 그에게 위안을 주려고 힘썼을 것이다. 그러나 욥이 자기의 죄에 대하여는 애탄하지 않고 자기의 수난에 대하여서만 애탄하는 것을 볼 때 그들의 동정심과 긍휼의 정은 점차 감소되었다. 그들은 욥의 불인내를 보고 이는 분명 하나님과의 정당한 관계가 결여한 증거라고 판단했다. 그들은 그들의 우인의 오류를 인정하는 것을 그들이 믿는 교리를 부정하는 것보다 낫게 여겼다.[131]

7장에는 소위 병자의 인생관의 전부가 쓰여져 있다. 욥은 그의 검열의 안계(眼界)를 전 인류에게까지 넓힌다. 그의 육체적 병고는 그의 상상을 불건전하게 만들고, 또한 모든 고난은 신의 진노의 결과라는 그의 상상은 그의 우주관을 부정하게 하고, 만사만물을 자기의 비관적 사상으로써 착색하였다. 인간의 비애와 연약을 맛본 욥의 실망은 보다 더 깊은 갱연(坑淵)에까지 가속도로 떨어져 멀어갔다. 그의 정신도 악화되고 그의 말조차도 가혹하게 되었다. 그리하여 그는 난폭한 반어로 부르짖었다. "내가 바다이었던가? 그렇지도 않으면 그 속에 사는 괴물이었던가? 하나님의 앞에서 세상의 평화를 교란시키는 자이었던가? 나를 재난으로써 압복(壓服)할 이유는 무엇인가?"[132]

8장에 등장하는 빌닷은 예언자도 아니고 창작적 사상가도 아니었다. 그러나 그는 고인의 지혜를 중히 여기는 지식인인 것만은 사실이다. 빌닷은 욥이 하나님을 비평하는 대 범죄에 대하여 이렇게 말하였다. "누구나 하나

---

131) 위의 책, 68-81.

132) 위의 책, 85-86.

님이 불공평하시다는 관념을 가져서는 아니 될 것이다. 하나님의 공평하심은 선행자에게 행복을 주시며 악행자에게 실패와 불행을 주시는 그의 적당한 보응에 의하여 분명히 알게 된다." 그는 이처럼 응보의 원리로써 욥의 재난을 설명하려 하였다. 그리하여 욥 자녀들의 사(死)는 단순히 그들의 죄 때문이라고 말하였다. 그런데 그는 욥이 장차 그의 고난을 다 면하고 또 그의 경건에 대한 상급을 다시 누릴 것을 예언하였다. 빌닷에 대한 욥의 대답은 9-10장에 나온다. 친구들과의 논쟁 중 격앙된 욥이 어느 수간에 하나님에 대한 공포심을 돌연히 떨쳐버리고 대담스럽게 자기의 무죄함을 단언한다. 욥은 하나님을 가리켜 의인을 멸망시키며 무죄한 자를 희롱하시며 세상을 불의의 세력 하에 두시는 이시라고 역설하였다. 그러나 그는 이 말을 그친 후 곧 유순한 목소리로 임종에 가까운 자기의 비통한 생활을 말하였다. 하나님이 지금 자기에게 내리시고 있는 그 심한 학대와 위협을 거두시기만하면 욥은 언제나 무죄자의 자의식을 가지고 담대히 하나님에게 말씀드려 보리라고 생각한다.[133)]

10장에서부터 욥의 마음은 얼마큼 평온하게 되어 친구들과 같이 하나님을 3인칭으로 말하는 것을 중지하고 처음처럼 하나님과 더불어 담화하고 토론한다. 그러면서도 오히려 10장에서 욥과 하나님의 소원(疏遠)이 최고조에 이른다. 욥은 자기가 당하는 고난의 원인이 어디 있는지, 하나님의 속성 중의 어느 부분이 인생을 학대하게 되셨는지를 알아볼 양으로 여러 가지 추상을 만들어 본다. 그 결과 욥은 하나님이 당초부터 자신을 학대하려는 의장(意匠)을 가지시고 계셨으나, 수난이 쇄도하기 전까지는 짐짓 친절한 태도를 보이시다가 돌변했다고 결론을 내렸다. 신이 자신을 비운에 처하기로 예정하셨다는 이 가공한 관념은 욥에게 가장 해석하기 어려운 난제였다(103-104).

11장에 처음 등장하는 소발의 성격도 엘리바스나 빌닷의 성격처럼 명백

---

133) 위의 책, 90-96.

히 드러난다. 그는 엘리바스와 같이 신비세계와의 접촉에 의한 어떤 신비적 배경을 가지고 말하는 인물도 아니고, 또한 그렇게 예의(禮儀) 정녕(丁寧)해 고래의 전통을 자기의 지식의 토대로 삼는 인물도 아니다. 그는 단순하고도 보편적인 자가신조를 당시의 격언을 써가면서 가장 힘있게 또한 가장 자신있게 말하는 사람이다. 이미 욥의 변명과 기타 그의 하나님에 대한 절규를 들은 소발은 욥을 대죄를 범한 자로 간주하고 그가 받는 재난은 벌로서는 오히려 관대한 것이라고 주장하였다. 그는 시종일관 신의 대지를 찬미해가면서 욥의 자랑을 책한다. 욥은 그의 친구들에게서 혹은 설교를 듣고, 혹은 권유를 받고, 혹은 질책을 받았으나 12장에 이를 때까지 친구들의 담론에 구체적으로 대답한 일은 없었다. 12-14장은 세 친구들의 1차 공박에 대한 종합적 반박응답이다. 그는 친구들의 언설이 천지만물을 통하여 얻을 수 있는 정도 이상의 어떠한 진리가 아님을 말하였다. 욥이 친구들의 주장들에 대해 문제삼는 것은, 그들이 욥을 강제로 회개시키기 위해 논쟁할 때에 분명히 나타난 사실들을 고의로 보지 못한체 하고 눈을 감아버린다는 것이었다. 13장에서 욥은 그의 친구들과 토론하는 것이 무익한 줄을 알고, 그들에게서 떠나 하나님에게로 돌아온다.[134)]

14장에서 욥은 자기의 죄목을 알기 전에는 하등의 변호도 시작할 근거를 가지지 못한다. 그리하여 그는 먼저 하나님께서 자기 죄목을 지적해 주시기를 바랐다. 마지막으로 그는 자기의 무죄를 고집하던 자부심을 버리고 인간의 무상에 대한 애가로써 1차 논전에 대한 답변을 마친다.

IV. 논전(論戰) 2회(15-21장)

1. 엘리바스의 변론(악자의 운명)(15장)
2. 욥의 답변: 천당에 있는 증인(16-17장)

---

134) 위의 책, 107-115.

3. 빌닷의 변론: 악자가 발을 벌(18장)

4. 욥의 답변: 하나님의 계시(19장)

5. 소발의 변론: 강자의 분깃(20장)

6. 욥의 답변: 우주의 관리(21장)

대의(大意)

제 2회 논전의 화개(火蓋)를 제일 먼저 여는 자는 엘리바스이다. 15장을 1차 논전 개시장인 5장과 비교하면 어세(語勢)와 태도에서 큰 차이가 있다. 간접에서 직접으로, 정온(靜穩)에서 준혹(峻酷)으로 변하였다. 욥은 자기는 옛사람들보다 더 지혜가 있다느니, 자기는 무죄하다느니 말하여 삼우인을 조소하고, 신은 무죄한 자기를 학대하시니 참혹하고 무자비하시다고 주장하는 등 자못 완강한 태도를 가지므로 2차 논전에서부터 삼우인은 그를 완명불선(頑冥不善)하다고 보아서 단연 분개하여 진용을 고쳐가지고 간접사격을 그만두고 직접사격으로 전환한 것이다. 이제부터 친구들은 욥을 종교를 무시하는 자요 신을 대적하는 자로 간주하게 되었다.

엘리바스의 15장 설교는 회개치 않는 죄인에게 임할 공포, 번민, 영락 등을 술하였다. 그러므로 욥은 신과 인이 공히 자기를 범죄자로 모는 줄로 알 수밖에 없었다. 16-17장의 긴 욥의 답변은 엘리바스의 장광설에 대한 격정적 답변이다. 여기서 욥은 자신의 제반 고난을 자신을 향한 신의 적대적 창과 화살이라고 생각한다. 그는 비록 상복을 입고 재를 무릅쓰고 곡하며 기사(饑死)상태에 빠져 있었으나 그의 정신만은 악에게 정복되지 않았다. 욥은 이제 한 가지 진리를 깨닫게 되었다. 이 세상 고난 저편에 한 진실된 친우(神友)의 얼굴을 발견하리라는 것이다. 그 친우는 그의 무죄를 변명해 주실 증인이시며 그의 의로움에 대한 담보자이시다. 따라서 욥은 하나님께 기도하기를 시작한다. 자기 생전에 자기의 무죄함을 변호해 달라고 애원한다. 하지만 자신의 이 원망(願望)이 생전에 성취될 수 없을 것이라고 판단한 욥은 자기의

소망은 무덤과 음부(스올)라고 다시 말한다.[135)]

영적 진리의 개척자격인 욥은 매 논전마다 신로(新路)를 밟아 이전까지 탐색치 못하고 상상치 못하던 새로운 진리를 발견하거니와 그와 반면에 그의 우인들은 편협하고 단조한 언론을 반복할 뿐으로서 진리추구에 있어 아무 진보를 이루지 못한다. 18장은 빌닷의 공박이다. 그는 두뇌명석한 학자풍의 인물로서 조직적인 우주관과 인생관을 가진 사람이다. 그러므로 그의 말하는 것은 항상 이성적이고, 그 논리는 정연한 것이었다. 신을 멸시하는 욥을 향한 그의 언사는 예언자적 교훈과 단죄로 귀결된다. 19장은 빌닷의 잔혹하고도 논리정연한 공격을 받은 욥의 응답이다. 빌닷의 신랄한 공격을 받고 욥은 망망한 천지간에 오직 나 혼자만 사는가하는 고독을 통절히 느꼈다. 7절부터 욥은 비통이 극한 애곡의 어를 발한다. 먼저 신의 핍박가해를 술하고 다음에는 지인, 형제, 친척, 우인, 노비, 가장 사랑하는 처까지도 그를 이반한 현재의 적요고독을 애소하듯이 또는 울듯이 술(述)한다. 이제 욥은 영적 기로에 섰다. 그는 그 비애에서 피할 길, 그 유암에서 한줄기의 광명, 생명을 이어갈 일편의 진리를 찾지 못할 자리에 처하였다. 그렇지 않으면 그는 죽을 수밖에 없었다. 험난한 환경, 진로가 없는 유곡에서 그는 친우의 무정을 원망하면서도 또한 그들의 동정연민을 구하게 된다. 그러나 삼우가 비호동정의 표시를 전연 보여주지 못하자 욥은 급히 눈을 다른 곳, 즉 멀리 피안을 망시(望視)할 수 있게 되었다. 그는 자기의 말을 후세에 남기는 때에는 반드시 죄없는 그가 받은 재화를 알고서 그의 동정자 변호자 증인이 될 자가 나오리라는 기대를 회포한 것이다. 이리하여 욥은 이 심각한 난관에서도 자기의 신앙을 신앙으로 기적을 연출하였으니 곧 25-27절의 대사상이 그에게 빛과 같이 임하였다. '후세에 호소할 필요가 없다. 나의 변호자, 나의 증인, 나의 친

135) 위의 책, 127, 134-135.

우는 지금 하늘에 계시다'는 신광명이 그에게 임하였다.[136)]

19장에서 대계시를 얻어 광명이 전심에 넘쳐흐르게 된 욥은 우인보다 우월한 신앙의 경역에 도달한 위엄으로써 우인에게 임할 수 있게 되었다. 하지만 20장에 나온 소발의 공격은 실로 신랄하고 무례한 언사의 극을 달렸다. 소발은 빌닷과 마찬가지로 욥의 모든 고난을 악의 결과라고 단정한다. 욥을 회개시키려는 희망을 포기한 소발은 거의 반동적으로 악인의 분금(分衿)으로 정해진 신벌을 거기 대신한다. 그의 언사는 열정에 흐르고 잔혹과 격월(激越)에 치우친다. 21장은 소발의 공격에 대한 욥의 답변이다. 욥도 상선벌악(償善罰惡)과 인과응보를 인정하지만(7:20-21; 13:26-27), 자신의 수난경험을 통해 세계를 다스리는 신정치(神政治)에 있어서 이 원리들이 통하지 않는 중대한 변칙과 파격영역이 있음을 발견했다고 주장한다. 악자가 권세를 얻고 수부다남자하고 평화의 종명을 고하는 사실을 목도했다. 하나님의 세계관리에는 인과응보 이상의 원리, 즉 변이적 원리도 작동한다는 사실을 주장했다.[137)]

V. 논전(論戰) 제 3회(22-31장)

1. 엘리바스의 변론(불가피의 길)(22장)
2. 욥의 답변(23-24장) ① 신앙전(信仰戰)(23장) ② 빈한(貧寒)과 범죄(24장)
3. 빌닷의 변론: 신의 위대(25장)
4. 욥의 대답(26-31장) ① 신의 위대에 대한 욥의 탁론(卓論)(26장) ② 욥 자신의 순진성에 대하여(27:1-6) ③ 악인의 종말(27:7-23) ④ 지혜를 얻는 것(28장) ⑤ 전일(前日)의 행복을 추억함(29장) ⑥ 불행한 현상(30장) ⑦ 청백에 대한 맹세(31장)

---

136) 위의 책, 141-142, 146-147.

137) 위의 책, 155-156, 161.

대의(大意)

3회 논전의 개시장인 22장에서도 전과 같이 연장자 엘리바스가 먼저 발언한다. 그는 힘써 논리적 논의를 시작하나 그의 말에는 여전히 모순이 많다. 엘리바스는 욥의 경건이 신의 징벌을 감내하였을 수는 도저히 없은 즉, 그는 반드시 특별한 죄를 범한 자 임에 틀림없다고 말함으로써 욥을 범죄자로 단정한다. 엘리바스는 자기의 교의는 절대의 진리라는 전제하에 욥을 가리켜 이기, 부정직, 강폭, 식심 등의 죄(이러한 죄들은 근동의 전제자들의 흔히 범한 것임)를 범한 자라고 그를 정죄하였다. 엘리바스는 결론에 제하여 자기의 말이 너무 과격해진 줄을 알고 1회 논전의 결사에서처럼 만일 욥이 다시 하나님에게로 돌아오면 신의 은총으로 다시 행복과 환희를 얻게 되고, 그 자신이 많은 다른 수난자들의 구원자가 될 것을 약속한다.[138]

23-24장은 엘리바스의 짧은 공격에 대한 욥의 긴 답변이다. 욥은 앞선 논전들에서 우인들의 잔혹한 비난을 많이 받았으나 그들의 모든 의혹과 오설을 대항함에 있어서 가급적 과언(寡言)과 인내로서 하였다. 욥의 완덕에 대한 그들의 의문은 오히려 무의식적으로 욥을 유익케 했는데 욥이 자기의 무죄를 변명키 위하여 하나님께로 얼굴을 돌이킬 때마다 그의 도의적 의식에 명랑한 빛이 신에게로 향하는 그의 길을 밝히 비쳐주었기 때문이다. 그 결과로 그는 '하나님께서 반드시 자기에게 공의롭게 행하시리라'는 것을 밝히 알았다. 하나님께서 그를 시련(試鍊)하실 때에 그는 연단한 금과 같이 정제될 것을 말하였으니 이 수사는 하나님의 공의와 욥 자신의 무죄, 양자를 다 포함하는 것이었다. 23장에서와 마찬가지로 24장에서도 욥은 이 세계에 도덕적 신정이 결여한 많은 사례를 예거한다. 욥은 자기 자신의 경우에서 뿐 아니라 자신의 주위에 있는 여러 사람들의 경우에서 의인의 비애를 당하는 사실을 예증한다. 그리고 그는 일방으로 악인들의 향유하는 행복, 권세, 자유, 안사

---

138) 위의 책, 168-169.

등등의 사실을 주위에 있는 사람들의 경우에서 예증한다. 그는 악승선패(惡勝善敗)의 실례를 말하여 이 세상의 보응적 원리를 그대로 좇는 도덕적 신정이 없음을 예증함으로써 우인들의 이론을 공격한다.[139]

25장은 욥의 언론이 자못 유력함을 인식하면서도 위축하지 않고 오히려 나아가 드센 반격을 시도하는 빌닷의 셋째 논변을 담고 있다. 빌닷은 욥이 아무리 자기 경험에 의하여 진리를 확설한다고 하여도 그의 사상과 신관은 착오된 것이라고 단정지었다. 빌닷은 욥이 자기 자신에 대한 신의 재판의 정당성은 확신하면서도 즉, 신의 재판에 의하여 자기가 무죄자로 증명될 것은 확신하면서도, 우주에서 작동하는 신의 도덕적 정치에는 인과응보과 상선벌악의 원리를 뛰어넘는 변칙과 파격원리가 존재한다고 주장한 것이다. 빌닷은 욥의 사상을 폄하하기 위하여 신은 지고의 엄위와 무한대의 권능, 그리고 하늘에 있는 많은 천사들도 복종케 하시는 무소불위의 통치대권을 극단적으로 강조한다. 이 빌닷의 사상은 4장 17-20절, 15장 14-25절 등에 있는 엘리바스의 사상과 같은 것이다.

26-31장은 욥의 길고 최종적인 종합답변을 담고 있다. 26장은 신의 위대에 대한 욥의 탁론(卓論)으로서 빌닷의 이론을 많이 능가한다. 26장은 신의 위대가 스올, 하늘과 땅에서 나타남을 강조하지만 그것의 신의 위대한 전체 양상은 아님을 강조한다. 이런 것들은 여호와의 행사의 단편일 뿐이다(26:14). 인간이 이제까지 들은 것은 속삭이라는 소리뿐이다. 하나님의 큰 능력의 우레소리는 아무도 헤아릴 수 없다. 38-39장에 큰 광풍과 우레소리로 현현하실 하나님을 예기케 한다. 14절은 하나님의 속삭이는 음성에서는 인과응보를 들을 수 있지만 큰 능력의 우레소리에서는 다른 원리가 계시될 것을 욥은 믿는다. 27:1-6은 욥 자신의 순진성에 대하여 말한다. 여기서 욥은 그 우인들의 2회 논전에서 말한 바를 일일이 공격한다. 22장에서 엘리바스는 욥을 큰

139) 위의 책, 175-179.

죄인으로 말하였었는데 욥은 여기서 신전(神前)에 절대 무죄함을 언명한다. 27:7-23은 악인의 종말을 말한다. 특히 12-23절은 악승선패의 현실이 종말에는 뒤집어질 것을 말한다. 하나님은 종국적인 심판에서 악인을 제거하고 심판하심으로써 당신의 의심받는 공의를 확증하실 것이다.[140)]

28장은 사람의 지혜를 지혜의 근본이신 하나님에게서 얻은 이외에 아무 다른 방법으로도 얻을 수 없음을 기술한다. 사람의 지혜란 곧 주님을 경외함이다. 29-31장은 욥의 고백이다. 학자들은 이 세 장에 표명된 도덕적 표준은 십계보다도 고상하고 선지의 말보다도 고상하다고 평가한다. 29장에서 욥은 현재의 도탄에서 돌이켜 과거의 희락, 영광, 행복을 회상한다. 그에게 있어 가장 행복하였던 일은 자기를 보호하시는 신과의 동행이었다. 이제 욥은 하나님이 나와 같이 하셨던 때가 다시 왔으면 하고 차탄(嗟歎)한다.[141)]

30장은 불행한 현상을 관찰하고 진술한다. 1-8절에는 24장에 서술된 사람들과 유사한 세상에서 버림을 받은 어떤 부랑인들에 관한 언급이 있다. 그들은 그 지방에 토민으로 정복자에게 노예가 되는 것을 좋아하지 않아 자유를 얻으려고 황무지로 가서 초근목실을 먹으며 살아가며 도적으로 취급되다가 불량해진 사람들이다. 9절부터 욥은 그의 현실의 비애를 말하기 시작한다. 그의 현재의 고난은 그의 과거의 영화와 반비례적이다. 31장은 청백에 대한 욥의 맹세를 장엄하게 묘사한다. 그의 도덕률은 구약 중 최엄밀한 것으로 본서에 제시되었다. 그의 도덕률은 복음적 표준에 도달하였다고 볼 수 있다. 그는 성문적(成文的) 도덕률은 물론이요 불성문적 도덕률까지도 범하면 저주를 받을 줄 알았다. 29장에서와 같이 31장에서도 자선사업에 관한 것을 많이 말한다.[142)]

---

140) 위의 책, 185-192.

141) 위의 책, 202-203.

142) 위의 책, 207-208, 212.

VI. 엘리후의 중재(32-37장)

1. 새로운 종류의 지혜(32장)
2. 병고(病苦)의 영적 가치(33장)
3. 창조자의 성격(34장)
4. 밤에 부르는 노래(35장)
5. 수난의 훈련(36:1-25)
6. 하나님의 놀라우신 일들(36:26-37:24)

대의(大意)

욥과 친구들의 세 차례 논전을 지켜보던 엘리후라는 젊은 논객이 그들의 논쟁에 끼어든다. 그는 욥으로 그의 과실들을 능히 깨닫게 할 수 있는 능력을 가졌다고 자신하는 사람이다. 그러나 엘리후의 사상은 욥의 우인들의 보응론과 별로 다른 것이 없는 것 같다. 32장에서 엘리후는 사람이 하나님의 신께로부터 총명을 얻는 사실을 인식한 것이 힘이 되어 침묵의 태도를 버리고 맹종적 태도에서 떠나 인간의 의견을 중시하지 않게 되었다. 따라서 그는 어떤 사람의 사상이든지 그것을 넉넉히 바로 교도할 수 있다고 자신한다. 엘리후는 자기의 언권을 표명한 후 그 삼우인에게서 몸을 돌려 욥에게로 정면하고 다시 말을 계속한다. 엘리후는 욥의 과실에 말한 것을 마치 기록해 놓은 것을 읽듯이 정확히 축조한 후 답변에 옮겨, 신이 선악에 대하여 무차별주의를 가진다는 욥의 사상을 기탄없이 변박한다. 그의 변론법은 욥의 세 우인들보다 우수하여 그 주장이 독립적이요 또한 창작적이다. 33장에서 엘리후는 고난과 징계를 받는 사람의 천사중보자의 역할을 긍정적으로 말하며 욥에게는 그런 천사중보자도 없다는 사실을 지적한다.[143)]

34장에서도 엘리후는 수난문제에 대한 해결방법에 있어서는 욥의 우인들

143) 위의 책, 219, 223-224.

과는 다르지만 욥의 심정을 몰이해하는 데 있어서는 그들과 조금도 다름이 없다. 그가 욥을 오해하여 회의자, 혹은 불경건인으로 알게 된 것은 우인들과 마찬가지로 보응교리에 편중하였기 때문이다. 그도 하나님께서 사람의 일을 따라 보응하여 각각 그 행위대로 얻게 하시나니(11절)라는 말씀에 편중했다. 엘리후의 신관은 신이 초월하여 계실 뿐 아니고 내재하사 긍휼을 베푸시는 만큼 조금도 신에게 불공정함이 없다는 것이다. 35장의 엘리후 변론은 신의 초월성과 내재성을 동시에 긍정한다. 하지만 그는 이 두 관념을 조화시키지 못한다. 즉 어떤 때 천상에 계셔서 냉정하고 인생과 아무 관계도 가지지 않으시는 신을 말하는 듯하다가도 논조를 일변하여 밤에 노래를 주시고 슬픈 것을 거룩한 것으로 만드시며 비애를 통하여 더 큰 기쁨을 주시는 신을 말한다. 36장에서 엘리후는 인간에 대한 신의 행사를 계속 논급하면서 특히 고난의 교육적 효용을 강조한다. 그는 신이 인간을 징벌하시는 이유는 인간의 도덕적 이익을 위하는 것이니만큼 징벌을 받고도 유익을 얻지 못하는 자는 극히 어리석은 자라고 볼 수밖에 없다고 말한다. 사람에게는 신의 공의를 의심할 아무 권리도 없다. 우리에게 권리가 있다면 그를 찬송하는 것 밖에 또 다른 무엇이 있으랴![144]

엘리후는 이 마지막 부분에서 웅변가로서의 자기의 위대한 기술을 아낌없이 발휘한다. 그는 자연현상에서 볼 수 있는 신의 권능을 말한다. 해수의 증발, 천공에 골고루 퍼지는 구름, 신의 주위를 두루 비치는 빛, 뇌성 등을 말한다. 폭풍우가 일어날 때 전광을 번쩍이며 뇌성을 발하는 것이며, 겨울에는 많은 눈을 내려 사람으로 일하지 못하게 하고 들짐승들을 굴속으로 몰아넣는 것이며, 또한 얼음이 얼게 하고, 천공의 구름을 평균하게 펴며, 남풍으로 기후를 온정케 하는 것 등은 하나도 신의 권능의 표현이 아닌 것은 없다. 인생이 감히 무슨 말로써 신과 논쟁할 수 있으리오, 맑은 햇빛도 바로 쳐다보

144) 위의 책, 230-231, 238-239, 242-243.

지 못하는 우리가 아닌가? 다시 말하면 자연계에 나타나는 신의 영광도 우리가 직시하지 못하리만치 장엄한 것이 아닌가? 신은 장엄하신 동시에 완전히 공의로우시다. 어떤 점에서 이 마지막 엘리후의 연설은 기특하며 우리의 주의를 밝히는 점도 많이 있다. 그러나 다음 장에 나오는 전능자의 강론과는 비견할 수 없다.[145]

VII. 광풍 중에서 나오는 여호와의 음성(38-41장)

1. 욥의 답변을 청하심(38:1-36)
2. 생물계에 나타난 신의 지혜와 능력(38:35-39:30)
3. 신의 풍자(40:1-44)
4. 하마와 악어(41:1-34)

대의(大意)

31장에서 욥은 자기의 독백 끝에 신전에서 자기의 무죄가 변명되기 전에는, 즉 직접 신의 음성을 듣기 전에는 만족할 수 없음을 말하였다. 그리고 그는 무죄하니만큼 군왕적 태도로 신전에 나아갈 수 있다고 말하였다(37절). 이제, 욥은 그의 숙원과 같이 신을 볼 수 있게 되었다. 신은 그의 앞에 나타나시었다. 그러나 욥의 상상과는 다르게 신은 장엄한 위엄을 보이시며 폭풍우의 혼란 중에서 말씀하신다. 구름과 흑암이 둘린 중에서 발하시는 그의 말씀은 처음에는 욥에게 적지 않은 불안을 주었다. 그것은 신이 욥이 알고자 기대하는 바를 직접 말씀하지 않으시고 다른 것을 먼저 말씀하셨기 때문이다.

신은 욥에 대한 자기의 소행을 변증하는 태도도 보이지 않으시고 또한 욥의 애원도 모르는 체 하신다. 그는 하등 욥의 수난간제의 해결에 관한 말씀을 하지 않으신다. 물론 욥의 인내를 칭찬하지도 않으시고, 1장에서 본 것과

145) 위의 책, 246-247.

같은 욥의 경건이 이기주의적 목적이 아닌 것을 그의 행위에 의하여 보여준 것에 대해서도 조금도 언급하지 않으신다. 욥의 수난이 신의 어떤 특별한 목적에 기인하였다던가, 혹은 그의 고난이 도덕적 훈련을 목적한 것인지에 관해서는 아무 것도 말하지 않으신다. 그는 보응교리를 전연 언급하지 않으시고, 욥의 우인들의 비난이나, 그것에 대한 욥의 답변까지도 아는 체도 안하신다. 그는 사후의 희망도 말씀해주지 않으시고, 현세의 모순과 당착이 반드시 내세에 해결되리라는 말씀도 하지 않으셨다. 환언하면, 그는 욥과 그의 우인들의 간에 토론된 문제에는 전연 접촉하지 않으신다.

그러나 욥은 신의 음성이 들리자 대자연 속에 함축된 무한한 의미와 우주의 복잡한 현상의 의의를 바로 보게 되어, 일상생활의 평범한 사물들도 하나의 이적으로 보였을 것이다. 그는 대자연에 대한 신의 반어적 질문에, "예, 저로서는 그렇게 할 수 없습니다"하고 가장 겸비한 대답을 할 수밖에 아무 도리가 없었을 것이다. 욥은 인생은 우주를 헤아리는 척도가 아니요 적은 피조물 중의 하나이라는 것과, 그리고 신의 일은 그 계화와 실행이 오묘막측하다는 것이었다. 욥의 심중에 느껴지는 신정(神政)의 난해성은 욥으로 하여금 아득한 회의의 태도에 두류하도록 권면하였을 것이 아니라, 도리어 그 태도에서 떠나 새로이 우주의 의미를 음미하도록 주의시켰을 것이다. 신은 자연계의 조화와 그 운행은 신의 전능전지를 선언하니 미소한 인간으로서 신전(神前)에 당연히 취할 태도는 오만한 회의적 태도보다도 겸손한 굴복이다(251-252).

39장에서도 계속해 신은 양의하는 욥에게 직접적 해답을 주지 않으시고 먼저 그로 하여금 마음을 열고 눈을 크게 떠서 자연계의 경이스러운 광경을 보게 함으로써 자기가 항상 접촉하고 있는 물질계의 현상에 있어서도 아는 것이 극히 적다는 것과 또 자기는 가장 적은 자인 것을 깨닫게 하신다. 신이 욥으로 동물계의 오묘한 현상을 보게 하신 결계로 그는 한번 더 자기의 무식을 깨닫게 된다. 신은 그의 창조하신 물질 중에서 특히 건드릴 수 없는 사나운 짐승 십여종을 들어 말씀하신다. 이 동물들은 놀랄만한 본능과 습관을 가진 것들이다. 이렇게 작자는 신의 동물계에 관한 전지전능, 또는 은밀한 공작을 묘사함에 있어서 실로 말할 수 없는 예술적 기교를 보인다(258).

40장에서는 풍자가 더욱 격해진다. 신은 회의의 사람인 욥에게 영광과 위엄으로 세상을 다스리는 보좌에 앉아서 교만한 자를 낮추고 악자를 멸망시키는 대권을 행사해 보라고 말씀하신다. 그렇게 하면 욥은 신이 되는 일이 어떠한 일인지 알 수 있을 것이고 그리고 신이 관심하시는 바와 용심(用心)하시는 방면이 무한함과 또한 인간에게 일어나는 일들이 전우주와 어떠한 유기적 관계를 가지고 있는지를 알게 될 것이라고 말씀하신다. 그때에는 욥이 비로소 신정에 대하여 식견있는 판단을 할 수 있을 것이요 신은 그를 승리하였다고 칭찬하실 것이다(시 98:1 대조). 41장은 38-40장을 요약하는 차원에서 신은 두 거대동물을 예로 들어 욥을 가르치신다. 먼저 하마를 말씀하시고(15-24절) 다음에 악어를 말씀하신다. 이 양종 동물은 가장 무서운 동물로서 신의 권능과 위엄을 표시함에 가장 적당하므로 신의 변론 말미에 거론된 것이다.[146]

VIII. 욥의 대답: 신과의 직접 교통(42:1-6)

42장 6절은 욥의 숨김없는 자백이다. 신의 변론에 욥은 설복되었다. 즉 그는 만물이 신의 관할 하에 있다는 것과 신의 경영은 무소불성한다는 것을 확신하게 되었다. 그는 자기의 과히 대담스럽고 불경스러운 정신적 태도로 신의 심문을 청한 일과 신 앞에 자기의 사건을 변론하려한 것을 크게 잘못된 것으로 자인한다. 그는 전에는 신에 대해 듣기만 하였스나 이제 그를 면대하여 보노라고 말한다. 욥의 수난의 이유가 무엇인 것은 신의 변론 중에 계시되지않았을지라도 창조하신 자연계에 나타난 신지, 신능, 신은이 신의 불가측한 위대를 선포한다는 것만은 반복적으로 확언되었으므로 욥은 지금 비로

146) 위의 책, 262-263, 266.

소 새로운 신관을 가지게 된 것이다. 신정에 대한 인생의 유일한 정당한 태도는 무언수복이라는 것이다. 신의 변론은 욥에게 성화를 충분히 주고 효계를 원만히 산출하였다. 욥은 참으로 경도한 신자라 비록 혹독한 환난에 빠져 일시 심신이 혼란케 되어 불온한 언사를 발하였으나 신의 음성으로 훈계를 받은 때에 즉시 자기의 과오를 회오하고 신지에의 절대 복종을 서약한다.[147)]

IX. 회복(42:7-17)

이 결론의 구절들은 산문으로 되었으니 본서에 기재된 욥의 전환난의 결국을 술한다. 신은 신정에 관한 욥의 우인들의 오해를 지적하시고 욥의 언론을 시인하는 판결을 내리신다. 그 판결에 담긴 의미심장한 결론은 금생의 환난은 수난자의 성격 여하를 표시하는 명확한 증거가 아니라는 것이다. 환난은 수난자가 독특하게 악하다는 증거가 아닌 것과 마찬가지로 번영은 번영자가 특별한 신은(神恩)을 받은 것이 아니요 확증도 아니라는 것이다. 이 결론은 물론 상선벌악의 응보의 진리를 포기케 만드는 말씀은 아니다. 금생의 환난은 범죄에 대한 형벌로써 임하는 경우도 많지마는 시련이나 기타 어떤 신비한 목적을 가지고 임하는 경우도 불소하며 번영이 선행에 대한 상급으로 내도하는 때도 많지만 그것이 다른 이유 하에 오는 때도 불소하기 때문에 환난과 번영을 보아가지고 선악을 판단하는 것은 항상 무오한 판결이 되기는 어렵다는 것이다. 욥의 우인들이 응보의 교리를 확집한 것은 시정하나 그것을 논거로 하여 욥의 환난을 설명하려고한 것은 대패착이었고 욥은 환난 중에 불평을 한 것이 과실이나 신정에 관하여 우인들보다 좀 더 광대한 견해를 가진 것이 그들보다 나은 점이었다. 욥의 친구들에게 그들의 오류를 자인하는 뜻으로 7우 7양의 번제를 신께 드릴 것을 명령하셨다. 욥에게 번영이 재귀된 것은 욥기의 대미를 채색한다. 이런 이유 때문에 욥기가 선악응보의

---

147) 위의 책, 270.

교리를 배척했다고 속단해서는 안된다.[148)]

분석과 평가

욥기 강해는 대부분 대의와 석의로 구성되었다. 다른 주석처럼 장절 구분한 강해를 시도했다. 욥기-시편 주석의 서론 부분은 아주 장황할 정도로 비평 문제들을 취급함으로써 학구적 주석의 면모를 잘 드러낸다. 43쪽에 걸쳐 다룬 그의 욥기 주석의 서론은 고난의 문제, 욥기 개요, 본문 분석, 욥기의 저자와 저작 연대, 욥기의 문학적 장르, 신학사상, 기타 잡다한 문제 등 여덟 가지 특정 주제들을 포괄하고 있다. 욥기 강해는 역사적-문법적 해석보다는 단어, 특수 표현 등의 해설에 치중하고 있다. 욥기의 히브리어 구문 분석이나 강독 등은 시도하지 않는다.

서론에서 곽안련은 현대 비평가들이 제기한 문제점들과 관련해 저자와 저술 연대, 그리고 문체 등과 같은 비평적 이슈들을 주로 다루었다. 욥기의 저자와 저술 연대 문제에 대해서는 다양한 각종 견해를 자세하게 소개하였다. 그 중에서 족장 시대의 저작이라는 주장과 족장 이후 시대의 저작이라는 견해를 비교 언급하면서, 곽안련은 "본 주석은 욥기의 고대인 저작론을 채용하여 모세를 그 저작자(著作者)로 인정한다"는 전통적인 견해를 피력하였다.

상대적으로 다른 주석에 비하여 욥기 주석은 고등비평가들의 입장들을 가장 소상하게 소개하고 그것들 각각에 대한 자신의 반론을 체계적으로 제시한다. 특히 욥기 26-28장의 화자 정체성 규명 문제에 대한 고등비평가들의 입장을 소상히 소개한 후에 자신의 견해를 그에 상응할 정도로 소상하게 논의한 것은 학구적이며 동시에 비평적 주석다운 면모를 보여준다. 다만 고난 중에 있는 한국 그리스도인들과 한국민들에 대한 훈도적, 위로적 설교로 화할 수 있는 주석이 많지 않고 오히려 내세 중심의 구원론이 애매하고 억울한

148) 위의 책, 273.

고난감수자에 대한 궁극적인 위로가 되는 것처럼 말한다.

욥기 주석 전체의 서론의 마지막 부분에 나오는 "수난문제의 해결을 위한 6대 암시"와 "하나의 계시적 설명"에 대한 논의는 고난문제에 대한 목회자적 권면이긴 하지만 내세중심적 권면으로 볼 수 있다.[149] 본서의 6대 암시는 결론에 제시된 해석(더 큰 복을 초래한 고난감수-공리주의적 접근), 욥의 우인들의 해석(인과응보), 우인들에 대한 욥의 반박(무죄한 자의 억울한 고난), 엘리후의 강설(인과응보와 애매한 고난가설 착종), 서문(하나님이 욥을 시취하기 위하여 사탄과 내기, 순전한 하나님 경외가능성 탐색), 하나님의 훈사부(창조권능과시를 통해 하나님의 통치 안에 신비호소) 등이 고난문제에 대한 암시적 해결을 준다고 본다. 마지막으로 곽안련은 욥기 저자가 욥기에 언급된 내세에 호소하여 현생의 고난이 내세생명을 풍성케 하는 데 결정적으로 중요하다는 점을 설파하고 있다고 본다(14:14). 욥기 19:25-26('나의 구속자가 살아계시니 내가 육체 밖에서 하나님을 보리라')은 요한계시록 21:3-4과 조응되어 고난문제는 내세에서 받을 신원과 위로를 더욱 풍성하게 만든다는 것이다. 내세주의적 신원강조는 세상의 고난에 맞서서 악에 맞서도록 돕는 방향이 아니라 소극적인 처방으로 보인다.

149) 곽안련, 『표준주석 욥기-시편』, 37-43.

4. 시편

총론

현재의 클라크 욥기와 시편 주석은 독립적으로 존재하던 두 책이 한 권으로 합본되어 있다.

시편 주석에는 열 다섯 장으로 된 긴 총서론이 있다. 1장은 시편의 실용적 가치를 논한다. 저자가 보기에 조선교회가 시편을 많이 사용치 않은 것은 일대 유감사다. 일반교우들의 신약 지식은 매우 훌륭하나 구약지식은 전연 그렇지 못하고 특히 시편 지식은 더욱 열악하다. 절대 조선교회는 공예배에서 시편을 외국교회에서 만큼 많이 사용하지 않는다. 우선 예배의 정신을 초치하는데 시편이 가장 효과적이다.[150] 또한 예배를 풍성하게 하고 목사의 설교주제를 다채롭고 풍요롭게 제공한다. 시편은 또한 개인적 경건생활을 조장하는데 효과적이다. 끝으로 곽안련은 조선교회 교우들이 시편의 실용적 가치를 체득하기를 바라는 마음을 피력한다. 요약컨대 예배와 영성함양, 개인 경건생활 조장 경전으로서 시편의 실용적 가치는 탁월하다.

2장 시편과 구약 다른 책들과의 관계논의는 시편의 구속사적 위치, 신학적 자리(지혜문서와의 관계)를 평가하고 분석한다. 시편은 율법과 역사와 예언과 철학이 나타난 하나님의 자기계시에 대한 인간심정의 영감된 반향(反響)이다. ① 시편은 모세오경의 도덕률을 교훈하고 예찬하며 신도들로 하여금 그 도덕률에 따라 생활하도록 권려한다. ② 시편은 성전예배를 장려하고 성전에서 하나님께 배알(拜謁)함이 인생의 최대 특전 중 하나임을 알려준다. ③ 시편은 이스라엘 역사에서 종교적 가치들을 가진 사건들을 선택하여 하나님이

150) 곽안련, 『표준주석 욥기-시편』 중 『시편』, 3.

그의 인민으로 더불어 또는 그들을 위하여 어떻게 행사하는 지를 제시한다. ④ 시편은 과거의 역사를 조감(鳥鑑)하여 현재의 위험을 경고하여 환난의 날에 위로하며 암흑의 시간에 신앙을 지지한다. ⑤ 시편은 종교적 열정의 표현인 성가영창에 사용된 경우가 있으며(삼상 10:10 이하; 19:20), 다윗의 악관장들로 선견자로 불린 헤만, 아삽, 여두둔 등의 지도력 아래서 편찬되고 연주되었다(대상 25:5; 29:30, 35:15). 성시는 흔히 예언자적 선견에 승진(昇進)되어 가지고 말하고 혹은 예언자적 권위를 가지고 말한다(시 12:5, 46:10, 50:4; 75:1-2; 81:6; 110:1). 그와 동시에 예언은 흔히 서정적 시로 과도(過渡)한다(사 12장, 25장, 26장; 나훔 1:12; 합 3장). 시편 시인은 진리와 의를 위한 욕구와 신의 도덕적 정치의 영광스러운 완성을 믿는 확신에 의하여 고무되고 격려되어 신령한 분위기 속에 사는 점에서 선지자만 못하지 않았다. ⑥ 구약의 철학서인 욥기, 잠언, 전도서에서 나오는 정경적 사상이 시편 제 구절에 반영되어 있다. 시편은 예언서와 역사서와 달리 이스라엘의 최선한 심령들의 내면적 종교의 진상이 어떠했는가를 엿보게 하며 구약시대의 경건한 영혼들의 신앙과 사랑과 헌신이 어떠했는가를 잘 설명해준다.

3장 히브리인의 시에 대한 논의는 시편의 장르, 양식, 삶의 자리에 대한 학구적 토론을 담고 있다. 곽안련이 보기에 조선교회가 시편을 적게 사용하게 된 이유는 시에 대한 이해가 빈곤하기 때문이다. 곽안련은 시 일반에 대한 조선교회의 이해를 넓히기 위해 먼저 시의 일반적 개론(서양시, 히브리인의 세속적 시가 히브리인의 종교시, 시편의 주제)을 다룬 후 히브리 시의 양식을 취급한다. 그는 시편이 사람에게 말씀하시는 하나님의 음성만이 아니라 하나님께 올라가는 사람의 음성을 담고 있다는 점에서 인류가 하나님께 향하여 어떻게 말하는지 그 방법을 표시한 책이라고 평가한다. 시편의 주제는 하나님 찬미, 감사, 자백, 회개, 기도, 혹은 하나님과 사람에 대한 진리교훈을 포함한다. 마지막으로 저자는 히브리 시의 양식을 논하면서 서양시와 동양시의 양식을 비교하며, 시 번역 상의 난점을 언급한다.

4장 히브리 음악 부분은 시편이 음악적 연주를 예상한 각종 음악연주 노트가 첨기(添記)된 책(書)임을 보여주는데 시편의 찬송시적 특성을 파악하는 데 치열한 관심을 보여준다.[151] 저자는 다윗 이전에도 시편같은 찬양이 구약에 나오지만 예배음악의 진정한 창시자는 다윗이라고 본다(대상 25:2). 헤만, 아삽, 에단(여두둔)이 악대를 지휘할 때 놋 제금을 쳐서 지휘봉을 대신했다. 제2성전기에는 성전음악이 발달되었지만, 현재 망실되었다.

5장 시편의 위치, 명칭, 시편 구분에 대한 논의는 정경 안에서 시편의 위치와 비중을 논하며 70인역과 맛소라 본문 사이의 시편에 실린 시의 숫자 차이 등에 대한 논급도 한다. 시편은 성문서(커투빔)에 속한다. 미즈모르(19편; 59편)는 악기에 맞추어 부르는 노래를 지칭하는 전문술어다. 70인역은 미즈모르를 살모이(psalmoi)라고 번역했다. 그래서 시편의 모든 시들이 살모이라고 불리게 되었다. 시편은 또한 터힐림(Tehillim)(찬송)으로 불린다.

6장 시편의 표제 논의는 요즘 주석서에 거의 다뤄지지 않는 자세한 연주지시 기호 등에 대한 해설을 시도한다. 표제의 가치에 대한 논의는 시편 음미를 위하여 대단히 유익한 정보를 제공한다. 마스길은 미즈모르보다 더 정교하게 저작된 시편에 붙어 있다. 여섯 편에 붙어 있는 믹담은 의미불상이다. 선지자 하박국의 노래(3장)와 시편 7편에 붙어 있는 식가욘 또한 의미불상이다.

시편의 태반은 표제를 가지고 있다. 이 표제를 붙인 이유는, (1) 시편의 성질을 표시하기 위하여, (2) 연주와의 관계를 표시하기 위하여, (3) 예배용과의 관계를 표시하기 위하여, (4) 작자의 이름과 그것의 문원(文源)인 시수록집의 이름을 표시하기 위하여, (5) 작품의 역사적 배경을 표시하기 위함에 있다. 시편 중에는 서른 네 편의 무제시가 있다(1, 2, 10, 33, 43, 61, 91, 93-97, 99, 104-107, 111-119, 135-137, 146-150편). 6장 1절에는 시의 성질을 표시하는 표제를 다룬다. ① 쉰일곱 시편표제로 사용된 히브리어「미즈모르(mizmôr)」는 시

---

151) 위의 책, 16-18.

편에만 나타난 악곡에 대한 전문술어다. 원래는 가사중심의 시편이었는데 악기반주에 걸맞는 음악곡으로 변화된 것이다. 몇 편을 제외하고는 거의다 작자의 명자, 많이는 다윗의 명자가 그 전 혹은 후에 연결되어 있다. ② 히브리어「쉬르」는 '노래'를 의미하는 보통명사인데 이 말을 그 표제에 가진 시는 서른 편이 있고 자주는 미즈모르라는 문자와 연용한다. 그러나 본문에도 적지 않게 발견된다(28:7; 40:3; 137:3-4). 이 명사는 성가에만 아니라, 속가에도 적용되었다(창 31:27; 사 5:12; 왕상 4:32; 사 30:29). ③ 열세 편에 붙어있는 표제어「마스길」은 정교한 시를 의미하는 듯하다. 그 중의 열한 편은 제 2, 3권에 있고 그 의미는 미상하다. 마스길을 흔히 "교훈시"라고 해역하지만 이 시제를 가진 시편 중 제 32편, 제 78편을 제외하고는 교훈시라고 칭할 수 없는 것이다. 델리취는 "묵상"으로 역하는 것이 옳다고 말하고 에발트(Ewald)는 "교묘한 시"라고 역하는 것이 옳다고 말하였다. 아마 후자가 이것의 최선한 해역인 듯하다. ④ 히브리어「믹담」이라는 표제어를 가진 시는 여섯 편이다. 이것은 "다윗의"라는 어구의 전 또는 후에 있다(16편, 56-60편). 이것은 시의 악곡명인 듯하나, 그 의미는 명확하지 않다. ⑤ 히브리어「식가욘」은 일곱 편의 표제에 붙어 있다. 그리고 하박국의 기도도 또한「식가욘에 맞춘 것이라」고 기재되어 있다. 이것은 "표랑" 혹은 "부정"을 의미하는 말로서 아마 어떤 특수한 류의 시 혹은 음악을 가리키는 듯하다. ⑥「기도」(터힐라/터힐로트[Tephilloth])라는 말을 시제로 갖는 시는 다섯 편이 있다(17, 86, 90, 102, 142편 등). ⑦「찬송」(트힐라)이라는 표제어는 145편의 표제인 동시에 시편 전집의 이름이다.

7장 시편의 분류는 여러 가지 주제로 시편을 분류한다: ① 자연계와 신과 인간의 관계에서 나타나는 신의 섭리를 계시하는 시(8, 19, 29, 33, 36, 65, 103, 104편); ② 세계상에 신의 도덕적 정치를 계시하는 시(1, 34, 37, 49, 73, 75, 77, 91, 92, 112편); ③ 작자가 자기나 자기 친우를 위하여 드리는 기도(3-7편, 9, 12-13, 17, 22편; 30, 40, 116, 138편); ④ 국가시(14, 44, 60, 74, 79, 80, 82, 85, 94, 102, 108, 123, 137편; 46-48, 66-67, 76, 87편; 118, 122, 124-126, 129, 144편); ⑤ 역사시(68, 81,

105, 114편); ⑥ 왕가시(王家詩)(2, 8, 20-21, 45, 72, 88, 101, 110, 132, 28, 61, 63편).

8장은 저작자와 저작시대를 논한다. 여기서 클라크의 학구적이고 대화적인 논의가 본격적으로 전개된다. 시편 중 많은 시편이 저작자와 저작시대를 확정하기 힘들다는 점을 인정하지만 클라크는 시종일관 시편 전체를 포로기 이후 2성전시기로 돌리는 비평가설 옹호자들(벨하우젠, 체인, 베른하르트 둠)을 반박한다. 모든 문서저작을 후대로 돌리려는 비평가설은 고대 이스라엘의 문자기록 문명이 부재했을 것이라는 전제에 바탕을 두는데 아마르나 서신의 발견으로 모세시대도 문자기록이 가능했음을 확인할 수 있다는 말로 이 비평가설의 전제를 반박한다. 시편 137편은 바벨론 포로기 이전에 이미 시온의 노래가 있었음을 입증한다(사 64:11). 이사야, 예레미야애가 등은 고대 이스라엘의 성전이 시편찬양의 중심이었음을 여러 차례 반복하여 말한다. 드보라, 모세마저도 찬양을 했다. 시편의 왕에 관한 언급은 유다 마카베오(마카베오하 2:24)나 시몬 마카베오를 가리키는 말이 아니라 이스라엘 왕정기의 왕들을 가리킨다고 보아야 한다. 그렇다면 다윗 시대가 시편의 왕성한 저작시기이며 다윗의 그 시편의 왕성한 저작과 출현에 중요한 역할을 했다는 것은 의심의 여지가 없다. 곽안련은 카일과 델리취의 의견을 따라 여호사밧, 히스기야 왕, 그리고 바벨론 포로기 시대에도 시편이 왕성하게 저작되었을 가능성을 열어둔다.

9장 시편 편집의 목적과 연혁은 오늘날 주석서에도 잘 다루지 않는 시편 편집 방법, 현재 시편 순서를 정한 기준에 대한 논의를 담고 있는데 학구적 주석의 면모를 유감없이 보여준다. 시편 편찬의 목적은 두 가지다. 첫째, 기존의 종교적 시가를 공예배 등에 사용하기 위해 한 책에 모아 보존하기 위함이다. 둘째, 개인적으로나 단체적으로 이스라엘 사람들이 그들의 종교적 경건의 염을 함양할 재료로 사용하기 위함이었다.

10장 메시야의 희망은 정통칼빈주의 신앙을 옹호하는 논의로서 여러 시편을 갖고 메시야 사역의 다채로운 면모를 추적하고 실제 나사렛 예수의 사역을 시편언어로 해설한다.

시편 중에 메시야에 대한 관설이 많이 있는 것은 주지의 사실이다. 메시야에 관하여 신약이 구약으로부터 인용하거나 인증하는 구절들의 반수(半數)는 시편에서 취한 것이다. 여섯 편은 모두 특수하게 왕으로서의 메시야를 묘사하였고, 네 편은 고난의 메시야를 묘사하였으며, 이외에도 메시야를 언급하는 시편이 많이 있다. 그러나 이것들을 기록하던 옛날의 시성들이 그 기록하는 바의 진의를 지금 우리와 같이 명확히 이해했었는지에 대해서는 자못 의문이다. 베드로전서 1:11의 말씀처럼 그들은 자기 속에 계신 그리스도의 신이 그 받으실 고난과 후에 얻으실 영광을 미리 증거해 어떠한 때를 지시하시는지 상고하였을 것이다. 메시야 시편은 사방 면에서 메시야를 미리 내다본다: ① 왕으로서의 메시야(2, 18, 20-21, 45, 66, 72, 89, 110, 132편); ② 고난의 메시야(22, 69, 109, 35, 41, 55편); ③ 신자(神子, 하나님의 아들)로서의 메시야(8, 16, 40편); ④ 심판 주와 구속주로서의 메시야, 즉 장래(將來)하실 메시야(18, 50, 68, 96-99편). 이 외에도 선민 이스라엘을 메시야로 묘사하거나 전제하는 시편도 있다.

11장 시편의 종교사상은 여덟 가지 주제로 시편의 종교사상을 나눠 논한다. (1) 신관: 하나님은 천지의 창조주이며 인간과 피조물을 부단히 권념하시고 돌보시며 교제하기를 원하시는 하나님이시다; (2) 죄관: 인간의 죄성과 선천적 부패성을 부각시키면서도, 하나님에 의한 사죄가능성을 다채롭게 다룬다; (3) 의식관: 제사와 의식을 거행함으로써 하나님께 나아가는 것을 긍정하지만 의식의 가장 깊은 차원, 즉 영적 차원을 훨씬 중시한다(51:16-17); (4) 세계상에 나타나는 하나님의 도덕적 정치관: 대체로 시편은 권선징악적 보응을 전제하지만 의인의 고난과 악인의 번영이라는 도착된 현실에 직면해서는 하나님의 궁극적이고 종말론적인 정의를 앙망하도록 돕는 시편도 있다(37, 49, 73편); (5) 종교적 애국심: 시편은 이스라엘이 하나님의 선민이며 따라서 세계에 대한 사명을 가진 민족이라는 자부심을 전제하고 고취한다. 이런 시편에서는 하나님에 대한 사랑과 애국심은 항상 동심원적인 구조를 이룬다; (6) 저주시: 하나님의 원수에 대해 하나님의 저주를 간청하는 저주기도문이 있다. 악한 정사와 권세(엡 6:12)를 향한 저주기원문이 있다(제69, 109편); (7) 자의(自義)의 관념: 저주시편에서는 왕왕 자기의를 확신하고 내세우는 듯한 시편이 있다. 이것은 하나님의 보상을 받을 자격을 의미하는 그런 선행과 공로를 가리키지 않고 어디까지나 하나님의 은혜에 민첩하고 신실하게 응답하는 자기겸양적 경건을 가리킨다. 자기의는 하나님의 의에 대한 응답의 의로서 파생된 의일 뿐이다. 자기의를 말하는 시인은 자신을 의롭게 만드신 하나님의 의를 찬미하는 셈이다; (8) 영생의 관념: 시 16편은 부활사상을, 49편은 내세사상을 주창한다. 신약의 내세사상과 영생관념에 비하여 희미하고 몽롱하나 신약의 내세사상과 영생사상으로 발전할 맹아를 내장하고 있다.

12장 시편과 기독교회는 2000년 교회사가 시편을 얼마나 기독론적으로 예전적으로 풍성하게 활용해 왔는가를 개관하는 학구적 개론이다. 커크패트릭은 "시편의 역사를 쓴다면 그것은 그리스도 교회의 영적 생활의 역사가 될 것이다. 가장 초대로부터 시편은 교회의 공예배회에서 사용하는 기도적 찬송의 교본이 되어 왔으며 교우 각자에게는 경건의 보고가 되어 왔다"고 말했다. 우리 주님의 영적 생활은 주로 시편에 의하여 양성된 것이다. 바울과 실라가 빌립보 옥중에서 의심없이 시편을 노래했을 것이다(행 16:25). 야고보는 시를 노래할 것을 교인에게 권면하였고(약 5:13), 바울도 이를 장려하였다(엡 5:19; 골3;16). 고린도교회에서는 시편을 상례적으로 노래하였다(고전 14:16). 칼빈은 "나는 습관적으로 시편을 심령의 모든 부분의 해부학이라 칭하노니, 이는 아무라도 이 거울에 형상을 반영하지 않는 감정을 일편이라도 자기 속에 발견치 못할 것이기 때문이다"라고 말했다.

13장 시편과 신약성경의 관계는 시편이 신약성경에서 인용되거나 인증되는 방법을 다룬다. 시편이 신약에 인용된 횟수는 구약의 다른 어느 책보다도 많다. 곽안련은 백회나 인용되거나 인증된 신약성경 내의 시편 구절들을

13장에서 망라하고 있다. 13장의 대지는 시편을 메시야 희망의 빛 아래에서 읽는 읽기를 정당화하는 데 있다. 모든 시편에는 내용을 잘 압축하고 주제를 부각시키는 흥미로운 긴 제목(시 2 무적왕 메시야; 시 3 고통에 처한 자가 하나님 안에서 스스로 격려하는 아침노래; 시 4 위험 중에서도 낙담하지 않는 자의 저녁노래; 시 5 하나님의 전에 이르기 전에 부른 아침의 노래; 시 7 선을 악으로 갚는 자들을 대항하여 세계의 심판주에게 호소함)이 붙어있는데 주제를 압축하는 제목들이 추출되었다. 대체로 기독론적 시편읽기가 현저하다(메시야를 예고하는 시편).

14장 특히 공예배에 사용해서 가치가 있는 시는 서양교회의 공예배에 가장 자주 사용되는 시편을 망라한다(1-2, 8, 16, 19, 23-25, 27, 29, 32, 37, 42-43, 45, 48, 50-51, 62, 65, 72, 84, 90-91, 94-96, 103, 110, 116, 121, 143편). 15장 암송을 요하는 시편의 제장구(諸章句)는 암송되면 큰 영적 유익을 끼칠 구절을 열거한다(4:8; 7:11; 9:10;14:3 등 70여 구절).[152]

구성과 단원별, 장별 주해 요약

〈시편 주석〉은 다섯 권 각각과 백오십 편 모두에 제목을 붙였다. 대개의 경우 서론, 대지, 석의로 구성된다. 서론은 저작시기와 저자 문제를 다루고 대지는 단락구분을 제시하며 석의는 구절구절에 대해 해석을 시도한다.

1권 1-41편[153]

1편 선인과 악인

1편은 고대로부터 시 전권의 서론으로 취급되어 왔다. 그런데 바울이 시

---

152) 시편의 총서론은 곽안련, 『표준주석 욥기-시편』 중 『시편』, 3-61에 실려 있다.
153) 『시편』 주석에 나와 있는 시편의 제목과 대의 요약 부분의 쪽수 표시를 하지 않았다.

제2편에서 인용해 쓴 사도행전 13:33의 고대 사본들 중의 어떤 책에는 "시 1편에도 기록한 바와 같이"라고 기록된 것이 있다. 그것은 시 제2편이 제 1편으로 간주되었거나 혹은 1, 2편이 단일편으로 인정되었던 것을 암시하여 주는 듯하다. 본편의 저시(著時)를 두 가지 방법으로써 결정할 수 있다. ① 예레미야 17장 5-8절을 본다면 본편은 예레미야서보다 전대의 기록인 것을 알 수 있고, ② 본편과 잠언 10-22장과의 간에 병행적 사상이 많이 있는 것을 본다면 또한 특히 1절에 나오는 "오만"이라는 말이 잠언서 외에는 나오지 않는 것을 볼 때 잠언서를 지은 솔로몬 시대보다는 더 이전에 기록되지 않았을 것이 분명하다.

2편 무적왕(無敵王) 메시야

이 시는 이스라엘 왕에게 향하여 반기를 들려는 음모가 제후들에게서 기도된 사실을 근거로하여 저작된 것이라고 흔히 본다. 제 3절의 말씀에 의하면 이 제후들은 일찍 이스라엘왕에게 정복된 자들로서 어떤 기회에 상모(相謨)하여 이스라엘의 기반(羈絆, 고삐)을 벗어보려고 계획하였던 듯하다. 작자는 이 풍문이 예루살렘에까지 들려졌을 때에 이 시를 지었다. 이스라엘 왕가에는 여호와의 세우신 언약이 있다. 이스라엘 왕은 여호와의 지상 대리자이기 때문에 아무리 제후들이 소동하며 그에게 반항하려고 하더라도 그 음모(陰謨)는 필경 오유(烏有)에 돌아가고 말 것을 술(述)하여 일방으로 이스라엘 국민을 격려하고 타방(他方)으로 제후들의 속히 그 음모를 중지할 것을 권고한다.

3편 고통에 처한 자가 하나님 안에서 스스로 격려하는 아침노래

제 3, 4편은 언어와 사상에 있어서나 호상 밀접한 관계를 가지고 있기 때문에 양편을 합해서 논하는 것이 좋다. 전자는 위험 중에 처한 자가 하룻밤을 무사히 지나고 나서 부르는 아침 노래요(3:15) 4편은 위험이 그리 절박하지 아니하나 아직 위험이 완전히 지나가지 않은 어떤 날 저녁에 부른 저녁노래다(4:8). 그리고 이 작자는 높은 지위를 가진 사람이며(3:6) 또한 그는 권위 있게 말하는 자다(4:2). 그는 원수들에게 공격을 받지만 그 원수들은 분명히 외국인은 아니다(3:1, 6). 그는 또한 절망상태에 처하여 있으나(3:2) 과거의 경험에 의하여 여전히 여호와를 신뢰한다.

본시의 표제("다윗이 그 아들 압살롬을 피할 때에 지은 시")가 지시하는 시기는 의심할 여지가 없다. 그것은 그 역사가 삼하 15-18장에 상세하게 기재되어 있기 때문이다. 우리가 만일 다윗의 신앙의 힘을 알려고 하면 먼저 당시에 그의 당한 박해와 고난을 이해하여야 할 것이다. 본편에서 압살롬의 이름을 언급하지 않는 것은 아마 그로 수치를 당치 않게 하려함인 듯하다(삼하 18:33). 본편은 다윗이 예루살렘에서 도피하여 나온 바로 그 이튿날 아침에 기록한 것임에 틀림없다고 주창하는 자가 없지 않으나 사실 그날 밤은 후새의 경고를 듣고 즉시 떠나 요단강 건너느라고 매우 분주했을 터인즉(삼하 17:15-21) 아마 그 후 몇 날 밤의 휴식을 더 누린 후 어떤 날 아침에 이것을 기록했을 것이다.

4편 위험 중에서도 낙담하지 않는 자의 노래

4편은 3편 저작시점보다 좀 더 후에 즉 다윗이 반역의 진정한 내용을 알아본 후에 기록하였음에 틀림없다. 아마 그가 마하나임에 있을 때에 기록한 듯하다. 제 2편은 여호와의 기름받은 자의 왕국이 외적에게 당하는 박해를 말하고 제 3-4편은 위험이 국내에서 발생된 것을 말한다.

5편 하나님의 전에 이르기 전에 부른 아침의 노래

본편은 무모요 위선인 구적(仇敵)의 위험을 개진하는 시로서 제 3편과 같은 아침노래다. 단 저작 상황이 제 3편과 다르다. 3편은 다윗의 망명기의 저작이요, 본편은 그가 예루살렘에 재주하던 시기의 작이다. 표제는 본편을 다윗의 시라고 지적하였다. 다윗의 예루살렘 거생중의 작이라면 혹은 그가 사울의 조정에 있을 때에 지은 것이거나, 혹은 압살롬 반역 이전의 어떤 시기에 저작하였을 것이다. 물론 본편이 다윗시대 이후의 저작이라고 할만 한 증거는 전연 없다. 7절의 "성전"에 대한 언급 때문에 다윗의 작이 아니라고 말하는 자도 있다. 그러나 성전을 가리키는 히브리어, 헤칼은 성전을 지칭하는 말일 뿐만 아니라 실로에 있는 성소나 법궤를 두는 장막을 가리키는 말로도 사용된다(출 33:19; 34:26; 신 23:18; 삼하 1:24).

6편 곤란 중에 여호와의 자비를 구함

본시는 작자가 오랫동안 위급한 질병에 걸려 거의 죽음에 처했을 때에 지은 것 같다. 그가 당한 모든 곤란 중에도 가장 견디기 어려운 것은 그의 질병이 신의 형벌이 아닌가하는 번뇌였다. 황차 원수들이 하나님에게 버림을 당한 자라고 그를 조소하였음에랴! 욥기를 보아서 아는대로 모든 병고와 불행이 반드시 그 사람의 범죄행위와 비례한다고 믿는 신념이 흔히 고대인의 심사를 번뇌케 하였다.

7편 선을 악으로 갚는 자들을 대항하여 세계의 심판주에게 호소함

시인은 극악한 죄를 범하였다는 구실로 자기의 생령을 탈취하려는 비인간적 구적에게 큰 위험을 당하였었으나, 스스로 결백함을 주장하여 구원의 최고 권위인 하나님에게 호소하였다.

본시의 제목에 "다윗이 베냐민인 구시의 말에 관하여 여호와께 노래한 다윗의 식가욘"이라 말이 붙어 있다. 이 시는 강한 감정의 충격을 받아 기록한 서정시다. 구시에 관한 기록이 다른 데는 없지마는 사울 왕과 동일한 베냐민 지파의 사람으로서 다윗이 왕의 생명을 해하려고 음모한다고 사울에게 밀고한 자들 중의 1인이었던 것이 분명하며(삼상22:8), 또한 그의 참소를 인하여 사울이 노한 마음이 일층 더 격앙되었던 것도 사실이다. 유사한 참소 때문에 다윗도 삼상 26:19에서 사울에게 불만을 말하였다. 본편이 다윗의 저작임에 틀림없지마는, 혹 다윗의 시가 아니라고 하더라도 본시의 작자는 적어도 다윗의 역사적 사정에 정통하고 또한 대상 29:29에 진술된 바와 같은 기록과 전설을 숙지하는 자라야 할 것이다.

본시는 다윗이 사울 왕을 피하여 이리 저리로 은둔생활을 계속하던 망명기의 저작이니, 그것은 본편의 내용이 사무엘서의 사정과 상응하기 때문이라. 즉 참소의 사실은 삼상 24:9, 26:19와 대조되고, 1, 2절에 기록된 악독한 박해는 삼상 20:1, 21, 33:15에 진술되고, 3, 4 절에 있는 무죄에 대한 항변은 삼상 20:1, 24:10, 11, 17, 24에서 참고할 수 있고, 6, 8절에 기록된 하나님의 판단을 요청한 일은 삼상 24: 12, 15에서 참고할 수 있다. 유대인의 고대전설에 의하면 본시는 부림(Purim)절(節)(에 9:20-32)에 사용되었다고 한다.

예레미야가 본시 제 9절("의로우신 하나님이 사람의 마음과 양심을 감찰하나이다")을 인용한 사실(렘 11:20, 17:10, 20:12)을 보아서, 본시는 예레미야 이전에 기록되었다는 것을 발명(發明)할 수가 있다.

8편 전 우주와 전 인류 중에 나타내신 하나님의 영광

본편의 주요 목적은 하나님께서 찬란히 만들어 놓으신 성공계(星空계)에서의 하나님의 영광을 논하려는 데 있지 않고 인류 중에 나타난 하나님의 영광을 논하려는 데 있다. 여호와께서는 어린애기로써 자기의 대사업을 성취하는 기관을 삼으셨으며(12절), 문주의 광대에 비하면 인류는 극히 적은 것 같지마는 적어도 인류는 자기의 형상으로 지으시고 또한 모든 조물의 우월권을 그에게 주시었다(5-8절).

시인은 인류가 타락함으로 말미암아 당한 죄와 실패와 전율할만한 참상에 관한 생각을 고사하고 인류를 창조하시던 하나님의 미래의 경륜으로 돌아가서 인류의 본원적 성품, 지위, 운명을 사고한다. 타락과 죄악은 인류에게 주어진 신의 초상을 오손함에 틀림없다고 하더라도 그것 때문에 전연 신의 형상을 잃은 것은 아니다. 인류의 죄 때문에 일만 피조물이 같이 탄식하고 같이 고로하여도(롬 8:22), 그래도 사람은 만물을 지배할 권리를 가지고 있다. 다시 말하면 신허(神許)의 우월권은 비록 상태에 수정이 있으나 폐기된 것은 아니다(고전 11:7; 약 3:9; 창 9:2). 선지자와 사도들은 인류의 본형상에의 회복을 확신하고 있었다. 히브리인서 기자는 본편의 4-6절을 인용하였다(히 2:6). 바울은 본시의 6절 하반을 인용하여 그리스도의 안에 최후의 승리가 있을 것을 확언하였다(고전 15:27; 엡 1:22).

9편 악인을 벌하는 의로운 심판에 대하여 감사를 표함

9편과 10편은 그 형상에 있어서 호상유사할 뿐 아니라, 언어상에도 현저한 유사가 있다. 70인경과 제롬의 라틴어 역본은 공히 이 양편을 일편으로 구성하였다. 특히 제 10편의 제목이 있지 않는 사실은 이 양편이 원래 히브리 원문에서 일편으로 되어있던 것을 표시하는 것이라고 볼 수 있다는 것이다. 이 양편의 시는 그 시형에 있어서나 어체에 있어서나 공히 유사한 점이 많고, 또한 양편이 공히 1절 건너 자모자순의 두운을 사용한 자모시이니(총서론 제 3장 참고) 각장은 히브리 자모자의 약반수식을 각각 두운으로 사용(제 9편은 히브리자모자의 상반수를 제 10편은 동하반수를)하였다. 그러나 그 자모들이 혹시는 중첩되어 있어 그 형상이 불완전하다.

10편 국내에 있는 원수의 보복을 기원함

본편이 9편과 밀접한 관계가 있다는 앞서 말한 바와 같다. 본편의 대의는 이스라엘과 열방과의 분쟁에서 하나님의 주권이 승리적으로 나타났으니 이스라엘 국내에서도 동일한 일이 있게 하여 달라고 간원하는 다윗의 기도이다.

11편 시인은 위기에 직면하였으나 오히려 도피하라는 친우의 권고를 거절함

시인의 주위사정은 절망상태이며 그의 생명은 위기에 처해 있다. 그의 겁약한 친구들은 그에게 도피를 권하였다. 그것은 악이 극성하여 도저히 그것을 저항키 불능한 줄로 그들은 알았었기 때문이다. 그러나 시인은 우인의 권고를 단연 거절하였다. "그렇다. 여호와께서는 그를 보호하신다." 이제 여호와를 버리고 보호를 다른 곳에 구한다면 그것이야말로 불신앙자, 비겁자의 행동을 자취하는데 지나지 않을 것이다. 시인은 분연히 그의 확신을 이렇게 언명하였다. '여호와는 악자를 멸망하시고 선인을 불러 영접하시는 이 우주의 의로우신 통치주이시니 또한 무엇을 두려워할 것이 있으랴!'

12편 허위가 횡행하는 중에서의 시인의 비명과 위안

이 시는 외식, 가면, 무신(無信)이 보편화된 시대에 처하여 신조(神助)를 구하는 기도이다. 본편의 제목이 다윗을 작자로 지시하는데, 아마도 그가 사울의 조정에 있을 때나 혹은 도피생활을 계속하고 있는 때에 본편을 저작했을 것이다. 당시는 도엑과 같은 자가 정부의 권세를 잡았을 때요 무지한 원수들은 사울의 심리를 좀 더 악독하게 만들어서 다윗을 대적케 하던 때다(삼상 26:19). 더구나 배은망덕하는 그일라인들은 자기들의 구출자인 다윗을 내어 주기로 준비되어 있었으며(삼상 23:11), 십(Zip)지방의 사람들은 다윗의 은거처를 사울에게 밀고하였다(삼상 23:19).

13편 거의 죽게 된 자의 애원적 호소, 즉 탄식의 기도

시인은 실망의 암담(暗澹)으로부터(1-2절) 자기의 기도를 방법으로 하여(3-4절) 마침내 최후의 구원(5-6)의 기쁜 소망에까지 도달하였다. 그의 인내의 힘은 거의 바닥난 것같고 또한 여호와께서는 그를 잊으셨거나 혹은 유기하신 것과 같이 관찰되니, 이제 만일 여호와께서 오셔서 그를 돕지 아니하시면 그는 반드시 패배할 것이요, 그와 반대로 그의 원수들은 승리를 얻을 것이다.

그러나 시인은 결코 그의 과거의 경험을 잊어버리지 아니하였으니 그는 이러한 도탄 중에서도 구원의 확신을 가진다.

14편 패덕(敗德)의 성행과 기망(企望)하는 구속(救贖)

본편의 내용 내지 분위기는 제 12편과 유사하다. 인류의 보편적 타락의 원인은 그들이 하나님을 찾는 데 태만함에서 발원하였다(1-3절). 그리고 백성들을 그렇게도 포학하게 취급함은 그 부패의 실례다(4절). 그러나 여호와께서는 의인의 보호자가 되심을 자증하신다(5-6절). 또한 시인은 신이 완전한 구원으로써 이스라엘을 기쁘게 하시기를 기도하는 것으로 본편을 끝마친다(7절).

일반적 견해에 의하면 본편은 시인이 자기당시의 국가의 타락상을 묘출한 일편의 시라고 말한다. 그러나 1-3절을 보건대 분명히 그는 전인류를 대하여 말한 것같다. 그리고 시인의 말들은 모름지기 노아홍수 전의 정태와 멸망이 임박한 소돔의 형편을 회상케 한다. 본편의 제목이 지시하는 바와 같이 본편은 다윗의 저작이다.

15편 하나님 앞에 접근하는 자의 요건

본시의 시형은 매우 단순하다. 본시는 사람은 어떻게 하나님에게 가까이할 수 있으며 그에게 가납될 수 있느냐를 문답체로 기술한 것이다. 정직의 인, 정의의 인, 또는 성실의 인이라야 하나님께 가납되고 하나님께 접근할 수 있다. 그리고 다음에 3-5절에는 이상의 제원리에 의하여 행하는 자의 행동의 실례를 열거한다. 그리고 최후에 사복(賜福)의 언약으로써 본편을 종결한다.

16편 하나님께 피난함은 최고의 복리(福利)임.

본편은 여호와와 더불어 살아있는 교통을 가진다는 깊은 의식으로부터 솟

아나오는 신앙내지 희망의 고백이다. 주석가들은 본편이 다윗의 도피생활 중에 지어진 저작이라고 본다. 사울에 의해 박해받던 다윗은 여호와의 산업인 이스라엘 국에서 쫓김을 받았었고 또한 종교적 변절 위험에 봉착되었었다(삼상 26:19). 그러나 그는 이러한 위기, 이러한 큰 유혹의 기간에 직면하여서도 여호와만이 자기의 산업의 분깃이요, 또한 여호와는 가장 비옥한 전토와 포도원 보다도(5-6절) 오히려 더 귀중한 분깃이라는 위대한 사상을 가지고 그 모든 유혹을 이겼다. 그리고 또한 그는 다른 신에게 경배하는 일을 극력 거절하였다(4절).

본편과 제 17편과의 간에는 호상 연결되는 점이 많이 있는데 제 17편이 다윗의 저작으로 수긍하기가 용이한즉 본편의 다윗저작도 또한 그러할 것이다. 많은 비평가들(Ewald)은 16-17 양편의 저작시기가 포로기 이후이었으리라고 생각하였다. 그런데 제 16편 9-11절과 제 17편 15절은 공히 부활을 언명한 것이라고 흔히 인정되는 동시에 본편의 저작연대를 후대로 설정하는데 동원되는 논거로 이용되어왔다. 그러나 이것 때문에 양편의 저작시기를 다윗보다 훨씬 후대로 옮기는 것은 잘못이다. 다윗이 부활을 아지 믿지 못하였다고 단언할 이유가 조금도 없다. 델리취(Delitzsch)는 이 말씀은 "대담한 신앙의 가정"으로서 나타났을 수 있는 것이라고 말하였다. 베드로는 사도행전 제 2장 30-31절에서 다윗은 선지자로서 그리스도의 강림과 부활하실 일을 알았다고 말했으며, 바울도(행 13:35) 역시 본편 10절을 그리스도의 부활을 언급한 것으로 인용하였다. 전기 양편에 쓰여있는 대조가 금생과 내세의 대조가 아니요 하나님이 계시는 생활과 계시지 않는 생활과의 대조라고 생각한 T. K. 체인(Cheyne)의 견해는 용인하기 어렵다.

17편 자기의 소유인을 아시는 하나님께 호소함

시인과 그의 동행자들은(2절) 교만 무정하고 잔혹한 원수에게 포위되어 박멸당할 뻔하였다. 다윗이 자기의 일생을 통하여 이러한 위기를 당면하였던 때는 사울이 그를 살해하려고 찾아다니던 시절이었다(삼상 26:25). 본편의 사상과 문체가 다윗의 시 7편, 11편과 유사하다. 어떤 비평가는(에발트) 본편을 전편과 함께 포로기 이후의 저작이라고 생각하였지만 받아들이기 힘들다.

18편 왕이 신의 자비가 풍성하던 자기의 이전 생활을 회상함

본편은 다윗의 저작임에 틀림없고 또한 특히 그의 노화와 권세의 최극성 시기의 저작인 것도 분명하다. 아마도 삼하 7장에 기록된 시기, 즉 그의 범죄하기 전 후년생활에 또는 압살롬의 반역이 있기 전, 어떤 시기의 작품일 것이다. 본시는 일찍 바벨론이나 애굽의 제왕이 그네들의 대사업과 그네들의 신의 은조를 찬양하기 위하여 암석면에 조각해둔 비문들의 내용과 유사하니, 특히 시인은 사울과 다른 원수들에게서 자기의 생명을 구원하여 마침내 왕위에 까지 이르게 하신 여호와의 기이한 은혜를 본시에서 말한다. 본편 말절은 하나님께서 당시에 시인의 집과 더불어 세우신 큰 언약을 언급함인 듯하다(삼하 7:13).

본편이 시편에만 편찬되었을 뿐 아니라 사무엘서의 편집자도 역시 본시를(삼하 22장) 다윗의 생활과 성격의 예증으로, 그리고 시의 고상한 표본으로 포함시켰다. 이 시에 있는 내적 증거는 그 저작자가 다윗임을 말해준다.

19편 자연계에 현현하신 하나님과 성경에 현현하신 하나님

제목에 의하면 이 시는 다윗이 저작하여 영장에게 수교(手交)하여 예배에 사용케 한 것이다. 본편은 사상이 상이한 두 부분으로 되었으니, 그 초반은 창조주의 존재를 부절히 증거하는 이 우주 대자연계에 현현되어있는 하나님의 영광을 경하하고(1-6절), 후반은 여호와의 율법에 나타난 신의 영광을 송양한다(7-11절). 그리고 시인은 자기의 생활을 이 신성한 법칙에 비취어보고 면죄를 구하는 기도로 필한다(12-14절). 본편에서 하나님의 명의를 사용한 것이 특수하니, 본편의 전반은 권능의 하나님 "엘"을 사용하였고, 그 후반은

"여호와"를 일곱 차례나 사용하였다.

20편 전장(戰場)에 임하기 전에 왕을 위한 대도(代禱)

제 20편과 제 21편은 그 조직과 내용에 있어서 밀접히 관계되어 있다. 그리고 양편은 공히 예배식에 사용하던 시이니, 그 첫째는 악인을 위한 대도의 시요, 그 둘째는 감사의 시이다. 두 시에서 다 왕은 여호와와 백성의 대표자로 지시되어 있으며, 그리고 여호와께서 그에게 주시는 구원과 승리가 그 주도적 사상이다. 20편에서는 왕이 강한 적을 치러나갈 준비를 정돈하고 있다. 그리고 출발하기 전에 그는 승리를 주시는 여호와에게 장엄한 제사를 드리며 또한 자기의 모든 사건을 여호와에게 맡긴다.

21편 대승리를 위하여 감사함

전편과 밀접히 연락되어 21편에서는 전쟁이 끝났고 또한 승리가 획득되었다. 그리하여 백성들은 승리의 감사를 드리기 위하여 다시 회집하였다. 4-6절에 기록되어 있는 찬란한 제문구는 승리한 국왕에게 존경을 드리는 과장적 언사로 보아도 불가할 것은 없으나 이것을 메시야에 대하여 발표된 축사(祝辭)로 읽는 것이 더 자연스럽다. 타르굼(Targum)에는 1절 혹은 7절의 "왕"이라는 말 다음에 메시야라고 부주(附註)하였다. 그러므로 이 시는 제 일의적으로 당시의 국왕에게 드리는 시이었을 것이나, 그 이상은 그리스도에게서 비로소 완성된 일편의 메시야 시이다(고전 15:25). 서양교회에서는 본시를 승천절의 낭독시로 사용한다.

22편 고난 중에서 호소함

본편은 제고난시중 최초 혹은 최고의 것으로서, 전반에서는 비절참절한 고민의 정을 피력하고, 후반에서는 그 마음에 환하게 비취는 희망의 광명을 서술한다. 그리스도께서 운명하실때에 본편을 자기에게 적용하심으로써 더욱 거룩케 하시었다. 그리스도께서 십자가상에서 본편 제 1절밖에 더 말씀하시지 않으셨으나 그것은 필히 그가 십자가에 달리셔서 본편 전부를 생각하고 계시었다는 것을 암시하는 것이라고 볼 수 있다. 그렇다고 해서 본편의 그리스도에게의 적용과 성취가 본편의 본원적 역사적 관계를 배제하는 것은 아니다.

23편 여호와-선한 목자이심

이 시는 겨우 여섯 절로 된 단편이나, 고래로 우는 사람의 눈물을 거두고 고민하는 사람의 마음에 평안을 주기 얼마나 하였는지 그 수를 알지 못한다. 세상은 가령 다른 기다(幾多)의 호한(浩澣)한 서책을 버릴지라도 이 단편을 잃는 것을 원치 않을 것이다. 타르굼(Targum)은 본편을 국가에 대한 하나님의 애호를 묘사한 시라고 설명하였다. 그러나 그것은 본편에 관한 제 2의적 설명은 될지언정 결코 본시 저작의 근본 의의는 될 수 없다. 본편의 시조(詩調)는 분명히 개인적 관계인 것을 말한다. 모든 양(羊)에게 언약되어 있는 바를 각 개별 양(羊)이 청구할 수 있는 것이다(눅 15:48).

24편 영광의 왕의 입성

본편은 다윗이 오벧에돔 집에서 법궤를 찾아올 때 저작되었다(삼하 6:17). 문체의 변전 때문에 이 시의 단일성과 통일성을 의심하는 학자들이 있는데 이것은 문체의 변전이 사상의 변전에 상응하여 바뀔 수 있다는 점을 고려하면 그 의심은 부당하다. 서두에서는 신의 초월성을 중반 이후에는 신의 인간계 임재를 말하기에 문체 변화가 일어날 여지가 있다.

25편 진실한 신자의 기도

본편의 주지는 하나님은 환난당하는 자의 선생이시오 실수한 자의 지도자시라는 것이다. 이 시는 아홉 편의 자모시(字母詩) 중의 하나인데 첫 절은 히브리어 첫 자음 알렙으로 시작되고 마지막 직전 절인 21절이 타우로 끝난다. 불완전 자모시인 셈이다. 에발트나 퍼라운 등은 이것을 이유로 들어 25편을 후대작으로 돌리는데 부당한 추론이다.

26편 박해를 당하는 무죄한 자가 하나님의 전에서 감사를 드리기를 간원(懇願)함

본편은 어법, 사상의 연쇄성, 감정의 기품, 문체 등에서 앞의 두 편 24, 25편과 많은 유사점을 갖고 있다. 죄의식이 반영되지 않은 것으로 보아 15편, 24편과 대동소이한 시기에 다윗에 의해 저작되었을 것이다. F. 히트지히(Hitzig)는 죄의식 미반영을 근거로 이 작품을 예레미야의 저작으로 돌리나 근거가 빈약한 주장이다. 에발트는 이 시를 전국적인 악역이 유행하던 시기, 예를 들면 요시야 왕 때 요시야 왕에 의해 저작된 시라고 간주하는데 이 또한 억측이다.

27편 신호(神護)를 믿음으로 무구(無懼)함(하나님의 보호를 믿음으로 두려워하지 않음)

시의 전반은 대희열, 대열심의 최고점을 표현하고 후반은 희열의 논조가 단절되고 근심의 간구가 대신 부각된다. 그러나 이 대조가 27편의 통일성과 저자의 단일성을 부정하는 근거가 되어서는 안된다. 문체는 시인의 손에서 신축 자재하며 기분의 변전에 따라 문체도 변전한다. 시상의 돌변(대희열에서 근심어린 간구)은 다른 시편에서도 일관되게 나타난다. 한 사람의 저자가 자신의 주제를 부각시키기 위해 이런 대립적인 시상과 정조를 변전시킨 것이다. 이 시는 압살롬 반역을 최종적으로 진압하기 직전에 지어진 것으로 생각된다.

28편 반란의 시기에 (혹은 惡疫의 시기에) 신조(神助)를 청하는 애소(哀訴)

26편과 현저히 유사하나 여기서는 위험이 더 급박하다. 히트지히(Hitzig)는 이 작품을 예레미야의 저작으로 돌리고 에발트는 요시야의 저작으로 돌리나 근거가 부족하다. 본편은 압살롬 반역을 피하던 시기에 다윗이 지은 시다.

29편 칠뇌성(七雷聲)의 시

뇌우를 장엄하게 묘사하는 본편은 철저하게 종교적인 시인의 자연관을 드러낸다. 우주의 제현상이 시인에게는 여호와의 속성의 일체와 그의 행동의 일체를 표현하는 상징으로 각인되었다. 뇌성벽력은 하나님의 음성이며 그 모든 가공할 현상은 우주를 섭리하시는 하나님의 영원한 위엄을 표백한다. 유다에는 산악지형과 특이한 기후 조건 때문에 조선보다 훨씬 더 격렬한 뇌성벽력이 발생한다. 본편은 오순절시로서 오순절 첫째 날에 사용된다(186). 스펄전은 7절의 "화염을 갈으시도다"를 보고 "불같은 혀"로 읽고 7절이 오순절 성령강림을 예언한다고 해석한다. 칼빈은 9절에 나오는 하나님의 교회라고 간주하고 교회는 폭우와 같은 심판 중에서도 하나님을 찬송한다고 말한다.

30편 위험한 병에서 소생된 고로 감사함

"성전낙성가"라는 표제어를 가진 본편은 다수의 학자들의 연구에 의하면 주전 165년 마카베오 전쟁 이후에 성전을 재봉헌하던 때(수전절)에 사용된 시라고 알려져 있다. 개인의 경험(질병에서 소생케 되는 치유)과 국가의 경험(국토회복)이 혼융되어 있는 시인 셈이다. 커크패트릭은 이 시편이 성전공예배시(스 6:16)에 사용되었을 것이라고 말한다. 그러나 이 시의 저작은 다윗의 생애 한 시점에서 이뤄졌다고 보아야 한다.

31편 극심한 박해를 당하는 자가 하나님께 투항함

일반 고대주석가들은 본편이 다윗의 저작으로서 마온평야에서 저작된 것 같다고 본다(22절 "경겁한"=삼상 23:26). 본편 거의 전부가 예레미야서와 예레미야 애가의 말씀과 같기에 예레미야가 이 시편을 썼다고 생각하는 사람들이 있는데 지지하기 어렵다. 예레미야서 자체가 다른 책들로부터 많은 것을 차용하는 경향을 가지고 있다.

32편 죄사함을 받는 방법

본편은 회개시의 대표(회개시: 6, 32, 38, 51, 102, 130, 143편)로서 시인의 경험을 반영하고 있으며 참회 열정이 가득 차 있다. 다윗이 밧세바를 범하고 우리야를 살해한 후에 일어난 양심가책과 죄책감을 극복하는 과정에서 저작되었을 것이다. 51편을 먼저 저작한 다윗이 얼마 후 좀 더 마음을 정돈한 후에 이 시를 썼을 것이다. 본편의 교훈은 잠언 28:13, 요일 1:8-9에 총괄되었다. 어거스틴이 자기 침상 맞은 편에 붙여두고 본편을 애송했으며 임종시에도 더욱 애독했다.

33편 여호와는 그 백성을 보호하시는 자이심

1권의 무표제 네 시편 중 하나로서 대칭적인 구조로 되어 있다. 서언의 "신을 찬송하라"는 요청은 결론의 "여호와를 신뢰하라"는 권고와 상응한다. 그 중간에 여호와를 찬양할 근거와 이유를 제시한다. 그의 도덕적 성품, 신적 권능, 무상주권을 인하여 여호와를 찬양하여야 한다. 더 나아가 여호와는 선민을 택함과 보호하심을 인하여 더욱 찬양받으실 하나님이시다. 144편에 이 시편의 메아리가 발견된다.

34편 구원받은 자의 교훈

환난당했던 자가 구원을 맛보고 드린 감사시다. 본편의 표제는 "다윗이 아비멜렉 앞에서 미친 체하다가 쫓겨나서 지은 시"다. 아마 아비멜렉은 아기스의 오기가 아니라 블레셋의 왕을 부르는 일반적 호칭이었을 가능성이 크다(삼상 21:11). 56편의 표제("다윗이 가드에서 블레셋인에게 잡힌 때에")가 본편과 동일한 사건을 가리키는 것으로 보인다. 초대교회는 8절("너희는 여호와의 선하심을 맛보아 알지어다")을 근거로 본편을 성찬예식 때 사용했다(204).

35편 악인의 악과 신의 자선

잔혹한 원수가 시인의 생명을 빼앗으려고 찾아 헤매인다. 그들의 적대적 행동은 아무 근거가 없고 그 행동의 악성은 그들의 배은망의로 인하여 더욱 커졌다. 시인은 이 사실을 여호와께 애소하며 의로운 심판을 청구한다. 이 모든 행동의 조목 하나 하나가 사울에게 다윗이 받은 박해에서 그 실례를 찾을 수 있다.

36편 발광자(發狂者)의 저주와 신과 교제하는 자의 복

12, 14, 53, 36, 37편 세상에 대한 일반적인 비탄감정을 토로하고 특수상황을 상정하지 않는다. 시인은 자기 주변에 성행하는 악인의 방해에서 하나님의 인자하심을 묵상하며 그 구출의 방법과 위안의 실마리를 찾는다.

37편 악인의 일시적 번영과 선인의 영구적 번영

시인에게 악인의 번성은 용인하기 힘든 난제였으나 하나님의 절대주권적 섭리를 믿고 도착된 현실을 돌파한다. 곽안련은 다윗의 말년 저작이라고 보려고 한다(25절). 용어와 논조가 다윗의 친저 시편과 다르다는 이유로 다윗 친저성을 부인하는 학자들을 논박한다.

38편 마땅히 받을 만한 진노를 구속의 사랑으로 변전하여 주시기를 간구함

델리취는 다윗이 밧세바를 범한 후 이 시를 지었다고 말하며 6편, 38편, 51편, 32편 순서로 저작되었다고 주장한다. 제 3회개시로 서양교회에서는 부활주일 전 수요예배 때 본편을 낭독한다.

39편 비상한 환난을 당하였으나 아직 완전히 하나님께 귀의하지 아니한 자의 기도

사상과 언어면에서 38장과 상당히 유사하며 가장 아름다운 애가(에발트)다. 38편과 마찬가지로 다윗의 작품이다.

40편 감사와 제사적 기도

다윗이 망명생활 말기, 즉 왕위 등극 직전에 저작했을 것이다. 6-8절은 삼상 15:22과 일맥상통한다. 이것이 국가적 공예배 용도로 사용되었다고 하더라도 이것은 개인의 경험을 노래한 시편이다.

41편 병에서 소생된 것을 감사함.

압살롬의 반란이 일어나기 전 다윗이 쓴 시다(델리취). 본편의 거짓된 친구는 아히도벨이었을 것이다.

2권 42-72편

2권과 3권 중 42편-83편까지를 "엘로힘 시편본"이라고 불린다. 하나님 호칭인 야웨가 나타나지 않기 때문이다. 2권의 처음 여덟편 중 43편을 제외하고는 고라 자손 수집본에서 나왔다. 고라 자손 헤만(대상 6:31-33)이 다윗의 3대 악사 중 한 사람이었다. 고라자손의 시편의 일반적 사상은 성전에의 헌신과 봉사(42-43, 84편). 고라자손은 그들의 시편을 통해 하나님을 왕으로 모시고 예루살렘을 하나님의 통치거소로 간주하고 있음이 드러난다. 42-49편 중 국가멸망 이후에 쓰여진 시는 없다.

42편 적국에 있어 시온을 향한 향수병

순례를 관행적으로 거행하던 자가 순례를 금지당한 가운데 헬몬산 어딘가에서 예루살렘 성전을 그리워하면서 쓴 시다. 시인은 지금 잔인한 이교도에게 포위되어 있는 상황이다. 곽안련은 델리취를 따라 다윗과 함께 압살롬의 반역을 피해 예루살렘을 떠났던 레위인의 작품이라고 본다(삼하 15:22). 히트지히와 체인 등은 본편이 주전 199년 경건한 대제사장 오니아 수리아의 안티오커스와의 전쟁을 인해 북행하면서 저작한 시라고 보는데 곽안련은 이 견해를 반박한다. 이 시편이 하나님을 엘로힘이라고 부르는 것은 그것이 포로기 이전의 고라자손이 쓴 시임을 자증하는 증거라고 본다(237).

43편 구적에게서의 구출을 구하는 정열적 기도

곽안련은 43편이 원래 42편과 한 편이었다는 생각을 하기에(235-236) 따로 서론을 쓰지 않았다. 양편이 같은 운과 같은 후렴으로 저작된 점, 양편을 한 편으로 취급한 고대역본의 존재 등이 이런 견해를 지지한다.

44편 이스라엘의 국가적 세력은 상실되었으나 하나님에게의 충실의 미풍은 아직 남아 있음

국가적 위기에 드린 애소시편이다. 본 시편을 마카베오 시대 저작이라고 보는 견해가 있으나 그것은 오류다. 본편의 히브리어 문체는 아주 오래된 문체를 보여주기 때문이다. 마카베오 항쟁 때에는 10절이 그리는 패배는 없었다. 마지막으로 마카베오 시대에는 야웨께 충성된 자도 있었으나 타락한 자들도 많았다. 헹스턴베르크와 카일-델리취는 다윗이 암몬과 수리아와 전쟁할 때 특히 에돔이 유다에 침입할 때 쓰여진 시라고 말하는데 곽안련은 이들을 따라 본편을 다윗시대 저작으로 본다.

45편 국왕의 혼례

델리취는 아달랴와 결혼하는 여호람 왕(왕상 8:16 여호사밧의 아들) 결혼이 시의 배경이라고 본다. 곽안련은 본편 저자가 우상숭배 가문 아합가문의 딸과 유다의 왕의 결혼을 축하할 리가 없다는 이유를 들어 이 델리취 입장을 거부한다. 그는 솔로몬과 애굽 공주와의 결혼식이 이 시의 배경이라고 말한다. 그러나 그는 저작자보다는 이 시의 메시야적 의의가 더 중요하다고 말한다(246). 그렇게 보면 이 시는 그리스도와 그의 신부 교회와의 혼인을 노래하는 시편이 된다. 서양교회는 이 시를 구주성탄일에 낭독한다.

46편 여호와는 우리의 안전한 피난처이심

46-48편 세 편은 서로 밀접하게 연관되어 있다. 공통주제는 예루살렘성에게 임한 하나님의 비상한 구원이다. 여호와께서 그 성중에 계신다는 사실이 이스라엘 백성의 신뢰의 토대라는 점이 46편의 중심사상이다. 이 시편의 역사적 배경은 히스기야 시대에 산헤립의 예루살렘 침략으로부터 맛본 하나님의 비상한 구원(왕하 18:13, 16)이라고 보는 것이 정설이다. 46-48편은 바로 이 구원을 맛본 경험을 반영하고 이 시기에 저작되었다. 아삽의 시편인 75-76편도 역시 이 시기에 맛본 구원을 토대로 저작되었다. 델리취는 이 세 편이 여호사밧 시대에 모압, 암몬, 에돔인으로부터 침략을 받았을 때 맛본 구원을 토대로 저작되었다고 보며(대하 20장), 다른 학자들은 아하스 왕 때 이스라엘 왕 베가와 아람 왕 르신의 포위를 받았을 때 저작되었다고 주장하나 이 둘 다 근거가 빈약하다.

47편 여호와의 우주적 주권

47편의 중심사상은 여호와 이스라엘의 하나님이 온 세상과 우주를 다스리신다는 사실이 최근에 발생된 이스라엘 구적의 파멸을 통해 입증되었다는 주장이다. 훕펠트(Hupfeld)는 본편이 46편 10절을 확대부연 설명하는 서정시라고 말한다. 어떤 학자들은 본편이 93, 96-99편과 유사하다는 점에 비추어 본편도 귀환포로 시기에 저작되었다고 주장하나 근거가 빈약하다.

48편 시온의 안전

시온의 안전은 여호와께서 그 성중에 계신 증거이면서도 결과라는 것이 본편의 중심사상이다. 본편은 이사야 33장과 많은 병행을 보인다. 서양교회는 성신강림주일에 본편을 낭독한다.

49편 세상복의 헛됨

본편은 서론 대신에 대지가 앞에 나온다. 세상 복의 극대값이 부의 가치를 상대화하는 시편으로 부와 돈은 죄를 속할 수 없다는 점을 강조한다. 세상 부의 전부를 갖고 자기 죄를 사함받을 수 없다. 본편의 중심사상은 37, 73편과 유사하며 부자의 어리석음 강조하는 복음서의 이야기와 연결된다(눅 12:13, 21; 16장). 주제 면에서 잠언과 욥기와 유사한 지혜시편이다. 주전 8세기 웃시야 시대나 이사야 미가의 시대에 저작된 것 같다. 그러나 37편과 73편과 유사한 점에 비추어 볼 때 다윗의 저작이라고 볼 수도 있다.

50편 정당한 제사와 경배

여호와의 심판의 장엄한 계시를 담고 있는 본편은 이사야 1장, 미가서 6장과 같이 전 세계만민이 보는 앞에서 이스라엘을 하나님의 심판에 부친다. 여호와는 원고인 동시에 재판장이시다. 사실심리인 서심(序審), 본심, 그리고 결심(結審)이 순차적으로 전개된다. 본편은 하나님에 대한 사람의 의무와 그 이웃에 대한 사람의 의무, 즉 사람의 이중의무를 다룬다. 표제가 가리키듯이 이 시는 다윗의 악관인 아삽의 시다. 델리취는 다윗 시대의 악관 아삽의 친저 시편이라고 인정했고 곽안련도 이를 따른다. 곽안련은 다윗과 다윗 시대에 시편 대부분이 저작되었다고 믿는다. 표제어를 저작과 관련된 역사적 진술로 믿는다.

51편 은총에의 재귀(再歸)를 간원하는 참회의 기도

시편 2-3권에는 표제가 붙어있는 시편이 모두 열 여덟편인 본편은 그 첫째 편이다. 여덟 편은 다윗의 생애와 관련되어 있고 51편은 다윗의 밧세바 음행사건 후에 저작되었다는 점이 널리 인정되어 왔다. 한편 다윗 친저성을 의심하는 사람들은 본편의 마지막 두 절을 근거로 느헤미야 시대에 저작되었다고 믿는다(마지막 두 절에는 예루살렘성의 파괴와 제사 중단이 암시된다). 하지만 곽안련은 이 두 절은 비유적인 언사라고 보아 다윗 친저성을 주장한다.

52편 악한 혀의 받을 벌

에돔인 도엑(삼상 21:22)과 관련된 표제가 붙어 있는 본편은 도엑 혹은 도엑 같은 자를 정죄하고 있다. 다윗의 저작임이 틀림없다.

53편 제 14편의 반복

본편은 여호와를 엘로힘이라고 대용한 것을 제외하고는 14편과 거의 똑같다. 다만 본편 5절이 14편의 5-6절과 약간 다르다. 중장년기에 다윗이 쓴 14편을 다윗이 노년기에 재필한 것이 본편이다.

54편 유혈을 즐기는 원수와 대립하여 위안을 얻음

"다윗이 사울에게 박해를 당하던 때에"라는 표제가 붙어 있는 본편은 다윗 망명시절에 맛본 그일라 사람, 십 사람, 마온 사람들의 배신과 충절없음을 배경으로 삼고 있다.

55편 우인과 타인에게 학대를 받는 자의 기도

내용과 사상에 있어서 본편은 41편과 유사하다. 친우의 배신을 보고 고통을 당하는 시인의 기도다. 아마도 압살롬 반역 중에 지어진 시편인 듯하다.

56편 여호와를 신뢰하는 망명자의 유쾌한 표정

본편의 표제가 가리키는 것에 따르면 34장과 본편은 동일한 시기에 저작되었다. 블레셋 가드에 들어간 때인 듯하다(삼상 21:10). 본시는 개인적 위기를 다루지 국가적 위기를 다루지 않는다고 본다.

57편 굴에서 기도함

사상과 어법, 그리고 구조에 있어서 본편은 56편과 상사하다. 표제에 언급된 굴이 아둘람 굴인지 사해 근처의 엔게디 굴인지 미상하다. 원수들이 자기들이 판 웅덩이에 빠졌다는 6절을 보면 엔게디 동굴을 가리키는 듯하다. 본편의 시조와 어법은 국가적인 차원의 시편이 아니라 개인적 차원의 시다.

58편 불의한 집권자들에게 대한 항의

델리취는 본편의 표제를 근거로 압살롬 반역 때 다윗이 지은 시라고 주장했는데 곽안련은 이 의견을 따른다.

59편 무죄한 자를 포위 엄습하려 함

"사울이 다윗을 죽이려고 그 집을 지킨 때"(삼상 19:8)라는 표제어를 근거로 곽안련은 다윗의 아내 미갈의 도움으로 피신한 사건이 이 시의 배경이라고 본다.

60편 패전곡

표제를 근거로 곽안련은 다윗이 제 1회 수리아 원정에 출진 중(삼하 8장) 에돔이 팔레스틴 침략까지는 이르지 못하였으나 빈틈을 타 유다를 침략하려고 함으로 다윗이 요압을 파견하여 사해 남단 가까운 곳에서 격전하여 에돔인들을 격파하던 때 본편이 저작되었다고 본다. 곽안련은 본편을 포로시대의 저작이라고 말하는 에발트, 유다 왕 아마샤가 에돔과 전쟁할 때의 저작이라고 생각하는 다른 학자들의 의견을 무근거한 주장이라고 보았다.

61편 도피하였던 왕이 다시 왕권복고를 기도(企圖)함

본편은 어떤 모양으로 보든지 왕정시대의 저작이지 마카베오 시대의 저작이 아니다. 압살롬의 반역이 붕괴되기 전이지만 다윗이 예루살렘 환궁을 하기 전에 저작되었을 것이다.

62편 하나님 앞에서 은인자중함

본시에 나타난 확신과 용감함은 다윗의 생애 어느 시기에도 나타났지만 압살롬의 반역시기가 가장 적합한 저작시기다. 39편과 매우 닮은 본편은 표제에 여두둔(대상 16:41; 대하 5:2)이라는 말이 붙어있다(여두둔의 법칙을 의지한 노래). 여두둔은 헤만, 아삽과 함께 다윗 시대의 음악지도자였다.

63편 박해를 당하는 경건한 자가 물없고 건조한 광야에서 여호와를 진심 갈망하는 아침의 노래

표제에 "다윗의 시니 유대 광야에 있을 때"는 다윗의 친저성을 지지한다. 다윗이 압살롬을 피하여 요단강을 건너기 전에 쓴 시다. 초대교회에서는 본편을 아침찬송으로 141편을 저녁 찬송으로 불렀다.

64편 하나님의 보호하심을 간구함

저자와 저작 배경이 불상(不祥)하다. 하만과 모르드개의 갈등, 혹은 다니엘의 영웅적 신앙분투가 본편의 배경으로 제시되었으나 확실하지 않다.

65편 득승(得勝)을 감사함

표제어 다윗의 시에 의거하여 곽안련은 다윗 치세 중에 일어난 전란 평정 이후 풍년을 누렸을 가능성을 지적함으로써 다윗 친저성을 옹호하려고 한다(삼하 21:1, 14). 46편과의 유사성은 46편 저자가 본편을 숙지하고 그것을 바탕으로 저작했을 가능성을 제시한다.

66편 국가 및 자기 개인의 구원으로 인하여 감사함

작자가 누군인지 미상이지만 이스라엘이 국가적 위기에서 구원받았음을 암시하는 9-13절에 비추어 볼 때 다윗의 시인 듯하다.

67편 추수의 찬송

구약의 주기도문으로 알려진 이 시편은 유월절의 마지막 이일간에 부를 찬송으로 지어진 듯하지만 이미 추수가 끝난 듯한 분위기를 풍긴다는 점에서 오순절 혹은 장막절 찬송으로 지어졌다고 보는 것이 더 나을 듯하다.

68편 전쟁과 승리의 찬송

본편은 가장 영광스럽고 억센 역량을 가진 영광의 개선가이며 그 내용은 드보라의 노래(삿 5장), 모세의 송가(신 32장), 발람의 노래(민 23장)와 유사하다. 엘로힘은 23회, 여호와 1회, 아돈(주)이 6회 사용되었다. 주제는 승리에로 향하시는 하나님의 권위있는 행진이다. 이제까지는 하나님께서 이스라엘에만 당신의 신국을 건설하셨으나 이제부터는 그를 대적하는 모든 반역자들을 정복하시고 전세계를 완전히 신국화하여 최후의 승리를 얻는 데까지 하나님의 승리의 행진은 계속될 것이다. 아람어적인 용어(6절 코사로트=형통; 30절 흘으심=삐자르) 등이 에스더서의 어휘들과 비슷하다는 이유로 후대저작을 지지하는 사람들을 논박하는 곽안련은 어휘가 저작연대 추정을 위해서는 늘 신뢰할만한 표준은 아니라고 말한다. 그는 여호수아 저작설에서부터 마카베오 시대 저작설까지 많은 가설 중에 표제어가 지지하듯이 다윗의 저작이라고 보는 입장이 가장 설득력이 있다고 본다(칼빈의 입장).

69편 의를 위한 수난

저주 시편의 하나로서 시 22편을 제외하고는 이 시편만큼 신약성경에 자주 인용된 시편은 없다(4절=요 15:25; 9절=요 2:7; 25절과 109:8=행 1:20). 신약에서 성취될 많은 일들을 예시한다는 점에서 본편은 메시야 시편으로 간주되어 왔다. 8, 33절은 도저히 다윗에 대한 언급으로 볼 수 없다는 점에서 다윗 저작성을 부인하는 사람들을 논박하며 곽안련은 표제어 "다윗의 시"을 받아들여 다윗의 저작이라고 본다(22절 이하를 다윗의 시라고 인용하는 롬 11:9의 선언). 다수의 비평학자들은 예레미야의 작이라고 본다(렘 38:6).

70편 은조(恩助)를 위한 기도

40:13-17을 반복하는 기도시다. 40편의 여호와를 여기서는 엘로힘이라고 바꾼 것 외에는 차이가 없다. 표제어(기념케 하는)는 본편이 분향의식에 사용되었음을 암시한다(레 24:7).

71편 노성도의 기도

86편과 마찬가지로 본편은 여러 시편(22, 31, 35, 40편)에서 여러 어구들을 발췌하여 저작한 시다. 병자 혹은 여러 가지 시험을 당하고 있는 가정을 심방할 때 도움이 되는 시편이다. 70인역에는 본시에 "다윗과 요나답의 자손들과 제 1차 포로를 당한 자들 자들의 시"라는 표제가 붙어 있다. 요나답의 후손들의 애송시라는 말이다. 곽안련은 5-6절 등을 근거로 이 시편이 예레미야의 저작일 가능성도 인정하지만(렘 44장의 애굽 체류 당시 저작) 다윗의 저작이라고 읽을 때 더욱 해석이 잘 된다는 입장을 취한다.

72편 하나님께 기름부음을 받은 자를 위하여 기도함

찬란한 신정국가의 통치자를 묘사한다. 본편의 왕은 지극히 이상화된 왕이라서 이스라엘 왕 누구에게도 실제로 들어맞지는 않는다. 칼빈은 다윗이 그의 말년에 솔로몬을 제재로 해 쓴 시라고 말하며 시리아 역본에는 더 상세한 표제어-"솔로몬을 왕으로 삼을 때 지은 다윗이 시"[154)]-가 붙어 있다. 혹자는 히스기야 왕을 염두에 두고 쓴 시라고 주장하고 다른 사람들은 이스라엘 사람들이 기대하는 이상적인 왕을 묘사한 시라고 말한다. 곽안련은 솔로몬의 시라고 보는 것이 가장 낫다고 생각한다. 그러나 본편이 그리는 왕은 장래에 오실 메시야를 가리킨다고 보아야 하지만 신약성경에서는 단 한번도 이 시편이 인용되거나 인증되지 않았다.

3권 73-89편

73편 의인의 수난과 악인의 번영은 그 이유가 어디에 있는가?

본편은 극한 시험을 당해 신앙을 잃을 뻔했다가 최후까지 싸워 시험을 이긴 신앙을 더 새롭게 성장시킨 감동력 있는 신앙고백이다. 전반부는 실족케 하는 현실을 보고 흔들리는 시인의 신앙을 말하고 후반부는 의심극복과 승리의 기록이다. 곽안련은 다윗 시대의 아삽자손의 시이거나 솔로몬 혹은 르호보암 초기의 아삽자손이 쓴 시라고 보는 주장에 기운다.

74편 성전 피멸(被滅)의 때에 구조를 요구하는 기도

본편과 79편은 사상과 용어면에서 밀접하게 연관되어 있고 동일한 역사적 배경을 반영한다. 마카베오 항쟁을 촉발시킨 안티오커스 에피파네스의 성전 유린 사건을 이 시의 배경이라고 보는 학자들의 입장과 달리 곽안련은 주전 586년 바벨론에 의한 성전파괴 사건이 74-75편의 역사적 배경이라고 본다.

---

154) 위의 책, 336.

75편 하나님의 진노의 심판이 가까움

본편은 46, 48편과 그리고 이사야서와 많이 유사하다. 산헤립 침공을 배경으로 저작된 시편일 가능성이 많다는 것이다. 시편 최종편집자는 하나님의 권능의 발동을 간청한 74편에 대한 하나님의 응답으로 이 자리에 배치했을 것이다.

76편 진노의 심판이 지난 다음에 부른 승리의 노래

75편의 저작시기와 역사적 배경이 동일하다고 본다. 하나님께서는 예루살렘을 침공한 대적세력을 파쇄하심으로 당신이 친히 시온에 계심을 만방에 선포하신다.

77편 환난을 만났으나 이스라엘의 역사를 회고함으로써 위안을 얻음

본편은 사상면에서 하박국 3장과 현저하게 유사하다. 미완성 시편이라고 불릴 만큼 본편은 종결감이 없이 홀연히 중단되는데 하박국은 적어도 이 시편을 펴놓고 자신의 시편을 지었을 것이다. 당신의 백성을 애굽에서 이끌어 내셨던 천부께서 바벨론 유배에서 당신의 백성들을 속량하실 것이라는 것이 본편 저자의 확신이다.

78편 모세로부터 다윗까지의 사감(史鑑)

에브라임의 특별 우월지위 상실과 다윗과 예루살렘의 우월지위 획득을 노래한다. 곽안련은 이 시를 남북왕국 병립시대에 저작된 시편이라고 보는 대다수 주석가들의 의견을 반박하고 다윗시대의 아삽이 법궤가 예루살렘으로 옮겨졌을 때 지은 시라고 주장한다.

79편 백성이 살육을 당하는 때에 그들을 위하여 간구함

75편의 서론에서 이미 다뤘다. 75편과 같은 역사적 배경(산헤립의 유다침공)

에서 저작되었다.

80편 여호와의 포도나무를 위한 기도

본편은 북왕국의 멸망을 배경으로 쓰여진 시로서 아모스(9:11-14)부터 예레미야(3:11-15; 31:1-21), 에스겔(37:15-27)에 이르기까지 극도로 고조된 북이스라엘의 회복을 갈망하고 전(全)이스라엘의 연합을 간청하고 있다. 북이스라엘이 망해 남북왕국의 정쟁이 종료된 시점에 기록되었다. 앗수르의 포로로 잡혀있던 북이스라엘의 안전한 회복을 간구한 노래다.

81편 나팔절의 찬송

고대 이스라엘은 매월 초에 나팔을 불어 달의 시작을 알린다(민 10:10). 유다력 7월 초는 나팔절이며 15일부터 장막절이 시작된다(레 23:39). 3절과 5절은 본편이 이 두 절기 뿐만 아니라 유월절까지 포함해 세 절기를 한꺼번에 삼중적으로 축하하고 있음을 가리킨다. 몇 가지 구절들이 가리키는 역사적 정황에 비추어 곽안련은 이 시를 요시야 왕 시절에 저작된 것으로 본다.

82편 하나님이 세상의 재판관들을 심판하심

극적 형식으로 시를 전개하는 점, 하나님을 재판장과 변사로 제시하는 점 등은 아삽 시편의 특징이다(50, 75, 81편). 곽안련은 본편의 엘로힘과 지존자를 천사적 존재라고 보는 비평학자들의 견해를 논박하고 엘로힘과 지존자의 아들을 성전에서 재판을 하는 이스라엘의 재판관들이라고 본다. 그는 부패가 심했던 르보호암 시대 혹은 아사-여호사밧 왕 치세기간에 일어난 맹렬한 개혁운동 직전 상황을 배경으로 본편이 저작되었을 것이라고 추정한다.

83편 연합적국들에 대항하는 합성의 기도

히트지히(Hitzig), 올스하우젠(Olshausen)은 마카베오 시대 저작설을 주장하고 일군의 다른 학자들은 페르샤 시기 저작설을 옹호하나 곽안련은 여호사밧 시기(대하 20:21)에 저작되었을 가능성이 크다고 본다. 아니면 미가서 4:11-13에서처럼 상상적 상황을 염두에 둔 시편이라고 볼 수도 있다.

84편 하나님의 전과 거기서 사는 자의 행복을 갈망함

본편은 사상 면에서 43편과 유사하다. 곽안련은 델리취를 따라 이 시편이 다윗의 시대 압살롬 반역시 다윗을 따라 피신간 한 종자(從者)의 저작이라고 본다.

85편 기왕에 은혜입은 백성이 다시 은혜입기를 기도함

곽안련은 1절 때문에 본편을 바벨론 포로기 이후의 시편이라고 보는 대다수의 학자들의 견해를 의심하며 저작시기와 저작연대에 관한 불확실한 입장을 피력한다.

86편 박해를 당하는 경건한 자의 기도

고라 자손의 시집성물에 포함되어 있는 3권 시편 중에서 "다윗의 시"라는 표제어가 붙어 있는 유일한 시다. 13절 때문에 본편을 포로기 이후(포로방면의 역사적 배경)의 저작이라고 보려는 대다수의 비평적 주석가들을 반박하며 다윗이 사울의 추격을 당한 후이거나 압살롬 반역이 일어난 후에 저작했다고 본다.

87편 신생민족들의 도성

본편은 86:9의 확장이다. 시온은 세계열방을 포함하여 건설된 하나님의 세계적 왕국의 수도로 표시된다. 메시야적 특색을 갖고 있는 본편은 열방의 평화로운 시온귀순과 성전예배를 상상한다. 이스라엘의 최대원수인 애굽과 바벨론도 이 예배대열에 동참할 것이다. 그러므로 본편은 장차 열방이 그리스도의 교회 안에서 연합해 하나님의 세계적 신왕국을 기할 것을 예언하는(4절 제민족의 하나님의 양자 입양) 메시아 시편으로 간주될 수 있다(갈 4:26 위에 있는 예루살렘은 우리의 어머니). 저자는 본편이 히스기야-이사야 시대에 저작되었거나 바벨론 포로들의 귀환 이후 시기에 저작되었을 것이라고 본다.

88편 수난자의 비창한 기도

모든 시편 중에서 가장 암흑적이고 음영적이다. 본편 전체가 밀운과 암흑에 쌓여있어 자초지종 비애와 읍소 뿐이다. 곽안련은 표제어와 델리취 등의 견해를 따라 솔로몬 시대의 지혜자인 헤만(왕상 4:31)이 저작했다는 가설을 받아들인다. 솔로몬 사후 몇 년 있다가 일어난 국내외적 재난과 환난(왕국 분열[대하 12:1], 애굽 왕 시삭 침공)이 저작의 역사적 배경이었을 것이라고 본다.

89편 다윗에게 베푸신 긍휼의 갱신을 위하여 기도함.

다윗에 대한 언약의 확실성을 고백하고 찬양하면서도 다윗왕가의 왕통이 끊어지는 인식부조화 사태를 돌파하려는 시편이다. 74, 79편과 본편이 동일한 역사적 사변을 배경으로 저작되었다. 바벨론의 유다 정복 이후에 저작되었을 것이다. 여호야긴이 아직 수인(囚人)으로 있을 때 저작되었다(커크패트릭). 서양교회는 성탄절에 본편을 낭독한다.

4권 90-106편

90편 사망에 임하여서도 영원하신 자를 의뢰함

"모세의 기도"라는 표제어와 신명기 32-33장과의 유사성을 들어 곽안련은 모세의 저작이라고 믿으려고 하지만 최종 저자가 누군지에 대해서는 확실한 주장을 내놓지 않는다. 커크패트릭 등은 포로기 혹은 그 이후 저작이라고 본다.

91편 하나님을 신뢰하는 자의 안전

90편과 92편과의 유사성을 들어 커크패트릭은 이 세 편 모두 포로시대에 저작되었다고 믿는다. 그러나 70인역에 있는 표제어, "다윗의 시"라는 표현과 시편 내용 중 다윗에게 부합된 사실(삼하 24장과 대상 21장 인구조사 후 온역 징벌을 당하는 사태)이 발견되는 점을 들어 다윗의 저작으로 보려는 경향을 보이나 확정적인 입장을 내놓지는 않는다.

92편 안식일 찬송

시제에 "안식일 찬송시"라는 어구가 붙어있는 이유는 이것이 스룹바벨의 성전에서 안식일 찬송시로 사용되었기 때문이다. 이 시편은 성전의 아침제사시에 전제를 드릴 때 불렸다. 본편을 포로시대 이후에 저작된 것이라고 믿는 커크패트릭의 입장을 존중한다.

93편 열국의 해상에 베푸신 하나님의 찬란한 보좌

본편은 소위 신정국가적 이상을 담은 신정시편 여섯 편(95-100편)의 서론으로 간주된다. 신정통치는 요세푸스가 모세의 통치를 민주주의와 군주제와 구별하기 위해 지어낸 말이다. 여호와께서 전세계를 통치하실 것이라는 사상은 95-100편을 관통하는 중심사상이다. 히트지히(Hitzig)는 본편의 총화와 실질이 92:8에 이미 포함되어 있다고 관찰한다. 70인역의 표제어는 "주민이 가득한 안식일 전일을 위한 다윗의 찬송시"이다. 스룹바벨의 성전에서 금요일 찬송시로 알려져 있다. 곽안련은 바벨론 포로 귀환 이후에 저작되었다고 말하는 커크패트릭을 따르는 것처럼 보인다.

94편 강포한 자의 박해 하에서 기도로 위안을 받음

본편은 의로운 심판이 나타나 달라고 간청하는 기도와 최후 승리에 대한 확신을 담고 있다. 다윗과 아삽의 시에서 발췌되어 온 구절들이 많은 본편의 저작시기와 저자에 대해서는 추정할 실마리가 거의 없다. 70인역 표제어는 "주간의 제 4일을 위한 다윗의 시"다. 유대인 전설에 따르면 이 시는 스룹바벨 성전에서 수요일 찬송시로 사용되었다.

95편 여호와께 경배하고 순복할 것을 권함

본시는 성전경배시 사용하기 위해 저작된 시들(95-100편) 중 하나로서 특정한 축제절기를 생각하고 저작한 듯하다. 95-100편은 아마도 스룹바벨 성전 봉헌식에 사용하기 위해 저작한 시편들이라고 보는 것이 합당한 입장이다. 본시 8-11절이 히브리서 3:8-11에 인용되었다. 본편을 다윗의 저작이라고 믿은 칼빈과 달리 곽안련은 다윗의 원작을 스룹바벨 시대에 개작한 것이 아닌가하고 생각한다.

96편 장래의 신왕국에 대한 경하

96-98편은 "대관식시"라고 불린다. 70인역 표제어, "포로 후 집(성전)이 지어진 때의 다윗의 노래"는 이 시가 스룹바벨 성전봉헌식을 위해 준비된 것임을 알게 해준다. 다윗이 여기 사용된 것은 시편의 대표적인 저자이기 때문일 것이다. 본편과 시 105-107편의 구절들이 하나의 혼성시를 이루어 역대상 16:8-20에 기재되어 있다. 법궤를 예루살렘에 옮겼을 때 레위인들이 이 노래를 불렀을 것이다. 그렇다면 이 시의 원형은 다윗의 작품일 가능성도 있다.

97편 여호와께서 세상을 심판하러 오심

여호와가 다스리는 왕국의 보편성을 강조하는 96편과 달리 여호와의 권능과 주권을 경축하는 본편은 여호와의 심판을 강조한다. 본편의 저자는 여러 시편들과 예언서들에서 구절을 발췌해 본편을 저작했다. 70인역에는 "다윗의 시니, 그 땅이 회복된 때"라는 표제어가 붙어 있다. 다윗의 시라는 말은 본편의 여러 구절이 다윗이 대표적 저자로 알려져 있는 시편에서 발췌되었음을 암시한다. 스룹바벨 성전봉헌이 본편의 저작배경이겠으나 다윗의 원형작품을 개작한 결과 본편이 현재 모습처럼 만들어졌을 것이다. 본편은 주제상 땅에 강림하사 이미 심판에 착수하신 메시야를 노래하는 메시야시다.

98편 의(義)의 메시야에게 경하를 드림

메시야 시편(95-100편)의 일부인 본편도 이미 통치를 시작하신 메시야를 노래한다. 시리아역본에는 "출애굽 구속의 시" 그리고 70인역에는 "다윗의 시"라는 표제가 붙어있으나 최후 저작은 바벨론 포로 귀환 이후 스룹바벨 성전 시기에 이뤄졌을 것이다.

99편 삼호성재(三呼聖哉)의 찬송

3, 5, 9절에서 세 번이나 "그는 거룩하시다"를 외치는 신정시편(3, 95-100편)의 종편이다. 95편은 모든 신 위에 뛰어난 대왕이신 여호와께 영광을 돌리고 96편은 여호와는 왕이시오 의로 심판하실 심판주이심을 찬송한다. 97편은 여호와 강림의 환희를 말하고 98편은 만민에게 내림하실 왕이신 여호와를 출영하러 나갈 것을 호출한다. 땅에 임할 하나님나라를 찬송하는 시편들이다. 99편은 시온에서 세계통치의 거소를 조성하신 하나님을 찬송한다. 본시도 다른 신정시(神政詩)처럼 포로기 이후 저작일 것이다.

100편 전세계에 대하여 영생하신 하나님을 봉사하라는 호출

100편은 95-100편을 종결짓는 송영시다. 사상적으로는 95편의 반복이다. 표제어 "감사의 시"는 재건된 성전에서 감사제를 드릴 때 사용되었음을 가리킨다(레위기 7:2). 절기 외에 모든 날에 유대교 회당에서 본편을 불렀다고 한다.

101편 왕의 서원

본편은 제왕과 주권자들의 이상적 통치를 예시하는 귀감시다. 시편 15편과 더불어 이 시편은 다윗이 법궤를 시온으로 옮길 즈음에 다윗이 저작한 시편이다.

102편 자기 자신과 황폐한 예루살렘을 위한 수난자의 기도

본편이 101편 바로 뒤에 배치된 이유는 101편 2절("언제 내게 임하시겠나이까?") 때문이다. 시편의 7대 회개시편(6, 32, 38, 15, 102, 130, 143편[클라크가 생각하는 저작시기순]) 중 하나이지만 본편은 개인적 언사이지 국가적 애가가 아니다. 포로시기 말년에 지어졌을 것이다.

103편 무한자비하신 하나님께 찬송함

"그리스도인의 노래"라고 불릴 정도로 하나님의 죄 용서하심이 강조된 시편 103편은 로마서 8장 정조를 풍긴다. 예레미야서와 이사야 40-66장을 인용하는 것을 볼 때 바벨론 포로 시기에 저작되었을 가능성도 있으나 시리아 역본의 표제어 "다윗의 시" 등을 고려해 볼 때 다윗이 중병에 걸려 회복되었던 것을 감사해 지은 노래라고 볼 수도 있다.

104편 제 7일에 부른 신의 찬송시

"창세의 노래"로 알려진 노래는 창세기 1장의 시적 변용이다. 곽안련은 모세의 율법이나 출애굽 구원사에 대한 언급이 없는 점으로 보아 출애굽 이전의 작품이라고 본 칼빈의 견해를 따르는 듯하다.

105편 제목 누락

아브라함과 맺은 하나님의 언약적 신실성을 노래하고 하나님의 불가사의한 행적을 찬양한다. 본편은 107, 118, 136편과 함께 "여호와께 감사하세"로 시작한다. 105-106편은 그 원형은 다윗의 작품일지라도 최종형태는 바벨론 귀환포로들의 회복시기에 저작된 것이 확실하다.

106편 이스라엘의 불성실과 하나님의 성실

105편과 짝을 이루며 바벨론 귀환포로들의 회복시기에 저작되었다. 이 두 편은 78편과 유사하다. 다만 78편은 교훈목적, 105편은 찬송목적으로 저작되었고 본편은 회개를 격려하기 위한 목적으로 저작되었다. 역대상 16장의 일부에 본편이 인용되고 있다.

5권 107-150편

107편 구원을 받은 자의 감사

106:47의 기도 응답을 제공하는 시편이다. 바벨론 포로살이에서 돌아온 자들에게 감사를 요청하는 본편은 바벨론 포로들의 귀환을 역사적 배경으로 삼아 저작되었다. 선민은 자신들의 기도에 응답하셔서 감옥(바벨론)에서 건져주신 하나님을 찬송하도록 소환된다.

108편 숭경(崇敬)과 호소

본편은 다윗의 시편 57:8-12(108:2-6)과 60:7-14(108:7-14)에서 발췌하여 사용했다. 바벨론에서 귀환한 약소집단인 귀환포로들의 생존분투(애돔 조우) 시기에 한 저자가 다윗의 원작에서 여러 구절들을 발췌해 본편을 저작했을 것이다.

109편 가차없는 구적(仇敵)에게 보수하여 달라는 호소

69편 같은 저주시인데 오래 전부터 가룟 유다의 시(행 1:30; 요 17:12)로 불려왔다. 69편은 군중을 저주하고 본편은 개인(시므이, 도엑, 아히도벨)을 저주한다. 곽안련은 본편의 표제어가 "다윗의 시"라고 되어 있고 또 베드로가 사도행전 1:20에서 "다윗의 시"라고 부르며 인용하고 있는 것을 고려해 다윗의 저작이라고 부른다.

110편 하나님의 우편에 계신 제사장왕

가장 현저한 메시야 시들은 다윗이나 솔로몬(혹은 솔로몬 시대)의 저작이다. 예수님은 본편을 메시야 시편으로 읽으셨다(마 22:4-6; 막 15:35-37; 눅 20:4-14). 곽안련은 다윗이 자신의 밧세바-우리야 대범죄를 자인한 이후, 말년에 한 시리아-암몬전쟁 시기에 본편을 기록했을 것이라고 본다.

111편 자모순(字母順)의 두운을 가진 찬송

112편과 쌍둥이 시라고 불릴 만큼 본편은 112편과 형식상 매우 유사하다. 모두 매 반절(半節)에 히브리어 자모의 두운이 있다. 본시는 112, 113, 117, 135, 146, 150편 등과 같이 "할렐루야" 시편으로 분류된다. 70인역과 라틴역본의 112편 모두에 "학개와 스가랴의 귀환을 위하여"라는 표제어가 붙어 있다. 아마도 이것은 이 두 편 모두 바벨론 귀환포로들의 회복시기에 저작되었음을 가리킬 것이다.

112편 여호와를 경외하는 자의 찬송인 자모시(字母詩)

111편은 여호와를 경외하는 것이 지식의 근본이라고 말하고 본편은 여호와를 경외하는 것이 행복의 진정한 비결과 연원이라고 말한다. 70인역과 라틴역본의 112편 모두에 "학개와 스가랴의 귀환을 위하여"라는 표제어가 붙어 있다. 아마도 이것은 이 두 편 모두 바벨론 귀환포로들의 회복시기에 저작되었음을 가리킬 것이다.

113편 할레루야시의 시작

113-118편은 할렐루야 시편으로 분류되고 유대인들의 3대 절기(유월절, 오순절, 장막절)와 월삭에 불려진 찬송들이다. 본편은 하나님의 겸손과 노예들까지 돌아보시는 자비를 노래한다. 마리아의 찬가와 한나의 노래 주제적으로 일맥상통한다. 113, 114편은 유대인들의 유월절 만찬에서 둘째 잔을 마시기 전에 노래하고 115, 118편은 넷째 잔을 마신 후에 노래했다. 주님께서 최후 만찬을 하시고 다락방을 떠나시기 전에 이런 찬송을 불렀을 것이다(마 26:30; 막 14:26). 요즘도 유대인들은 이 여섯 편의 할렐루야 시편을 매년 21회씩 부른다. 본편에 대해서는 저자와 저작배경에 대한 자신감 넘치는 논의가 누락되어 있다.

114편 하나님이 그 백성을 애굽에서 속량하실 때에 대자연계가 소동하였음

출애굽 구원대사를 노래하는 역사적 행적 할렐루야 시편이다. 유대교에서 유월절 제 8일에 불려졌던 찬송이다. 서양교회는 본편을 부활주일에 사용한다. 본편은 바벨론 귀환포로들이 바벨론 포로귀환을 제 2의 출애굽이라고 부르고 환호했을 때 저작되었을 것이다.

115편 하나님께서 그 명의와 존영을 유지하시기를 요청함

바벨론 포로살이를 마치고 귀환했을 때 성전에서 하나님의 인자를 노래하기 위해 지어진 저작일 것이다(스 3:2-4:1; 느 4:1-5). 바벨론 우상에 대한 기억이 아직도 이스라엘인에게 명료하게 있던 때, 본편이 바벨론 포로들의 귀환 직후에 쓰여졌을 것이다.

116편 사망을 면한 자의 감사의 노래

115편은 회중의 기도요 116편은 위기에서 구조를 받은 개인의 감사시다. 여러 면에서 본편은 히스기야의 기도를 상기시킨다(38장). 유대인들의 전설은 본편을 히스기야의 저작이라고 보았으나 포로생활 귀환 직후에 저작되었다는 견해도 유력하다.

117편 만민을 초청하여 하나님 나라에의 입국을 재촉함

표제어가 없다. 바벨론에서 귀환한 이후에 저작된 시이거나 하나님의 구원을 사랑한 한 저자가 어느 시기에 기록했을 가능성이 있다. 이스라엘의 죄를 사유하시고 재활시킨 여호와의 자비와 긍휼은 다대하다. 여호와의 인자하심과 긍휼을 찬양하는 본편은 로마서 15:8-19에 인용된다.

118편 새 성전봉헌식에 부르는 환희의 찬송

본편은 어떤 국가적 환희를 만난 특수한 시기에 예배자들의 행렬이 성전을 향하여 행진하는 노중에서 합창하기 위하여 지어진 찬송으로서 여러 찬양대가 교대로 화창한 듯하다. 곽안련은 본편이 주전 516년의 성전봉헌식이거나 그 다음 해 유월절에 쓰여졌을 것이라고 추정한다.

119편 신의 율법을 찬양하는 자모시

히브리어 22 자음을 두운으로 한 스물두수로 구성된 자모시다. 율법찬양으로 일관하는 본편은 사상의 통일성과 전진감을 드러낸다. 이 시는 신명기에 있는 종교사상으로부터 하나님과 더불어 교제하는 경건생활에 이르기까지의 영적 발전을 표시한다. 시인의 목적은 하나님의 율법을 자기행위의 지도적 교훈으로 삼으며 그의 전생활을 하나님의 뜻에 복종시키는 것이다. 곽안련은 이 시편이 에스라-느헤미야 시대 즉 주전 450년 경에 저작되었을 가능성을 인정한다. 본편은 율법의 열 개 명칭을 다 사용하고 있다(토라 25회 [모세오경의 율법만을 의미하지 않는다]; 말씀[따바르] 23회; 임라[언설] 19회; 미츠바 [계명]21회; 후카[법도] 20회; 미쉬파팀[규례] 23회; 피쿠딤 20회[금지명령]; 에다 22회; 데렉[길]; 오라흐[행로]).

120편 싸우기를 좋아하는 이웃 중에 처한 경건인의 탄성

120-134편은 〈올라감의 노래〉라고 불리는 집성물인데 본편은 아마도 지방민들이나 해외교포들에게 성전순례를 장려하는 시편으로 이해될 수 있다. 적대적인 이방인들에게 둘러싸여 있는 시인이 악한 구설수에 자신을 올려 비방하는 원수들을 하나님께 고발하고 신원을 간구한다. 저작시기와 저자에 대해서는 확정하기가 어렵다. 대체로 학자들은 본편이 바벨론 귀환포로들이 예루살렘을 재건하고 성전을 중건하려고 하던 상황을 반영한다고 주장하지만 곽안련은 그들의 주장에 선뜻 동의하지 않고 불가지론에 머문다.

121편 하나님의 보호하심이 주는 위안

아마 순례절기를 축성하려고 예루살렘에 가는 순례객들을 위로하고 격려하고자 지어진 시편인 것처럼 보인다. 본편에는 순례자들이 서로를 격려하는 교창찬송 어조가 발견된다. 순례자들의 시야에 거룩한 도성 예루살렘이 나타났을 때 순례자들은 다같이 영창을 했을 것이다(4절).

122편 순례의 성(城)을 향한 회고와 축복

순례절기에 예루살렘을 다녀온 지방민이 순례경험을 감미롭게 회상한 시다. 표제에는 "다윗의 시"라는 말이 있는데 이미 성전이 건설되어 있는 것을 전제하는 본편이 다윗의 저작일 가능성이 없다. 히브리어 원문과 70인역에는 이 "다윗의 시"라는 표제어가 없다. 저자와 저작시기는 확정하기가 어렵다.

123편 멸시를 당하는 때에 여호와를 앙망(仰望)함

본편은 애수(哀愁) 시편으로서 조소적 폭만(暴慢)과 위협을 받으면서 신앙동요를 받지 않는 하나님의 백성의 영적 분투를 노래한다. 곽안련은 본편이 느헤미야가 예루살렘을 처음 방문했을 때 지은 것 같다고 본다.

124편 위험에서 구출하신 자

본편은 임박한 위험에서 건짐받은 것을 감사하는 시편이다. 바벨론 포로들이 귀환 중에 드린 노래라고 알려져 있다. 느헤미야 4:7-22 상황과 유사한 상황을 말한다. "다윗의 시"라는 표제어가 붙어 있는 이유는 시의 일부를 다윗시편에서 취했기 때문일 것이다(18:5, 27; 69:2). 언어는 아람어 색채가 농후하다. 70인역에는 "다윗의 시"라는 표제어가 없다. 곽안련은 이 시의 저작시기를 느헤미야 시대로 보는 듯하다.

125편 배도자의 시험에 대치하는 이스라엘의 보장(保障)

123편은 바벨론에서 환국한 무리 중 일인의 탄식이요, 124편은 구원의 도래를 인식한 것이며, 125편은 귀환한 무리가 고토로 돌아오고 하나님의 보호를 받는 상황, 즉 새 나라 백성의 안전을 노래한다. 곽안련은 본편이 느헤미야가 아직 생존하고 있던 당시, 그러나 124편보다는 좀 늦게 저작되었을 것이라고 추정한다. 느헤미야를 해치려고 한 불충한 자들은 징벌을 당할 것이다. 느헤미야 6장과 본편을 같이 공부하면 본편의 취지를 이해하는 데 도움이 된다.

126편 눈물로 뿌리고 기쁨으로 거둠

바벨론 포로들이 고토로 귀환하여 재건사역을 시작할 때 조우한 역경을 극복하도록 격려하는 시편이다. 바벨론 귀환포로들이 귀환한 이후에 저작된 시다. 사상적으로는 85편과 유사하다.

127편 하나님의 축복으로 모든 소유가 증진함

하나님의 복주심이 없다면 인간의 수고는 도로(徒勞)가 되며 하나님의 방호가 없다면 인간의 수성노력도 헛되다. 자손번성도 하나님의 주권적 복의 일부다. 서양교회에서는 산모를 위한 감사예배 때 불려진다. 곽안련은 본시를 표제어와 본편의 내용적 증거에 의해 솔로몬의 저작이라고 믿는다(3절, 여디디야=삼하 12:25).

128편 하나님을 경외하는 자의 받는 가정적 행복

본편은 번영과 가정행복은 여호와를 두려워하고 그의 율법을 순종하는 자에게 약속되어 있다는 점을 노래한다. 여호와를 두려워하는 자는 예루살렘의 번영을 볼 것이며 자기 대를 이을 수다한 자손을 남길 것을 희망할 수 있다. 저자와 저작시기는 다를 지라도 본편은 127편과 사상적으로 반려적 관계에 있다. 시리아 역본에는 "스룹바벨의 작"라는 표제어가 있다. 곽안련은 이 시리아 역본 표제어와 본시의 정황에 근거해 본시를 바벨론 포로 귀환 이후 시기에 저작되었다고 추정한다. 스룹바벨 당시에는 약소한 민족으로 다대한 열방 틈에서 생존을 도모하던 포로 귀환 직후 자녀를 많이 낳도록 민중을 격려할 이유가 있었을 것이다.

129편 시온을 박해하는 자의 종국

본편은 부침무상했던 과거의 모든 민족적 국가적 경험이 본시 저자가 살던 고민의 시기에 희망의 기초를 제공한 것으로 해석한다. 본편은 124편과 유사하다. 양편이 모두 이스라엘을 발언자로 설정한다. 느헤미야 시절의 사변들을 배경으로 저작된 124편과 마찬가지로 본편도 동일한 저자에 의해 지어졌을 것이다.

130편 깊은 데서 간구함

루터는 32, 51, 130, 143편을 바울신학을 떠받치는 4대시편이라고 불렀다. 네 시편을 관통하는 주제인 인류타락, 은혜 깊은 죄 용서, 영적 구속에 대한 묘사가 바울의 신학주제와 일맥상통하기 때문이다. 132편과 함께 본편은 역대기와 관련되어 있는데 솔로몬의 성전봉헌식 기도와 공통되는 언사가 발견된다(대하 6:40-62; 7:15). 곽안련은 86편과 이 시를 비교하면서 이 시가 국가적 간구가 아니라 개인적 간구라고 단정한다. 저자는 본편이 느헤미야의 참회기도와 유사한 점을 들어 느헤미야와 같은 경건한 개인 이스라엘인의 기도로 보는 것이 타당하다고 주장한다(본편이 대하 6-7장에 사용). 서양교회에서는 부활주일 전 수요일에 본편을 낭독한다.

131편 하나님 앞에 천진난만한 아이같이 복종함

시인은 수난의 학교에서 어린 아이같은 겸손의 정신을 배웠다. 곽안련은 시리아 사본에 "대제사장 여호수아와 스룹바벨이 함께 바벨론 유수에서 돌아올 때 이 시를 썼다"는 표제를 주목하며 포로기 저작설을 믿는 듯하나 표제어 "다윗의 시"를 무시하기 어렵고 시 내용도 다윗의 생애사와 관련되는 것이 농후하므로 다윗의 원저작사실은 최소한 인정할 수 있다고 말한다.

132편 하나님의 집과 다윗의 집을 위하여 기도함

본편은 다윗이 법궤를 이동할 때 그리고 성전을 지으려고 결심할 때의 경건한 열심을 회상하며 다윗과 시온을 이중으로 선택하신 야웨 하나님의 언약적 신실성을 찬양한다. 본편은 메시야 시편으로 서양교회에서는 성탄절에 낭독한다. 곽안련은 본편의 원작과정에 솔로몬이 어느 정도 참여했을 수 있지만 최종저작 느헤미야 시대의 저작이라고 주장하는 커크패트릭의 견해를 자세히 소개함으로써 그의 입장을 받아들이는 듯하다. 본편은 다윗과 맺은 언약, 시온에 대한 하나님의 언약적 신실성을 재확증하려는 후대의 영적 분투를 반영하고 있기 때문이다.

133편 형제적 우애의 예찬

문사(文詞)의 신선미, 활기, 고어체 어투 등은 본편이 다윗의 저작시편임을 보여준다.

형제연합과 동거는 절기 때의 일시적 연합이 아니라 사회적이고 중장기적 연합과 우정을 가리킨다. 비평적 주석가들은 본편이 느헤미야가 지방민들을 예루살렘에 살도록 격려하기 위해(느 11:1) 저작했을 것이라고 보는데 곽안련은 이 입장을 받아들이지 않는다.

134편 성전 야간(경비)의 예사(禮辭)와 답례사

호출과 응답으로 구성된 본편은 〈예루살렘 성전에 올라가는 노래(songs of ascent)〉의 종편으로 순례자들과 제사장들/성전 레위인들 사이에 주고받는 축복의 교환장면을 노래한다. 3, 6편이 아침노래요, 4, 141편은 석간송(저녁 노래)이요, 5, 134편은 야간송이다. 저자와 저작기는 확정하기는 힘들지만 대부분의 상승가처럼 느헤미야 시대의 산물이었을 가능성도 있다(느 12:44-47).

135편 만신의 신께 올리는 4중창의 할렐루야시

본편은 확실히 스룹바벨 성전예배시 사용하기 위해 저작되었다. 〈성전에 올라가는 노래〉는 아니지만 134편과 매우 밀접한 관련이 있다. 거의 134편의 부연이다.

136편 여호와께 감사하라, 그는 선하시다.

본편은 "감사하세" 시편의 종결시편이다. 현재의 유대인들은 본편을 대할렐이라고 부른다. 다수의 학자들이 본편을 포로기 이후의 한 시점에 저작되었다고 주장한다는 사실을 소개하지만 곽안련은 저자와 저작시기에 관한한 불가지론을 취한다.

137편 바벨론 강변에서

바벨론 포로들이 시온을 그리워하며 결코 시온을 잊지 않겠다고 다짐하는 노래다. 70인역에는 "예레미야가 쓴 다윗의 시"라는 표제어가 붙어 있다.

사상은 다윗의 것이요 문체는 예레미야의 것이라는 뜻이겠지만 일반적으로 이 표제어는 오역의 결과라고 본다. 곽안련은 바벨론 유배에서 풀려난 레위인이 쓴 시라고 본다. 결국 본편은 페르샤에 의해 멸망된 바벨론에 대한 저주를 담은 것을 볼 때 국가적 멸망을 당한 것으로는 바벨론에 대한 하나님의 응징이 불충분하다고 본 저주시다.

138편 우리가 의뢰할 수 있는 여호와

본편은 이스라엘에게 약속하신 모든 것을 응하게 하신 여호와의 신실함을 전세계 열방 앞에 선포하고 불신이방도 언젠가 여호와께 귀의할 것을 노래한다. 본편을 바벨론 귀환포로들의 고토 복귀를 배경으로 저작되었다고 보는 대다수 학자들의 견해를 논박하고 곽안련은 삼하 7장의 메시야 허락약속과 본편을 연관시켜 이것을 다윗의 시라고 본다.

139편 전능, 전지, 편재하신 하나님을 찬송함

하나님의 존전을 떠날 수도 도피할 수도 없는 인간의 처지를 신학적으로 노래한다. 하나님의 전지, 전능, 편재는 시인에게 감금이 아니라 자유이며 해방이다. 곽안련은 시의 저작배경과 저자에 대한 어떤 논평이나 해설도 제시하지 않는다.

140편 악인과 역도(逆徒)에 대항하여 기도함

140-143편 네 편은 외부적, 내부적 특징을 공유하고 있다. 모두 다 "다윗의 시"라는 같은 표제어와 동일한 사상과 언어를 갖고 있다. 모두 유사한 상황으로부터 유래했다. 원수비방과 그것을 극복하려는 노력 등이 네 편에 다 나와 있다. "다윗의 시"라는 의미는 다윗의 친저성, 다윗시편 수집물로 분류되었다는 것, 그리고 다윗의 사정이나 문제의식을 다룬 시라는 것을 의미할 수 있다. 곽안련은 네 편의 내용을 조사해 볼 때 모두 다 다윗의 친작임

을 알게 된다고 말한다. 구체적으로 그는 본편은 다윗이 압살롬 반역시에 쓴 시라고 본다.

141편 황혼시

본편은 압살롬 반역시의 상황을 묘사한다. 다윗은 당시 시온에서 축출되어 시온성막 예배로부터 이격되었다. 서양교회는 이것을 저녁예배 때 사용한다.

142편 감옥에서 여호와께 부르짖음

본편의 "감옥"은 비유로 사용되었다고 보는 곽안련은 "굴에 있을 때에"라는 표제어를 근거로 다윗이 아둘람굴이나 엔게디 굴에 있을 때 본편을 지었다고 추정한다. 국가적인 기도가 아니라 개인적인 기도라고 본다.

143편 음습한 감옥의 감금 중에서 은혜를 갈망함

본편도 국가적인 단위의 시편이라기보다는 개인의 기도시편이다. 곽안련은 70인역의 어떤 역본에 붙어있는 "그 아들 압살롬이 그를 추격할 때"라는 표제어를 근거로 본편을 다윗의 친저라고 본다.

144편 승리의 부여자이신 여호와를 찬송함

본편은 18, 8, 38, 104, 33편 등과 같은 시편으로부터 일부 구절을 받아 집합작성된 시다.

이방인에게 압제를 당하는 당신의 백성을 위하여 간섭해 줄 것을 간청하며 간섭해주실 것을 확신하는 시편이다. 곽안련은 본시도 다윗의 저작이라고 본다.

145편 모든 것이 풍부하신 왕을 찬송함

145-150편은 모든 앞선 시편들의 송영시편들이다. 이것들에는 애소나 비탄도 없이 순전히 감사찬미만 있다. 표제어에 "기도(터필라)"라는 말이 붙어 있는 유일한 시편이다. 본편은 주기도문의 송영(대개 나라와 권세와 영광이 아버지께 있습니다)에 담긴 사상의 확장본이다. 이 여섯 편은 사상과 문법 면에서 상호관련이 많다. 아마도 동일한 시기에 예배용으로 저작되었을 것이다. 본시는 표제어가 가리키듯이 다윗의 기도일 수가 있다.

146편 진정한 은조자(恩助者)에게 드리는 할렐루야

곽안련은 147편과 본편 146:3-4이 느헤미야 시대를 상정하거나 반영하는 것처럼 보인다는 이유로 느헤미야 이전의 기록으로 보기는 어렵다는 점을 강조한다.

147편 만물의 회복자에게 할렐루야

본시는 느헤미야 시대에 저작된 시편으로(12장), 예루살렘 성벽이 재건된 사실에 대한 언급을 내포하고 있다.

148편 천상천하의 만물의 할렐루야

본편은 이스라엘이 국가회복을 허락해주신 하나님의 은혜를 기뻐하며 천지를 불러 그들과 함께 하나님을 찬양하자고 초청한다. 바벨론 유배에서 돌아온 귀환자들이 국가부흥을 기도할 때 저작된 시편이다. 본편의 사상의 맹아는 느헤미야 9:5-6에 나온다.

149편 선민으로 승리케 하신 여호와께 할렐루야

이스라엘의 회복은 열방을 향한 심판의 징조다. 여호와의 원수가 패배하는 것은 성도를 위로하고 격려하는 사태다. 본편은 일종의 저주시로서 느헤미야 시대의 산물이다(7절).

150편 결론적 할렐루야

특별예배 용도를 위해 저작된 시편이다. 모든 피조물들은 악기를 갖고 여호와를 찬양하도록 요구받는다.

분석과 평가

이상에서 살펴본 것처럼 열 다섯 장으로 구성된 시편 주석의 긴 서론 부분은 곽안련의 시편 주석의 학구적 면모를 유감없이 드러낸다. 곽안련은 성경 시문(詩文)의 일반적 요소들과 그리스도인의 신앙과 삶에 주는 시편의 뜻 깊은 시각들을 독자들에게 전달하려고 했다. 이 서론은 또한 자유주의 고등 성경비평에서 제기된 시편 저작자와 저술 연대 등 비평적 문제들에 대하여 곽안련의 비타협적 보수성을 잘 보여준다. 그러한 견해들을 다룰 때에, 그는 여러 비평가들의 이름과 그들의 주장을 구체적으로 소개하는 박식함을 보여 주었다. 그들은 많은 시편들이 포로기 이후부터 마카베오 시대에 이르는 기간에 저술되었다고 보았다. 그 견해에 반대하며 곽안련은 시편의 대부분이 포로기 이전에, 특히 다윗 시대에 저술되었다고 주장했다. 또한 그는 각 시편을 논할 때 서론 부분과 주해 부분에서 저작자, 연대, 작문에 관해 자유주의 고등성경비평가들의 주장과는 다른 입장을 취했다.

시편 주석은 제법 긴 서론, 대지(大旨), 석의의 구조로 이뤄진다. 표준성경주석 욥기-시편(1937)에는 문법적 · 역사적 해석법이 폭넓게 발견된다. 예를 들어, 시편 18편 주석에서 그는 많은 단어들과 문구들의 해석적 난점을 지적한 후, 그것들의 원문 중 문법적 유형과 역사적 배경에 따라 해당 단어들과 문구들을 예리하게 분석했다(6절).[155] 다윗의 친저라고 알려진 모든 시

155) 욥기 이후 출간된 또 다른 주석서들에서는 문법적 성경해석법이 눈에 잘 띄지 않는다. 예를 들어 『마가복음: 표준성경주석』(1958)과 『누가복음: 표준성경주석』(1962)에서는 단어

편 주석 서론에서는 역사적 정황을 자세히 재구성하고 있다(시 3-5, 7, 22, 57편). 한 가지 분명한 것은 곽안련은 다윗의 친저 시편과 "다윗에게 돌려진"(to David[lĕDawid]) 시편을 구분하지 않고 거의 한국어나 영어성경에서 '다윗의 시'라고 모든 시편을 다윗의 전기적 맥락 안에 배치하여 '역사적으로' 해석하려고 한다. 예를 들면, 시편 51편의 주석에서 이런 경향이 잘 드러난다. 이 시편은 표제가 가리키듯이 다윗의 개인사적 곤경에서 저작되었으나 현재 모습은 바벨론 귀환포로의 시온재건(예루살렘 성벽) 맥락으로 전이되어 공적 회개시편으로 격상되었다(18-19절). 그런데 곽안련은 다윗의 개인적 참회와 회개만을 보고 있다. 역사적 연구가 보다 더 철저하게 이뤄졌더라면 바벨론포로 이전 시기의 이 시편이 귀환포로 공동체 사이에서 어떻게 재전용되었는지를 밝힐 수 있었을 것이다.[156] 이외에도 그는 시편 내용을 바탕으로 거의 모든 시편저작의 역사적 배경을 추정하거나 단정하여 논하며 이스라엘 민족사, 다윗의 개인사, 그리고 성전의 역사적 정황의 빛 아래서 재구성한다. 예를 들면 시편 46-48편은 히스기야 왕 때 있었던 산헤립의 예루살렘 포위 시에 저작되었다고 본다.[157] 심지어 시편 23편마저도 다윗의 생애 안에서 해석하는데 구체적으로 말하면 그는 이 시편의 저작배경을 압살롬에서 쫓겨가던 상황과 그 이후의 하나님의 극적 신원상황이라고 추정한다.[158]

또 다른 한편 곽안련은 시편 주석에서 우화적 해석을 빈번하게 사용했다. 우화적 해석은 본문 속의 어떤 요소를 다른 어떤 것으로 표상(表象)하게 만드는 그런 종류의 해석이다. 이런 종류의 해석은 본문에 대한 영적 해석과 긴밀하게 결부되어 있다. 다시 말해 성경본문을 알레고리화함으로써 해석가들은 때로 거기에서 영적 교훈을 발견하고자 했던 것이다. 예컨대, 그는 시

나 문구의 문법적 주해 빈도가 『욥기-시편』에 비해 현저히 줄어든다.

156) 곽안련, 『표준주석 욥기-시편』 중 『시편』, 269-270.

157) 위의 책, 250-256.

158) 위의 책, 161.

편 19편 8절 하반부 "여호와의 계명은 순결하여 눈을 밝게 하도다"에 관한 해석에서 다음과 같이 해설했다.

> "눈을 밝게" 한다고 함은 그것이 진리의 광명에 의하여 인(人)의 영안을 열어 주는 때문이다. 우리의 심령은 그 안에 수다한 병인(病人), 고자(鼓者), 혈기(血氣) 마른 자들이 누워있는 베데스다 행랑(行廊)들과 같고, 성경율법은 베데스다지(池)와 같아서, 누구든지 여간(如干)한 성신의 진수(振水)가 있은 후(後)에 거기에 투입(投入)하면 어떠한 영적 질병이든지 완쾌함을 얻는다.[159)]

시편 23:5에 대한 곽안련의 주석은 다음과 같다: "본 절의 영적 의미를 해석하면 '상'(床)에서 먹는 것은 환난 중의 신자가 졸지에 받는 신위(神慰)와 희락(喜樂)이요, 도유(塗油0는 성신의 감화(感化)요, 충배(充盃)는 심정(心情)의 만족이다." 이스라엘의 회복을 말한 시편 102편 22절의 예언에 관해서는 이렇게 논평했다: "그 귀환(歸還)의 영적 의미는……이스라엘의 현실적 귀환만을 표시하는 말씀이 아니라, 주의 재강림 시의 만물의 대 회복까지 표시하는 묘사(描寫)인 것을 우리가 알아야 한다." 곽안련의 이런 모든 알레고리 사용은 일차적으로 주어진 본문에서 보다 깊은 "영적 의미" 내지 "영적 가르침"을 찾으려 한 시도라고 볼 수 있다.

이처럼 우화적 해석방법과 아울러 모형론적 주해방법이 실제 시편 주석에서 폭넓게 발견된다. 우리가 모형론적 주해에 대해 "특정한 역사적 인물이나 사건이 그에 상응하는 후대의 인물이나 사건을 어느 면으로 예표(豫表)한다는 관점"이라고 정의를 내린다면, -예를 들어, 다윗 왕을 그리스도의 모형으로 보는 것-다음과 같은 구약성경 구절들의 해석은 곽안련이 본문에서 모형론적 의미를 찾았다는 증거일 것이다.

---

159) 위의 책, 145.

그러나 시편을 우화적-모형론적으로 해석하는 과정에서 곽안련은 시편 37, 73편 등을 내세구원 희망을 고취하는 시편으로 해석함으로써 한국교회와 그리스도인의 정치적 관심고조를 다소 경계하는 듯한 모습을 보여준다.[160] 시편을 민족사적 고난을 이겨갈 힘을 주는 공동체 보양 양식으로 보는 것이 아니라 어디까지나 개인경건, 내세구원을 바라보도록 유도하는 종교서적으로 읽도록 유도하는 경향을 보인다. 그래서 곽안련은 공동체적 애가로 보이는 시편들을 자주 개인경건적 애가로 축소시켜 해석하는 경향이 많다.

160) 곽안련, 『표준주석 욥기-시편』, 215, 343.

5. 예레미야

총론

I. 예레미야서의 중요성

〈표준주석 예레미야〉는 놀라울 정도로 논쟁적이고 반박적인 논의가 거의 없고 그 서론은 개론적 질문들을 다루고 있다. 그는 구약의 특색은 순수한 문학으로서는 일치하지 않으며 여러 곳의 원문이 조화되지 않으므로 우리는 그 의미를 깨닫기가 어렵다고 말한다. 이는 편집자와 필사자의 손에 의하여 많은 손상을 입었기 때문이다.

〈예레미야〉 주석의 특징은 예레미야의 마음에 임한 계시를 심리적으로 추적하는 데 있다. 그는 하나님께서 사람의 영혼을 집단적으로 또는 개인적으로 취급한 데서 하나님에 대해 더 많이 배울 수 있다고 본다. 성경이 종교문학 가운데 점유하고 있는 유일한 위치는 그러한 영적-심리적 계시수납 경험을 내포하고 있다는 점에서 가늠된다.

곽안련은 예레미야서의 예레미야 친저성을 주장한다. 예레미야서의 탁월한 중요성은 하나님은 그의 여러 가지 풍부한 종교경험을 통해 예레미야의 영혼에 나타낸 가장 깊은 인상적인 기록을 담고 있다는 데 있다. 예레미야서는 주전 6세기 유다몰락 시대의 창작물이지만 두 가지 점에서 무시간적이고 절대적인 진리를 품고 있다. 그의 많은 교훈은 직접적으로 현대의 많은 문제에 적응시킬 수 있다. 첫째, 예레미야서는 어떤 시대의 어떤 종교제의와 의식도 하나님 계명에 복종하고 하나님의 뜻이 하늘에서 이루어진 것처럼 땅에서 이뤄지도록 노력하는 것을 대신할 수 없다는 진리를 선포한다. 예레미야는 형식적이고 기계적인 종교생활을 반대하고 하나님께 참으로 봉사하는 심령의 종교를 주창했다. 또한 예레미야는 빈궁한 사람을 위한 정의를 극력으로 옹호했다. 현대의 세계는 이러한 정의를 필요로 하게 되었다. 공산주의, 독재주의, 나치스주의 등은 이러한 요구를 채워주고 "저버린 사람"을 도와주려고 노력한다고 하지만 실상 하나님의 정의를 파괴했다. 실로 예레미야는 모든 사람을 진실한 자유의 형제가 되게 하시는 하나님과의 사랑과 사귐에 근거한 정의를 역설하였다. 예레미야의 예언자적 사명은 두 가지였다.[161] 첫째는 백성들로 하여금 하나님의 성격에 대한 바른 관념과 적합한 예배의 관념을 일으키게 하는 것이다. 그리고 둘째는 새로 각성한 민족의 양심으로써 불의와 압박을 없애도록 하고 국제 정책의 전통이 된 음모와 연맹의 조직을 그치게 하도록 지배자에 감화를 주는 것이다.

예레미야가 계획한 많은 개혁운동은 그의 동향(同鄕) 사람들에게는 급격한 변화였지만 그의 큰 목적은 과거의 순수한 조건을 회복하는 것이었다. 그의 감화력은 거의 일생동안 남아있었으며, 불가능한 것으로 여겼던 이상은 얼마 후에 실현하게 되었다. 그의 새 언약의 교훈은 놀라운 것이었다. 하나님은 유대 민족을 구원하기 위하여 그것을 사용하셨다. 그 밖에 하나님은 그것을 그리스도 교회의 기초가 되게 하셨다. 곽안련의 예레미야 주석은 새 언약에 대한 기독론적 해석에서 특징을 드러낸다.

II. 예레미야의 시대의 연대와 예레미야의 생애[162]

주전 722 - 사마리아의 함락

697 - 므낫세(697-639)

639 - 요시야(639-608)

630 - 시리아의 이동

161) 곽안련, 『표준주석 예레미야』(서울: 예수교장로회 총회 종교교육부, 1964), 9-10, 18-19.

162) 총서론 중 "예레미야 시대의 연대와 예레미야의 생애"부터 "예레미야의 감화력"까지의 논의는 위의 책, 20-36쪽에 실려 있다. 본 연구서는 여기서 각 단원 별 쪽수 표시는 하지 않음을 밝힌다.

626 - 예레미야의 소명

621 - 율법서의 발견

609 - 바로느고가 애굽왕에 즉위함(609-594)

608 - 므깃도의 전쟁과 요시야의 죽음

608 - 살룸 즉 여호아하스가 3개월 다스리고 애굽에 잡혀가다

608 - 엘리아김 즉 여호야김(608-597)

606 - 니느웨의 함락과 앗수르의 멸망

605 - 갈그미스의 전쟁과 바로느고가 바벨론에 패망하다

604 - 바벨론 왕 느부갓네살 등장

604 - 두루마리의 기록

603 - 첫 두루마리를 없애버린 다음 두 번째로 기록하다

598 - 여호야김의 반란

597 - 여호야김의 죽음

597 - 여호야긴이 3개월 다스리고 바벨론에 잡혀가다

597 - 맛다니야 즉 시드기야(597-586)

594 - 애굽의 왕 바로 메디거스(594-588)

593 - 바벨론에 반란을 계획하다

588 - 애굽의 왕 바로 호프라

586 - 유다의 포로와 예루살렘의 파괴, 유대인의 두 번째 포로

561 - 바벨론왕 에윌므로닥이 여호야긴을 구원하다(561-560)

538 - 바벨론의 멸망

예레미야는 요시야 개혁에 동참하지는 않았으나 그의 교훈은 개혁을 준비시켰을 뿐만 아니라 개혁을 보강했다. 그는 하나님이 영이시니 영적으로 예배하라고 하는 신비적 진리의 선포에만 그의 사역을 한정하지 않고 성전체제와 악한 왕실을 공격했고 그것으로 자신을 극한 위험에 빠뜨렸다. 그는 시

드기야의 반(反)바벨론 정책이 국가적 멸망을 초래할 대재앙임을 깨닫고 바벨론과의 일전 불사를 외치는 자들을 단죄하였으나 동시대의 사람들에게는 외면당했다. 마침내 느부갓네살의 2차 예루살렘 공격을 목격하고 애굽으로 도망치는 반바벨론 권신들에게 붙들려 애굽으로 끌려가 죽었다. 예레미야는 예언자의 일반적 과업성취기준에 비추어 볼 때 당대인들의 눈에는 실패한 예언자였다. 예언자는 하나님에 대한 바른 앎을 창조하고 적합한 예배관념을 일으키는 자다. 또한 예언자는 백성들의 양심을 각성시켜 불의와 압제를 없애도록 설득하는 한편 통치자들로 하여금 국가적 멸망을 초래할 위험한 동맹에 가담하지 못하도록 감화시키는 일이다. 그러나 예레미야는 당대 현실에서 실패했지만 가장 긴 구약성경 책인 예레미야서를 통해 부활했다.

III. 예레미야의 성격과 예레미야의 교훈

예레미야는 겁이 많았으나 집요하고 견인불발의 인내력과 고난 감수 기상을 가졌다. 그는 슬픔에 민감한 눈물과 비통의 예언자였다. 곽안련은 예레미야의 교훈을 여덟 가지 소목(小目)으로 나눠 정리한다. 예레미야의 신관은 세 가지 명제로 구성된다: (1) 여호와는 살아계신 하나님이다. 신존재 증명을 통해 신의 사역을 논증하는 방식을 구사하지는 않았으나 하나님은 도덕적 주권자요 창조세계의 통치자로 예레미야에게 경험되고 의식되었다; (2) 여호와는 유일하신 하나님이다. 예레미야는 선민사상을 보유했으나 여호와의 통치권은 온 세계열방을 관장한다고 믿었다; (3) 여호와는 물질적 피조세계를 통치하실 뿐만 아니라 정의롭고 자비로운 고도의 도덕성을 갖고 계신다. 이방종교들은 신의 초월성을 강조하는 만큼 도덕성을 강조하지는 않았다. 여호와는 의로운 하나님이기 때문에 그를 예배하는 자들에게 정의와 공의 실천을 요구하신다.

예레미야의 교훈은 이스라엘의 종교상황에 대한 그의 분석에서 나타난다. 예레미야는 자신의 동시대 이스라엘 사회를 가나안 신들과 춤추는 음부의 시대라고 보았다. 예레미야의 시대에 이르러서 이스라엘이 광야에서 가져왔던 여호와의 참 예배는(2:2-10) 오직 레갑 사람들의 공동체 가운데서만 남아 있었다. 이스라엘 사람들이 가나안에 정착하여 유목민의 단순한 생활에서 농업생활로 변경하였을 때 이스라엘의 하나님이해는 가나안 이웃 사람들에게 영향을 받았다. 그 이웃 사람들은 산의 신들과 바알의 비옥한 토지의 신들의 인도 하에 일하였다. 이스라엘 사람들은 자연히 그들을 통하여 농업의 도움을 얻기 위하여서 그 신들을 바라보게 되었다. 그 결과 그 예배와 관련하여서 부도덕한 의식이 있게 되었다. 예레미야가 백성들이 가나안의 신과 함께 "음부와 춤춘다"고 말한 것은 언제나 비유로 한 것이 아니었다.

그 후에 점점 이교의 지식과 접촉이 성행하고 급기야 이스라엘은 가나안 인근의 강대국들과 그들이 섬기는 신들을 숭배하기에 이르렀다. 그러므로 예레미야는 이스라엘의 민족의 종교 생활에 나쁜 성격을 준 것을 죄로 주장하였다. 그는 바알(7:9, 9:14)과 나무와 돌(2:27, 25:6)과 다른 신들(1:16, 3:8)을 경배하는 우상숭배를 질책하였다. 또한 천체의 숭배(8:2)와 특별히 "하늘의 여왕" 예배(44:15-25)와 담무스 경배(겔8:14)와 어린이 인신 희생제사(7:31; 19:5; 32:35)를 단죄하였다. 예레미야는 마침내 자신의 시대를 "진노의 세대"라고 부르게 되며(7:29) 대파국적인 심판과 그 너머에서 올 새언약 시대를 예언했다.

예레미야의 교훈의 특징 중 절정은 새 언약 예언이다. 예레미야는 일찍이 "요시야의 시대"(3:6)에 활동하면서 하나님의 지식을 백성들에게 전할 여호와의 마음에 합당한 목자들을 이스라엘이 가지게 될 때로 바라보았다. 국가에 대한 새로운 통찰력이 주는 괴로운 경험에도 불구하고 하나님과의 깊은 사귐으로서 종교를 생각하는 것은 예레미야의 마음속에 일생 동안 깊이 느껴졌다. 사람은 하나님 아버지와 끊임없이 사귀는 것과 같이 하나님의 율법을 마음에 기록하고 하나님에 대한 지식을 가짐으로써 하나님의 율법을 지킬 수 있었다. 예언자 자신이 경험함으로 이러한 확신을 갖게 되었다. 요시야의 대개혁은 놀라운 일이었지만 왕과 그의 고문들이 외부적으로 강행한 것이기 때문에 실패하였다. 백성의 내적 생활이 변화될 때까지는 희망이 없었다. 그의 겪은 박해와 고독과 그 자신의 예민성이 그를 이러한 자리로 이끌었다. 그는 성전 안에서 행하는 일과 의식과 희생과 제사와 금식은 참 종교가 아니라는 것을 더욱 밝히 깨달았다. 여기에서 예레미야의 모든 교훈의 왕관이 되는 구절이 나타난다. "나 여호와가 말하노라. 그러나 그 날 후에 내가 이스라엘 집에 세울 언약은 이러하니 곧 내가 나의 법을 그들의 속에 두며 그 마음에 기록하여 나는 그들의 하나님이 되고 그들은 내 백성이 될 것이라. 그들이 다시는 각기 이웃과 형제를 가리켜 이르기를 너는 여호와를 알라 하지 아니하리니 이는 작은 자로부터 큰 자까지 다 나를 앎이니라. 내가 그들의 죄악을 사하고 다시는 그 죄를 기억하지 아니하리라 여호와의 말이니라"(31:33-34). 이 귀중한 일은 새 율법의 약속이 아니고 사람들이 그것을 저들의 마음에 기록하려고 옛 율법의 규정을 지킬 수 있는 능력을 받는 것이다.

예레미야는 율법적 요구를 가진 옛 언약은 지나갈 것으로 보았다. 그러나 그는 바울과 같이 사람들이 전적으로 구속에서 벗어나 자유하도록 허락하지 않았다. 마음에 기록한 율법을 가진 사람은 율법이 무엇인가를 알기 위하여 외적 조문을 생각하는 사람보다 더 잘 지키기 때문이다.

예레미야의 교훈은 무죄자의 형벌 사상에도 나타난다. 예레미야는 가족연좌제를 거부하고 각 개인은 자신의 죄 때문에 징벌을 받는다고 가르쳤다(31:29-30). 이런 점에서 에스겔과 같다(겔 18:4). 의식(儀式)의 가치에 대한 예레미야의 교훈은 종교적 형식주의에 대한 부단한 질타에서 발견된다. 곽안련은 예레미야의 메시지를 철저하게 개인경건주의적 관점에서 파악했다. 곽안련은 예레미야가 주창한 참 종교는 하나님과 개인 사이의 영적인 인격적 관계라고 보았다. 예레미야는 성전의 희생제사의 신적 기원을 부인하는 데까지 나아갈 정도로(7:22) 내면의 변화와 변화된 삶을 강조했다.

예레미야는 인간의 종교적 의무를 하나님에 대한 의무와 사람에 대한 의

무로 구분했다. 인간의 종교적 의무가 의식적인 제사나 예배가 아니라 삶의 전 영역에서 하나님의 계명에 복종하는 삶으로 성취되어야 함을 가르쳤다(3:10, 25; 7:23; 12:4, 7). 하나님의 우선적 관심은 무흠한 희생제물이 아니라 이스라엘 사람이 자기 이웃에게 의를 행하는 것이다. 한편 예레미야가 선포한 죄와 경책의 내용은, 실제로 십계명 중의 후반 여섯 계명을 내포한 것으로서 그것은 형제끼리 또는 친구끼리 서로 음모함으로 모든 신뢰가 파괴된 사회현상을 표명한 것이다(9:5-10). 위법과 탄압은 많은 가난한 자와 고용자들을 내고(6:6; 21:12; 22:13, 10) 정의의 권리는 거부를 당하게 되므로 약한 자들은 저희의 법적 요구를 주장하지 못하게 되었다(5:28; 22:3; 34:8-10). 그러나 악한 자의 행위는 결코 부강할 수는 없었다. 부자와 가난한 자는 다 그의 기회를 따라서 범죄하게 되었다. 많은 음란한 자와 간음한 자(5:7; 9:2; 23:10) 탐욕자와 살인자들이 나타나서(22:3,17) 모든 사람들에게 널리 알려졌다(15:10).

가난한 자와 압박을 받은 사람은 예언자의 말씀이 저들의 마음에 능력으로 임하는 것을 깨닫지 못하고 하나님께로부터 직접적인 도움과 사회의 개혁을 바라보았다. 예레미야는 빈궁한 자들을 압박하는 자에 대하여서 불타오르는 의분과 어떠한 악이라도 경책하는 담력을 가졌다. 곽안련에 따르면 예레미야는 그의 교훈 가운데서 국민생활이 조직되어 있는 경제적 제도는 변경하려고 하지 않았다. 그의 노력은 사람과 사람 사이의 관계를 변경하고 사람들로 하여금 서로 신뢰하면서 저희 의무를 다 하도록 하는 것이었다.

예레미야의 미래관은 이스라엘 민족의 미래관과 열방 민족들의 미래관으로 나눠진다. 이스라엘 민족의 미래는 새 언약에 달려있다(31:31). 그는 북왕국 10지파까지 다 포함하는 새언약인지 아닌지는 확실하지 않지만 하나님의 새언약이 이스라엘 집과 맺어질 것이라고 보았다(23:6). 유다는 바벨론 포로살이를 거치되 전체 민족이 아니라 남은 자들만이 여호와께 돌아올 것임을 확신했다. 예레미야는 열방 민족들에 대한 하나님의 통치권을 확증했고 하나님의 심판과 회복섭리에 따라 어떤 민족들은 몰락기를 지낸 후 부흥될 것이라고 보았다(애굽 46:26; 암몬 49:6; 엘람 29:39).

예레미야의 교훈은 과거에 대한 의무에 대한 논의에서 찾아볼 수 있다. 아나돗 레위 제사장 가문의 전승을 이어받은 예레미야는 호세아로부터 영적 간음 사상, 영적 매춘사상을 배웠고 미가 선지자로부터 얼마간 영향을 받았다. 열방 나라들에 대한 심판예언은 아모스로부터 받은 영향일 것이다.

예레미야의 교훈의 방법을 논하면서 곽안련은 예레미야가 구두선포와 문서선포 둘 다를 통해 하나님의 메시지를 선포했다고 본다. 또 자신이 주변 환경을 통해 받은 환상을 묘사함으로써 자신에게 맡겨진 신탁을 대언하기도 했다.

IV. 예레미야서의 내용

곽안련은 예레미야서에 대한 C. H. 코닐(Carl Heinrich Cornill)의 연대기적 분해를 소개한다.[163)]

(1) 예언자의 처음 23년 활동기 설교(두루마리를 편집한 때까지: 주전 604): 1:2, 4-19; 2:1-13, 16-37; 3:1-5, 19-25; 4:3-9, 11-31; 5:1-19, 23-31; 6:1-30; 8:3-16; 11:1-23; 12:1-35; 18:7-8; 10:17-24; 25:1-3, 7, 11, 15-29; 46:1-2; 47장; 48:1-21, 25, 28, 35-44; 49:1-33.

(2) 여호야김 후기 설교: 15:1-10, 15-21; 16:1-13, 16, 21; 17:1-4, 14-18; 12:7-17; 35:1-14, 17.

(3) 여호야긴 통치 시대의 설교: 13장

(4) 시드기야 통치시대의 설교; 24장; 29:1, 3-16, 21-22, 31-32; 49:34-39; 22장; 23:1-6, 19-18, 21-40; 21:1-10, 13; 20:14-18, 7-12; 32:1-2, 6-15, 24-44; 33:1, 4-13; 23:7.

(5) 예루살렘 함락 후 설교: 30:1-9, 13-21; 31:1-9, 15-34, 38; 46:13-25.

---

163) C. H. Cornill, *The Book of the Prophet Jeremiah. Critical Edition of the Hebrew Text Arranged in Chronological Order with Notes*(trans. C. Johnston; Baltimore et al.: Johns Hopkins Press, 1895).

(6) 내용이 불충분한 부분: 2:14-17; 9:22-25; 12:4; 16:19; 17:6, 11-13.

(7) 비평가들이 예레미야의 죽은 다음에 기록된 것으로 생각하는 전기적인 기록: 19장; 20:1-6; 26:1-19, 24, 20-23; 36장; 45장; 23:1, 6, 8-22; 33:1-17; 51:59, 60, 61, 63, 64; 34:1-7; 37:5; 3:6-10; 34:9-22; 37:4, 11-21; 38:1-28; 39:15-18; 38:3, 14; 40:6-16; 41-43장; 44:1-28; 27:1.

(8) 다른 저자가 기록한 것으로 생각되는 전기적인 기록: 10:1-4, 9, 5-6, 10, 12-16; 17:19-27; 39:1-2, 4-12; 40:1-5; 50-52장.

코닐은 아주 진보적인 비평가이다. 예레미야서를 예레미야가 기록한 것이라고 믿는 사람에게는 상기의 구분은 실제적으로는 유용하지 않는다. 그러나 여기 기록한 목록은 일반적으로 예레미야서가 여러 시대와 다른 환경 밑에서 기록한 부분으로서 구성된 것을 보여주고 있다.[164]

V. 예레미야서의 문체

오늘날 우리가 갖고 있는 예레미야서의 이야기는 주로 그의 서기관 바룩(Baruch)이 기록한대로 전하여지고 있다. 바룩이 받아 쓴 부분에도 예레미야 자신의 문체가 표현되어있는데 몇 가지 특색을 지니고 있다.

(1) 솔직성을 지닌다. 대부분의 히브리 예언자들은 예언을 구두로 하였다. 예언을 기록하는 것은 제이차적이었다. 사용한 은유(隱喩)는 아름답게만 수식하지 않았다.

(2) 단순성과 활기를 내뿜는다. 예레미야의 언어는 간결하고 활기가 있다. 그가 사용한 비유의 표현과 상징은 언제나 간결하고 활기가 있다.

(3) 열정적이다. 예레미야의 문체는 열정적이다. 특별히 그 자신의 영적 경험을 기록한 문장은 열정적이다. 애가를 담고 있는 20:14-18은 이 열정

---

164) 곽안련은 이 외에 149쪽 짜리 소책자인 F. B. 마이어(Meyer의 『예레미야講義』, 郭安連, 高麗偉 譯[京城: 朝鮮耶召教書會, 昭和 2[1927]]와 다른 학자들의 내용구분을 소개하는데 대체로 코닐과 마이어 등의 내용분해를 참조해서 예레미야의 내용을 구분한다.

적인 문체를 잘 드러낸다.

(4) 회화적(繪畵的)이다. 그가 사용한 생생한 비유는 아주 회화적이다.

(5) 시적(詩的)이다. 그의 시는 음률형과는 일치하지 않다. 대부분은 무운시형(無韻詩型)이다. 시형(詩型)은 길이가 같지 않은 두 부분으로 나뉘어서 서로 대조가 되는 대귀법으로 표현되고 있다(32-33).

VI. 예레미야의 감화력

예레미야의 생애는 많은 세계의 위대한 위인의 생애처럼 외견상 실패이다. 그러나 유다 민족의 역사와 널리 세계 종교의 역사를 주의하여서 고찰하여 보면 예언자의 감화력은 그의 죽음과 함께 그치는 것이 아니라 길이 남아 있어서 인생의 영적 운명을 결정하는 아주 중요한 사실이 된다. 유다 민족은 시대가 경과함에 따라 모든 예언자들 중에 가장 위대한 자는 이사야가 아니고 예레미야라고 생각하였다.

예레미야가 죽기 전에 그의 교훈이 유효하게 나타난 것을 확실히 볼 수 있었다. 사마리아의 함락이 북국의 남아 있는 동족들에게 모면할 수 없었던 것과 같이 예루살렘의 함락과 유다인의 추방은 여호와의 종교를 믿는 남아 있는 유다인들이 여호와에 대한 신앙을 유지하는 것을 결정적으로 도와주었다. 예레미야는 여호와의 도덕적 신성을 중요시하고 하나님의 의는 비록 백성을 희생시켜 멸망케 하는 일이 있더라도 옹호해야 한다고 주장했다. 예레미야의 감화력을 덧입은 동족 유다인들은 이런 예레미야의 신앙노선을 받아들임으로써 비록 나라는 잃었으나 하나님에 대한 신앙을 잃지는 않았다.

예레미야는 또한 그의 젊은 동지 에스겔에게 큰 감화를 주었다. 예레미야 26:18에 미가를 인용한 것 하나만을 예외로 하고서는 예언자들이 서로 인용하거나 말하지 않은 것은 주목할 만한 일이다. 예레미야는 여러 곳에 에스겔을 인용한 것 같이 보인다. 두 사람은 서로 인용한 것처럼 보이지만 예레미야와 에스겔의 견해는 여러 가지 점에 있어서 다르다. 예레미야는 영과 거룩하신 하나님과의 사귐인 개인의 종교를 강조하였다. 에스겔은 더 형식적이었다. 예레미야는 의식은 본래의 여호와의 종교의 일부분이 아니고 정의와 선 대신에 그 주위에 있는 미신을 통하여서 가지게 된 것이라고 책망하였다. 그와는 달리 에스겔은 순수한 예배는 하나님과 사귐을 가지는데 필요한 것으로 생각되며 의식은 그들이 이룬 종교의 진리를 지닌 것으로 여겼다.

스가랴 3:8과 8:12에 있는 메시야의 가지 비유는 예레미야 23:5에서 인용한 것 같지만 예레미야는 마지막 예언자들에게는 큰 감화력을 주지 못한 것으로 생각된다. 이사야 40-66장의 저자는 예레미야에서 인용하였던지 그렇지 않으면 예레미야가 그에게서 인용한 것 같다. 욥기는 예레미야와 유사한 점이 많이 있으며 시편 중에 아홉 편은 예레미야가 인용한 것으로 보인다. 시편 22, 31, 35, 40, 55, 69, 71, 88편과 다른 편에도 많이 그의 사상을 나타내고 있다. 예레미야는 신명기에서 그의 많은 사상을 얻은 것 같이 생각된다.

예레미야서의 중요성은 포로 시대부터 주 예수의 시대까지 점점 증가되었다. 주님의 시대에 예레미야는 문서예언자들 중에서 가장 높이 인정받았다(마 16:14). 그러므로 유대인 공의회가 구약 책들을 정경으로 결정할 때에 예레미야서를 맨 먼저 채택했다. 스가랴 11:13에서 인용한 구절(마 27:9)은 같은 이유에서 볼 때 예레미야에게 속한 것이라고 생각할 수 있다. 우리 주님 자신이 예레미야서에서 많이 인용하였다. 바울 역시 예레미야에서 그의 사상을 많이 얻은 것 같이 생각된다(렘 4:3, 9:25과 갈 5장; 렘 1:5과 갈 1:15; 렘 4:19, 9:1과 롬 9:11). 신약에는 예레미야에서 인용한 것이 쉰 번이나 되는 것을 관주성경을 통하여서 찾아 볼 수 있다.

구성과 단원별, 장별 주해 요약[165)]

1. 서언(1:1-19)

1:1-3은 1장의 표제일 뿐 아니라 예레미야서 전체의 표제이다. 1장은 예레미야가 소명을 받았을 때에 즉시로 기록한 것이 아니다. 36:28을 보면 예레미야가 오랜 후까지 그의 책을 기록하지 않은 것을 볼 수 있다. 그리고 또한 여호야김이 첫 두루마리를 불사른 후 예레미야는 그의 소명과 그의 생애에 일어났던 일들을 돌아다보면서, 즉 여호와의 인도하심을 오랜 세월 동안 예언자로서 경험하고 다시 기록하였다. 그 시대에 일어났던 일들과 그의 광범위한 활동은 그의 순수한 소명의 깊은 뜻을 설명하여 준다. 1장은 서언(1-3절), 예언자의 소명(4-6절), 예레미야의 헌신(7-10절), 살구나무의 징조(11-12절), 끓는 가마의 징조(13-16절), 여호와가 예언자를 격려함(17-19절)이라는 개별주제 단락으로 나눠진다.[166)]

2. 첫째 예언집(2-6장)

이 단원에 내포된 예언들은 예레미야가 부르심을 받은 때부터(주전 636) 요

---

165) 곽안련은 총서론 제일 끝에 자신이 예레미야 주석시 참고한 책들을 소개하되 저자의 성(last name)과 간단한 정보만 제공한다. 도서관 검색을 통해 알아 본 바로는 다음과 같은 예레미야 주해서를 참고한 것으로 보인다: A. W. Streane, *The Book of the Prophet Jeremiah, together with the Lamentations* (Cambridge, Eng. : The University Press, 1892); Arthur S. Peake, *Jeremiah and Lamentations: Introduction, Revised version, with notes, map, and index* (New York: H. Frowde, Oxford University Press, 1911); Jean Calvin, *Commentaries on the book of the prophet Jeremiah and the Lamentations* (trans.; John Owen; Edinburgh: the Calvin Translation Society, 1850); F. B. Meyer, *Jeremiah priest and prophet* (New York : Fleming H. Revell, 1894); C. F. Keil and F. Delitzsch, *Biblical commentary on the Old Testament* (Edinburgh, T. & T. Clark, 1866); C. J. Ball, *The Prophecies of Jeremiah : with a sketch of his life and times* (New York : A. C. Armstrong, 1902); John R. Dummelow, *A Commentary on the Holy Bible* (London : Macmillan, 1909[1923]); Johann P. Lange, *A Commentary on the Holy Scriptures: critical, doctrinal and homiletical, with special reference to ministers and students. V. XIII. of the Old Testament: containing Jeremiah and Lamentations* (New York, Scribners, 1871).

166) 곽안련, 『표준주석 예레미야』, 37-38.

시야의 종교개혁 직후까지(주전 620)의 시기에 선포되었다. 이 예언들은 예레미야의 초기 설교의 대표적인 것임에는 틀림없다. F. B. 마이어는 2:1-3:5은 예루살렘 성읍에서 한 예레미야의 첫 번 설교이라고 생각하였다. 이 설교는 특별한 경우에 한 것으로 생각된다(2:2). 그리고 예언자는 거기서 배척을 받았기 때문에 그의 강연의 한 부분인(3:6-8) 둘째 설교는 지방의 다른 청중들에게 한 것이다. 그 나라의 수도에 사는 백성들은 그들이 자만하는 세계주의 때문에 때로는 대단히 편협한 견해를 가졌다. 특권과 관습에 굳어진 그들은 젊은 예언자가 전하는 말을 경시하여 물리쳤다. 그러나 지방의 촌에서 사는 평민들은 더욱 동조하여 들었다. 2-6장은 다음과 같이 구분할 수 있다: (1) 민족의 과거에 대한 호소(2:1-3:5); (2) 포로된 북쪽 족속의 귀환을 초청함(3:6-18); (3) 참회와 회복(3:19-4:4); (4) 장차 임할 운명을 서술함(4:5-31); (5) 예루살렘의 도덕적 타락(5장); (6) 침략자와 그의 강대한 무력(6장).[167]

3. 성전문에서 전한 예언집(7-10장)

학자들의 7장의 기사의 연대에 대해서는 의견이 일치하지 않다. 이 기사에 대해서는 두 시기를 주장하는데 요시야의 치세와 여호야김의 치세이다. 7:1-28의 강화는 26장과 같은 돌발사건을 가리킨 것이라고 의심하지 않고 증명할 수 있다면 26장은 확실히 여호야김의 즉위 초로부터 시작되었으므로 그 연대의 문제는 확정하게 된 셈이다. 곽안련은 여호야김 치세에 나온 예언이라고 보는 견해에 기운다. 띤 스탠레이는 7-10장을 단순한 강화로 생각하고 "예레미야의 불변한 교훈의 중요한 요소를 다 내포한" 이 부분의 넓은 범위와 대표적 특징을 가졌다고 본다("유대인 교회" II, 499). "그것은 독실, 비난, 통열한 비탄, 정열적인 애가가 계속되는 심금을 울렸다." 그것은 페니키아 신의 호의를 얻으려고 하였던 우상숭배의 매력뿐 아니라 영원한 존속

167) 위의 책, 52.

을 약속한 고대의 제도인 솔로몬의 성전, 모세의 의식, 거룩한 분묘, 거룩한 도성, 선택한 히브리 민족, 할례의 거룩한 의식의 무효선언과 절박한 몰락에 대한 것이었다. 이 단원은 (1) 성전에 대한 과대한 경고(7:1-8:3), (2) 국가의 죄의 형벌은 국가의 파멸(8:1-9:1), (3) 백성의 반역은 파괴의 선행(9:2-26), (4) 우상의 허무(10:1-16), (5) 포로의 임박(10:17-25)이라는 주제로 구분된다.[168)]

4. 예레미야가 언약과 그 결과에 대하여 선포함(11:1-12:6)

예레미야가 11:1-9에서 하나님이 요구하는 법전의 한 종류인 "언약의 말씀"을 선포했다는 점에서 종교의 율법 면에 찬성을 표시했다. 11:3의 언약의 말씀은 요시야 시대에 성전에서 발견한 "율법의 책"을 가리키고 있다고 보는 것이 일반적 해석이다(왕하 22:8). 열왕기하 22-23장에 있는 요시야의 개혁의 기사는 예레미야에 대해서는 말하지 않았으므로 예언자가왕의 방법과 행동에 대해서는 별로 찬성하지 않은 것으로 생각된다. 요시야가 맺은 언약은 "모든 사람들이" 받아들였기 때문에(왕하 23:2) 그 언약의 요구를 설명하고 해설할 필요는 언제나 있게 되었다. 이 단원은 다섯 단락으로 나눠진다: (1) 언약의 조건(11:1-9); (2) 예언자의 경고의 실패(11:9-14); (3) 위선자의 기도는 헛되다(11:15-17); (4) 아나돗 사람들의 구상(11:28-23); (5) 어째서 악한 자가 왕성하느냐?(12:1-6)[169)]

5. 하나님이 그의 선민의 멸망을 탄식함(12:7-17)

이 예언은 여호야김이 느부갓네살에 대해서 반란을 일으킨 다음 이웃 백성이 유다를 침략한 것에 대하여서 말한 것으로 보통 간주된다(왕하 24:1,2). 그러므로 7절("내가 내 집을 버리며 내 소유를 내던져 내 마음으로 사랑하는 것을 그

---

168) 위의 책, 103-104.

169) 위의 책, 135.

원수의 손에 넘겼나니")은 중대한 비극을 암시하였다. 13절이 암시하는 궁핍은 주전 597년 예루살렘이 첫 번 점령당한 직후부터 일어난 듯하다. 그 때 주위의 나라들은 그 땅을 황폐하게 하였기 때문에 그 나라들에 대하여 의분을 느끼게 되었다.[170]

6. 경고와 탄식(13:1-27)

13장은 경고집으로서 구성되었는데 어떤 것은 실제의 비유형식을 취하여 예루살렘의 운명을 탄식하는 것으로 끝마쳤다. 본장에 있어서 주제상의 공통점을 제외하고는 여러 부분 사이에 명확한 연결이 별로 없다. 그것은 확실히 출처가 다른 데서 온 부분들이 모여있기 때문이다. 본장의 자연스런 구분은 다음과 같다: (1) 썩은 허리띠의 비유(1-11절, 고상한 산문체); (2) 포도주 병의 비유(12-14절, 고상한 산문체); (3) 유다의 교만에 대한 경고(15-17절, 시문체); (4) 왕가의 교만에 대한 경고(18-19절, 시문체); (5) "아름다운 족속"에 대한 탄식(20-27절, 시문체).[171]

7. 한발과 그 결과(14:1-15:21)

이 부분은 사람과 짐승을 괴롭게 한 심한 가뭄에 대한 예언자와 하나님 사이의 대화의 형식으로 되었다. 예레미야는 여호와가 유다를 즐겨하지 않은 징조를 가뭄예고 가운데서 깨닫고 그에게 자비를 베풀기를 탄원하였다. 그의 애원을 거절하는 하나님에게 그는 자기 민족은 하나님의 사자들, 즉 예언자들에 의하여 타락하게 되었음을 강조하고 자기 민족을 위해 새롭게 변명하였다. 예레미야는 또한 하나님으로 하여금 이스라엘과 맺은 그의 언약을 회상하게 하면서 용서를 애청했으나 또 거절당하였다. 그러므로 예레미야는

---

170) 위의 책, 146.

171) 위의 책, 149.

그의 지난 날을 후회하면서 애통해 하였다. 하나님은 그를 위로하고 동시에 그의 믿음의 부족한 것을 책망하였다. F. B. 마이어에 따르면 예레미야는 처음에 도성에서 설교하였지만(2:1-3:5) 거절을 당하였다고 하였다. 그 후 시골로 가서 설교했으나(3:6-8) 거기서도 거절을 당하였다. 그리하여 그는 예루살렘으로 돌아와 성전문에서 위대한 설교를 하였으나(7:-10:) 다시 거절을 당하였다. 마지막으로 그는 고향으로 내려갔었는데 친척들은 그를 죽이려고 공모하였다. 가물어서 백성이 그에게 고향농민들을 위하여서 기도하기를 요청할 때 그는 마지막으로 백성에게서 호의를 얻은 것으로 생각된다. 그러나 하나님은 그에게 반대하였다. 이 단원은 (1) 가뭄 중의 고난의 기록(14:1-6), (2) 백성의 기도와 하나님의 응답(14:7-10), (3) 거짓말쟁이와 거짓의 의지는 형벌을 받으리라(14:11-18), (4) 백성의 장래의 계획(14:19-22), (5) 하나님은 그들의 탄원을 거절하고 그들의 형벌을 선포하였다(15:1-9), (6) 예언자의 절망과 하나님의 능력의 약속(15:10-18), (7) 장차의 불평은 끊어지고 인내를 명하리라(15:19-21)는 소단락들로 나눠진다.[172]

8. 개인과 민족에 대한 파멸과 위로의 예언(16:1-17:18)

이 장들에 소개된 이야기를 구성하는 여러 가지 요소는 다른 시대에 기록된 예언들로부터 유래했다. 어느 부분에 대해서 연대추정이 어렵다. 이 부분은 다음과 같이 분류할 수 있다: (1) 결혼자들과 그들의 자손의 운명(16:1-13); (2) 유다의 죄는 추방됨으로 형벌을 받게 되리라(16:14-17:4); (3) 사람을 의지하는 자와 여호와를 의지하는 자의 대조(17:5-13); (4) 예언자의 호소(17:14-18).[173]

---

172) 위의 책, 156-157.

173) 위의 책, 170.

9. 안식일을 거룩히 지키도록 모든 노동을 그칠 것(17:19-27)

이것은 안식일을 지키는 의식이 예레미야 자신의 태도와는 일치하지 않은 태도를 나타낸 것이기 때문에 많은 비평가는 예레미야가 이 부분을 썼다는 것을 부인한다. 곽안련은 이 단원의 안식일 관련 말씀이 예레미야의 예언이 아니라고 하는 빈스의 두 가지 주장을 소개하고 각각에 대해 반론을 제시함으로써 예레미야의 친저성을 변호한다. 이 장의 문체가 예레미야의 문체와 확실히 같으며 안식일은 다만 의식이 아니고 인도주의의 목적을 가진 오래된 제도라는 사실을 강조한다.

(1) 빈스는 다음과 같이 말하였다: "예레미야는 어디에서나 안식일에 대해서 말하지 않았다. 사실로 포로 전 예언자들은 안식일을 일반 사람을 위한 휴식의 날로 여기는 외에 확실히 관심을 갖고 있지 않았다(암 8:5 대조). 여호와의 종교의 증거로서 안식일의 중요성을 처음으로 깨닫게 된 것은 포로시대 중이었다. 그때 유대인은 성전에서 분리되었기 때문에 이방인의 제도 중에서 그들의 민족적 종교적 생활을 보존하기 위하여 어려운 고투를 하였다." 즉 빈스는 국가의 존립여부는 안식일을 지키는데 의거한다고 할 정도의 안식일 준수에 대한 극단적 강조는 포로기 이후라고 생각한다(빈스 "예레미야 주석," 143). 이에 대해 곽안련은 에스겔은 20:12, 20에서 구약 전체에서 발견할 수 있는 안식일을 지키는 중요성에 대하여 강한 진술을 하였으며, 예레미야는 계속적으로 에스겔에게 영향을 주고 또한 예레미야는 에스겔에게서 영향을 받았을 가능성을 환기시킨다. 포로기 이전의 예언자들이 안식일 준수를 강조하지 않았다고 단정할 수 없다는 것이다. (2) 빈스는 "26절에는 기름과 희생의 제물에 대하여 나타낸 고상한" 관점은 예레미야의 일반적 교훈과 일치하지 않다는 점에서 예레미야의 친저성을 부인한다. 이에 대해 곽안련은 예레미야가 희생제사 자체에 대해서 반대했다는 증거는 없다는 점을 들

어 빈스의 주장을 약화시킨다.[174]

10. 토기장이의 집을 방문한 결과(18:1-23)

18-20장은 토기장의 기술과 관련된 주제들을 취급하였는데 그것들은 예레미야의 예언의 취집 가운데 함께 놓이게 되었다. 18장은 네 단락으로 나눠진다: (1) 예레미야는 토기장의 집에 내려가라는 명을 받았다(1-4절); (2) 하나님이 민족을 관여하신다(5-12절); (3) 유다의 무서운 죄는 무서운 형벌을 받게 되리라(12-17절); (4) 백성의 계략과 예언자의 기도(18-23절).[175]

11. 깨진 그릇의 상징(19:1-20:6)

이 단원과 16장의 사이의 관계는 연대기적인 것이라기보다는 문학적이다. 이 단원의 기사는 바벨론이 유명하게 되었을 때를(20:4) 가리킨 것이 분명하므로 여호야김 치세 3년 주전 605년에 일어났던 갈게미스 전쟁 후의 것으로 인정된다. 이 단원은 네 단락으로 나눠진다: (1) 예언자의 교훈(19:1-2); (2) 예언자의 전한 말(19:3-9절); (3) 상징적 활동(10-13절); (4) 권위자의 보복(19:14-20:6).[176]

12. 예언자의 호소(20:7-18)

이 부분은 분명히 예언자의 뚜렷한 두 호소를 내포하였는데 그 둘 사이의 연결은 분명하지 않다. 7-10절은 예언적 정신을 나타내는 계시로서 대단히 중요하며 그 다음에 이어지는 찬미의 폭발(11-13절)은 하나님의 영감에 자신을 항복한 자의 입술에서 자연히 나오게 되었다. 많은 비평가들이 7-10절은 예레미야가 활동하던 중 그의 말이 조소를 받을 때 임한 것으로 생각하였다

---

174) 위의 책, 179-181.

175) 위의 책, 182-183.

176) 위의 책, 187-188.

(7절 하반절 참조). 예레미야가 예언한 위기는 그가 말할 때에 아직도 멀리 있어서 나타나지 않았기 때문이다. 그러나 나머지 구절들은 예언자가 모독을 당하고 극복하려고 내적으로 많은 고투를 한 것을 보여준다. 10절은 예레미야가 그를 탐정한 사람들에게 고난을 받던 그의 활동의 후반기를 보여준다. 찬미의 폭발은 예레미야의 하나님에 대한 신뢰의 자연적 결과이었다. 그 찬미의 발로를 일으킨 특별한 일은 예언자가 구덩이에서 구출을 받았던 일을 가리킬 것이다. 이 단원은 세 단락으로 나눠진다: (1) 예레미야의 고소(7-10절); (2) 찬미의 발로(11-13절); (3) 예레미야가 그의 생일을 저주하다(14-18절).[177)]

13. 시드기야에 대한 예언(21:1-24:10)

이 장들은 느부갓네살의 도전적 육박의 결과에 직면한 시드기야가 예레미야에게 하나님의 응답을 물었을 때 예레미야가 전한 연속적 예언을 담고 있다. 예레미야는 예루살렘의 최후의 운명을 검은 빛으로 묘사하였다. 이 단원은 한 민족에게 닥치는 절망과 위기는 주로 교회와 국가의 국민의 지도자의 실패에 의거한다는 점을 분명히 밝힌다. 본 단원은 다섯 단락으로 나눠진다: (1) 예언자의 경고(21장); (2) 왕조에 대한 경고(22장); (3) 이상적 왕(23:1-8); (4) 거짓 예언자에 대한 경고(23:9-40); (5) 무화과 광주리의 상징(24장).[178)]

14. 민족의 심판(25:1-38)

25장은 여호야김의 통치 중 받은 신탁이다. 여기서 예레미야는 백성에게 그의 예언의 요령을 반복하고 그의 경고를 더 새롭게 하기 위하여 포로의 실제 기한과 바벨론의 패권을 말한다. 그는 하나님의 진노의 잔을 비유로 사용하여 계속적으로 유다의 주위에 있는 민족들에 경고를 하고 본장의

177) 위의 책, 192.

178) 위의 책, 195.

마지막에는 그의 백성과 모든 생물과 함께 그들에게 임할 운명에 대해서 다시 말하였다.

이 부분에서 히브리어 성경과 70인역 사이에는 차이가 많이 난다. 70인역은 13절 바로 다음에 예레미야 46-51을 삽입하였다. 두 곳이 순서는 다르지만 같은 백성을 취급한다는 점에서 25장과 46-51장과는 밀접한 관계가 있다. 1-13절은 이방에 대한 예언의 적합한 서론이고 13절은 50-51장을 가리킨 "바벨론에 대하여 선포한 말"을 실제로 한 것이다.

25장에	46-51장에	70인역의 46-51장에
애굽	애굽	글람
(우스)	블레셋	애굽
에돔	두로와 시돈	바벨론
모압	모압	블레셋
두로	암몬	에돔
드단과 데마 등	다메섹	게달과 하솔
엘람과 메대	게달과 하솔, 엘람	다메섹과 모압
바벨론	바벨론	

본장의 분류는 다음과 같다: (1) 유다의 완고함은 형벌을 받게 되리라(1-7절); (2) 장차 임할 바벨론의 승리와 멸망(8-14절); (3) 나라들은 하나님의 분노의 잔을 마시게 되리라(15-29절); (4) 하나님은 유다와 세계의 모든 백성들에 대하여 사자와 같이 임하리라(30-38절).[179)]

15. 예레미야의 경고와 결과(26:1-24)

본장에서 예언자는 백성들에게 그들이 그들의 길과 행위를 고치지 않으면 실로(Shiloh) 성소에 임한 운명이 예루살렘에 임하리라고 강력하게 경고하였다. 예언의 동기는 7장의 예언의 동기와 같다. 7장에는 예언의 내용이 기록

---

179) 위의 책, 220-221.

되어 있는데 여기에는 예언자의 용감한 행동의 결과가 기록되어 있다. 초기의 기록은 여호야김에게 얽힌 두루마리의 일부분이기 때문에 중요한 사실만 포함하였다. 26장은 더욱이 예레미야의 견해에서 기록되었기 때문에 아주 자세히 기록되었다. 그것은 일찍이 예언자의 논쟁의 대상으로서 그의 예민한 영을 헤아려 그의 생애를 무거운 짐이 되게 한 것이기 때문에 대단히 가치가 있다. 이 장은 다섯 소단락으로 나눠진다: (1) 경고(1-6절); (2) 제사장과 예언자의 경멸(7-9절); (3) 왕과 백성의 중재(10-16절); (4) 역사에 대한 호소(17-19절); (5) 우리야의 운명(20-24절).[180)]

16. 예레미야의 반대자들에 대한 경고(27:1-29:32)

27-29장은 그 내용과 그것을 산출한 환경이 밀접하게 연관되어 있다. 이는 시드기야 통치의 초기에 된 것이다. 이것은 예레미야가 그에게 반대하는 예언자들에게 전한 메시지를 내포하였다. 바벨론 정복자의 통치를 받아야 한다고 언제나 권고한 것을 이 가운데서 볼 수 있다.주제가 동일한 외에 이 세 장은 문학적 특색에 있어서 이 책의 남은 부분과는 구별되어 있다. (1) 이 책의 다른 부분에 있어서 한글 성경에 "야"로 끝맺은 고유명사는 히브리어에서는 일반적으로 "야후"(Iahu)로 끝맺어 기록하였다. 그러나 이 장에 있어서 히브리어로 동일하게 끝맺은 것은 한글과 같이 다만 "야"로 기록하였다. 예를 들면 예레미야의 이름은 이 책의 어디에서나 짧은 철자로서는 발견할 수 없고 그것은 이러한 형식으로 여러 번 27-29장에 나타났다; (2) "느부갓네살"의 이름은 이 책의 남은 부분에 있어서 언제나 그러한 방법으로 기록되었는데(왕하에서 유래된 34:1과 39:5는 예외로 하고) 그것은 정확한 철자이다. 그러나 이 부분에 있어서 그러한 철자는 한 번만 나타났고(29:21) 여덟 번 나타난 것은 덜 정확한 형식의 "느부갓네살"이다; (3) "예언자"의 명칭은 다른 데

---

180) 위의 책, 229.

보다도 이 장에 있어서 더 자주 예레미야의 이름에 첨부시켰다; (4) 70인역은 보통으로 짧게 하였기 때문에 본문과 70인역의 상이점은 보통 것보다 더 크다. 이런 특징들은 이 세 장이 한 때 분리된 존재로 있었다는 것을 가리킨다. 본 단원은 세 단락으로 나눠진다: (1) 바벨론에 반대하는 자에 대한 경고(27장); (2) 하나냐에 대한 경고(28장); (3) 포로된 자에게 보낸 편지(29장).[181)]

17. 희망과 대망과 언약의 예언(30:1-33:26)

이 단원에서 본서의 전반에 있는 예레미야의 진실한 예언의 전면에 퍼져 있는 어둠은 희망과 기대의 예언으로 바뀌고 있다. 본 단원은 세 단락으로 나눠진다: (1) 이스라엘의 구원과 승리 찬송(30-31장); (2) 아나돗의 밭 구매(32장); (3) 민족의 귀환과 다윗왕가의 회복(33장). 새언약 단락인 31:31-34에 대한 논의를 통해 곽안련은 예수 그리스도를 내다보는 이 새언약 예언이야말로 예레미야서에서 절정적 위치를 차지한다고 말한다(273). 그는 이 단락의 예레미야 친저성(親著性)을 부정하는 베른하르트 둠 (B. Duhm)을 비판하며 이 단락의 친저성을 옹호한다. 새언약 시대에는 율법이 석판에 기록되지 않을 것이다. 율법은 외적 의식으로서 이루어지지 않고 사람의 마음에 기록될 것이다(사50:13. 욜2:28. 요6:15). 예레미야는 호세아의 본을 따라서 하나님을 아는 것이 의식이나 제사행위보다 더 중요하다고 선언했다(렘 2:8, 4:22, 9:35, 24, 22:16, 24:7; 대조. 호 4:1, 5:4, 6:6). 예레미야는 할례의 법적 요구를 영적으로 해석(마음의 할례)했다(4:4). 예레미야는 자신의 생활 경험을 통해 새 언약의 참 기초가 되는 하나님과의 인격적 사귐의 필요성을 깨닫게 하였다. 그의 확신은 새 언약에 토대를 둔 여호와의 종교는 민족이 멸망함에도 불구하고 살아남는다는 것이었다. 그는 여호와와 그의 예배자들 사이에 존재하는 계약의

---

181) 위의 책, 236-237.

새로운 영적 개념을 가정하였기 때문이다.[182)]

18. 포위 기간 중의 예레미야의 생애(34:1-39:18)

여기서는 29:32 다음에 중단되었던 예언자의 개인 역사가 다시 한 번 확증되었다. 이 부분의 일반 주제는 포위 중에 영위된 예레미야의 생애이다. 본 단원은 다음과 같이 분류할 수 있다: (1) 시드기야에 대한 예언(34:1-7); (2) 노예의 석방(34:8-22); (3) 레갑 족속의 사건(35:1-19); (4) 예레미야의 두루마리(36:1-32); (5) 경고와 박해(37:1-38:23a); (6) 예루살렘의 함락(38:23b-39:14); (7) 에벳멜렉에 대한 예언(39:15-18).[183)]

19. 예레미야가 팔레스틴에 머물러 있기로 결심함(40:1-6)

이 부분은 예레미야를 그다랴의 감시 하에 맡겼다고 말한 39:14과는 모순된 것으로 생각된다. 그러나 그것은 전적으로 불일치하지는 않다. 성이 점령을 당한지 한 달 후 느부사라단이 성에 이르렀을 때 그다랴는 미스바로 간 것 같다. 예레미야는 성 중에 남아있어서 다른 시민들과 함께 착고에 채여 있었다. 그는 다른 포로자들과 함께 북쪽으로 붙잡혀갔지만 라마에 이르게 되자 그다랴는 예레미야의 사정을 듣고 간여하였다. 바벨론 관리는 예레미야에 대해서 몰랐지만 느부갓네살이 보낸 메시지에 의하여 예레미야에 대해서 듣게 되었다. 어쨌든 그를 구원하기 위해서는 설명이 필요하였다.[184)]

20. 그다랴의 살인자와 그 결과(40:7-41:18)

첫째로 무엇 때문에 그다랴는 죽게 되었느냐? 14절에 말하기를 암몬의 왕 바알리스는 그렇게 하기 위하여 이스마엘을 보내었다고 말하였으며 41:15

---

182) 위의 책, 255.

183) 위의 책, 286-287.

184) 위의 책, 318.

에는 그 후에 살인자 이스마엘이 암몬의 왕에게 피하여 갔다고 말하였다. 그러나 그다랴를 죽이기 위하여 암몬 왕은 어떤 특별한 동기를 가지고 있었느냐고 하는 것은 이해하기 어렵다. 우리는 그것에 대한 유일한 요나의 성명을 갖고 있다. 이스마엘은 다윗의 왕가에 속하였지만(14:1) 대장 총독의 지위를 왕가가 아닌 그다랴에게 준 사실을 분개하였다. 그는 또한 반 바벨론파에 속하였음으로 정치적으로 그다랴에 반대하고 바벨론의 지배하에 식민지가 되는 것을 반대하였다. 사실로 그의 행동은 허용할 수 없을 뿐 아니라 불합리한 것이었다. 그는 바벨론인을 분노케하는 행동으로써 그의 백성을 변호할 수는 없었다. 그러나 패배를 당한 당이 불법하게도 그의 변호에 반대하여 맹목적으로 폭행함으로써 그의 애국심을 나타내는 것은 선례가 없는 것이 아니었다. 그가 그다랴를 죽인 후에 행한 과오의 경력은 이해할 수 없는 것은 아니었다. 80인의 순례자가 예루살렘의 함락을 슬퍼한 것이 그러한 파멸을 가져온 전쟁파의 반영이 아니었다고 하면 그의 동정을 사게 되었을 것이다. 80인 중에서 창고가 감춰져 있는 곳을 알려준 10인을 용서하여 준 것은 그것을 약탈하려는 생각으로 한 것이거나 혹은 그 창고를 확보함으로써 바벨론에 대하여 게릴라전을 하려고 한 것이었다. 장년 70인을 죽인 것에 대해서는 합리적인 설명을 하지 않았다. 이스마엘은 그것을 깨닫지 못하였다고 생각하는 이도 있다.

그런데 무장을 하지 않은 80인이 유순하게 순종하여 열 한사람에게 억압을 받게 되었고 70인이 아무 반항을 하지 않고 독살을 당하게 된 것은 주목할 만하다. 물론 그들은 다 늙은 사람들이었다. 이와 같이 이 이야기를 통하여 보면 이 사람들의 작은 그룹은 요하난의 구원파가 그 그룹으로 하여금 두 사람만 잃고서 도피하도록 하기까지는 그들의 마음대로 한 것 같이 생각된다(41:15). 우리가 그 일의 사적 사실을 부인할만한 참 증거는 없지만 합리적인 설명을 하지 않고 많은 일들을 남겨놓을 수밖에 없다. 본 단원은 다섯 단락으로 나눠진다: (1) 미스바에 모임(40:1-12); (2) 그다랴에 대한 요하난의 경고(40:13-16); (3) 그다랴의 살인자(41:1-3); (4) 순례자의 대학살(41:4-10); (5) 이스마엘의 도피(41:11-18).[185]

21. 애굽에 이주함(42:1-43:7)

모든 비평가들은 이 사건을 사실로 받아들인다. 이 이야기는 목격자에게서 옮겨진 것으로 생각되기 때문에 바룩이 그것을 기록하였다고 하는 것이 가장 타당하다. 이 단원은 세 단락으로 나눠진다: (1) 예언자의 중재와 인도를 요구함(42:1-6); (2) 예언자는 하나님의 사명을 선포하지만 백성의 불순종을 예언하다(46:7-22); (3) 애굽으로 탈출함(43:1-7).[186]

22. 애굽의 정복을 예언함(43:8-13)

이 예언이 후에 성취되었는지에 대해서는 좀 의문이 있다. 느부갓네살의 애굽 침략 증거는 희소하게 되어서 전연 밝혀지지 않았다(12절 참조). 애굽 궁전 근처의 대문 축대 근처에 큰 돌을 묻는 예레미야의 상징적인 행동은 유대인에게 애굽의 정복 자체가 느부갓네살의 능력 이상의 것이 아니라는 생생한 경고가 되었다.[187]

23. 하늘의 여신 숭배를 심판함(44:1-30)

모든 개혁은 반동이 뒤따르기 때문에 위험하다. 44장에 있어서 요시야 개혁의 반동은 가장 절정에 이르게 되었다. 즉 그 성명 가운데서 그들이 포기한 신들은 여호와 자신보다 더 강하다고 하며 언제나 일어난 불행의 연속은 그 신들에 봉사하는 데 태만한 결과라고 하였다. 본문에는 예레미야의 후자를 기록한 예언이 내포되어있다. 이 부분은 백성에게 활기를 준 반동의 기질

---

185) 위의 책, 320-321.

186) 위의 책, 327.

187) 위의 책, 332.

을 보는 것은 괴로운 일이었지만 역사적으로는 대단히 중요한 일이었다. 에스겔의 교훈적인 성구 가운데에는(겔 8:12) 성전이 아직도 존재하여 있는데 우상의 타락한 의식을 지키며 "여호와는 우리를 보지 않고 여호와는 이 땅을 버리었다"고 말하는 사람들이 있다. 애굽으로 탈출한 사람들은 '율법서를 발견하여 옛 예배 의식을 금지한 후에 국운몰락의 불행이 시작되었다'라고 말했다. 만일 그들이 거짓 예배를 거부할 것이면 그들은 다시금 번영하게 되리라 할 것이 실제적인 결론이었다. 본 장은 세 단락으로 나눠진다: (1) 우상숭배에 대한 경고(1-14절); (2) 우상숭배자의 도전적 태도(15-19절); (3) 예레미야의 경고는 징조로서 확인됨(20-30절).[188]

24. 바룩을 책망함(45:1-5)

예레미야는 그의 진실한 서기와 비서에게 몇 마디 경책과 경고를 할 필요를 깨달았다. 그러나 그 땅에 임할 무질서와 파멸 가운데서도 바룩의 생명은 구원을 받으리라는 약속을 경책으로서 하였다. 그 시대는 여호야김의 제 4년이었으므로 무질서와 파멸을 가져오지 않도록 백성을 회개케 하는 일을 예언자가 예기하기란 어려웠다. 그 내용으로 보아서 바룩에게 한 경책은 후 시대에 한 것으로 생각된다. 제 4년은 큰 두루마리를 기록하던 시대였다(36:1). 그 두루마리를 쓴 중요한 이유는 유다와 예루살렘으로 하여금 슬퍼하면서 생을 뉘우치기 바라서였다. 그러므로 이 본문의 상황은 추방이 곧 절박하진 아니하였지만 확실한 상황이었다. 본장은 36장의 부록으로 생각해야한다.[189]

---

188) 위의 책, 334-335.

189) 위의 책, 340-341.

25. 국가들에 대하여 예언함(46:1-51:64)

이 중요한 장들은 유다와 예루살렘의 주위에 있는 국가의 궁극적 운명과 미래상을 전적으로 고려하였으며 또한 그와 밀접한 관계를 가지고 있는 자들을 고려한 것이다. 예를 들면 엘람은 바벨론이 멸망할 때에 활동하던 부분이기 때문에 내포한 것이다. 이 장들과 25장에 있는 여호와의 분노의 잔의 환상과 밀접한 관계가 있는 것은 그 장을 해설하면서 이미 지적하였다. 70인역은 좀 다른 순서로 예언을 배열하여 25:13 다음에 바로 이 부분을 배치했다. 히브리어 성경본문과 70인역이 순서와 위치가 다른 것은 이 예언은 비교적 후시대에 25:19, 22의 목록에 내포된 국가들과 연관되어 편집되었을 가능성을 암시한다. 이 중에서 몇 가지 예언은 예레미야 이전 시대부터 임하였다고 하는 데에는 고려할만한 이유가 있다. 예를 들면 다메섹은 그 시대에는 독립된 나라로서는 존재하지 않은지가 오래였다. 예레미야는 거기에다 옛 예언을 편입시킨 것으로 생각된다. 다른 예언에서 인용한 구절이 내포되었다고 하는 데에는 의심할 것이 없다.[190] 이 열방 예언들이 전적으로 예레미야의 최초 저작이 아니라고 보게 만드는 이유가 있다. 왜 이스라엘의 예언자들은 이방 나라들에 대하여 예언했을까? 이 질문에 대해서는 세 가지 이유가 제시되었다.

Ⅰ. 암시적으로 가르치는 것은 가장 유효한 방법 중의 하나이다. 사람이 만일 어떤 죄를 지적할 것이면 듣는 사람들은 그들 자신의 위치를 비판하게 될 것이고 직접적으로 이르지 않고 그들이 탐색한 죄에서 회개하도록 생각하였을 것이다. 그러나 직접 이르게 되면 그들은 분개하여 멀리 떠나게 될 것이다. 예언자들은 비방에 대해서는 그들이 바라는 대로 말에 엄격하였다. 이에 대한 고전적인 설명은 아모스 1:2에 있는데 예언자는 직접적인 방법으로는 전연 듣게 할 수가 없었다. 예언자

---

190) 예를 들면 렘 48장은 사 15-16장과 밀접한 관계가 있다.

는 간접적으로서 훌륭한 경책을 할 수가 있다.

Ⅱ. 이 교수 양식은 이스라엘로 하여금 하나님은 전 세계의 하나님이지 그들의 작은 나라의 하나님은 아니라는 것을 깨닫게 한다. 대개 고대의 민족들은 그들의 신을 지방의 신으로 생각하였다. 암몬의 신들은 다메섹에서는 능력이 없었다. 요나서의 위대한 교훈의 하나는 하나님의 편재이다. 요나는 북쪽 니느웨로 가기를 거절하였다. 그는 동쪽은 사막이기 때문에 갈 수가 없었다. 그는 하나님 전래 장소는 남쪽 시내산에 있다고 하는 고대사상을 아직도 가지고 있기 때문에 남쪽으로 가기를 두려워하였다. 그러므로 그는 서쪽으로 달아났다. 그러나 하나님은 그를 돌이켜서 여호와는 어느 작은 지방의 하나님이 아니고 모든 지방의 하나님으로서 편재하신다는 것을 가르쳤다.

Ⅲ. 셋째 이유는 이 예언은 그들이 말한 민족들에게 다소나마 이르게 되었다고 하는 것이다. 우리는 종종 이 민족들은 전적으로 분리되어 멀리 떨어져 있다고 생각하지만 사실은 그렇지 않다. 예루살렘에서 암몬과 모압까지 한국 리수로 150리가 넘지 않으며 에돔의 수도도 멀지 않다. 즉 서울에서 평양까지의 거리의 삼분지 일인데 실제로는 서울에서 개성까지의 거리이다. 예루살렘에서 다메섹 디레, 애굽까지는 400리가 되지 못함으로 서울에서 평양까지의 거리보다 못하다. 예루살렘에서 바벨론까지는 2000리이다. 부산에서 의주까지의 거리이므로 여행자는 빠른 낙타로서 15일쯤 걸릴 것이다.

그 당시에는 신문이 있었다. 모든 자료와 뉴스는 50년 전에 한국에서 사용하던 것과 같이 낙타와 말의 대상에 의하여 전하여졌다. 모든 지나가는 대상은 모은 뉴스를 전하였다. 회화의 주제는 작은 한 지방의 유명한 교사가 이웃 나라에 대해서 정식의 선언을 할 때에는 그것이 뉴스가 되어서 관심을 갖고 있는 사람들에게 전하여졌다.

이 세 이유 중 어느 하나만을 위하여서도 이방에 대한 이 예언은 성경 가

운데 포함될 가치가 있고 가장 적절한 것이다.[191]

26. 예루살렘의 함락(52:1-33)

52장의 대부분은 예레미야가 쓴 것이다(39장과 왕하 24:18-25:30과 중복). 52장의 목적은 예레미야의 예언이 성취되었음을 보여주기 위한 것이다.[192]

분석과 평가

〈표준주석 예레미야〉는 예레미야의 심층심리적 하나님 계시수납경험에 주목하여 예레미야가 외적 형식적 의례종교에서 탈피하여 마음의 할례를 받고 하나님을 인격적으로 알아가는 과정을 잘 부각시킨다. 책 자체가 역사적 맥락을 자주 언급하고 있기에 이 주석에도 문법적-역사적 해석이 현저하다. 특히 역사적-문법적 원칙이 잘 지켜진 곳은 7:12의 실로 성소 파괴에 대한 특주형식의 해설[193]과 44:1의 애굽에 있는 유대인 식민 문제에 해설이다.[194]

하지만 레위기와 민수기, 욥기 등의 주석에서와는 달리 이 주석에서는 학구적이라고 불릴 수 있을 만큼 고등비평적 논설들과의 본격적 토론이 거의 이뤄지지 않는다. 다만 주석 중간 중간에 자신의 견해를 지지하는 혹은 자신이 추종하는 학자들의 이름들을 간간히 언급하는 수준에서 다른 학자들의 입장을 염두에 두고 있다는 인상을 준다. 예를 들면 10:1-16의 친저성에 대한 문제에서 빈스와 스트린 등의 학자들의 견해를 언급하며 이 단락이 왜 현재의 위치에 있게 되었는가를 논한다.[195] 유사한 수준의 학구적 주석의 예는 17:19-27의 주석이다. 여기서 곽안련은 안식일 준수 촉구는 예레미야의 친

191) 위의 책, 342-345.
192) 위의 책, 392.
193) 곽안련, 『표준주석 예레미야』, 108-109.
194) 위의 책, 339.
195) 위의 책, 129.

저가 아니라고 주장하는 비평가들(빈스 등)의 입장을 소상하게 소개하고 그것을 반박하는 대화를 펼친다.[196] 유사한 학구적 주석의 예로 바벨론의 운명을 예언하는 50:13에 대한 추가해설도 제시될 수 있을 것이다.[197]

또한 사본상의 파격이 많은 예레미야 본문 특성상 탈굼, 70인역 등의 사본상의 변이나 차이 등도 간혹 언급되는데 주석 자체의 방향에 영향을 줄 정도의 진지한 학구적 토론으로 이어지지는 않는다. 46장부터는 열방운명 예언 부분 주석에서는 70인역 예레미야와 장 구분을 상호 비교하며 주석하고 있다.[198]

한 가지 인상적인 점은 이 주석에서는 상대적으로 우화적-모형론적인 해석도 현저하지 않다는 점이다. 마지막으로 이 주석 편집상의 약점이 하나 지적될 수 있다. 저자가 장절 단위 혹은 소단락 단위의 주석이 아니라 너무나 파편적으로 분해하여 해석하므로 예레미야 전체의 내러티브적 연속성이 잘 부각되지 못한다. 한 단어, 한 구문, 한 절을 따로 해석하고 그것들 각각에 대한 설명과 해설, 논평을 유기적으로 응집시켜 예레미야의 심층심리적 하나님 경험과 새언약시대를 행해 전진하는 예언의 역동적 움직임이 잘 감지되지 않는다. 예를 들면 2:6-8을 주석할 때, 구덩이, 간조하고, 사망의 음침한, 기름진 땅, 더럽히고, 내 땅, 내 기업, 제사장 등이 각각 독립적인 소단락으로 취급되어 해설되고 있다. 앞의 파편적인 정보제공과 뒤의 단어해설 사이에 방황하는 독자들은 예언자 자신의 전체 메시지를 파악하는 데 어려움을 느낄 수도 있을 정도로 파편적이고 분해적인 주석이 처음부터 끝까지 이뤄진다.

---

196) 위의 책, 179-180. 또 다른 한편 30-33장에 대한 친저성 토론은 아예 하지 않고 예레미야 친저로 돌린다(255-256). 31:31-34에 대한 특별한 해석에서 이 새언약이 어떤 점에서 예레미야의 진정성있는 예언인가를 자세히 논한다(273).

197) 위의 책, 389-390.

198) 위의 책, 345-388.

6. 에스겔

총론

곽안련의 에스겔 주석의 제목은 〈에스겔서, 영광의 복음(*Ezekiel, Gospel of the Glory*)〉이다. 이 주석서는 앞의 레위기, 민수기, 욥기-시편, 예레미야 주석서와는 문체, 구성, 편집 등에서 판연하게 구별된다. 욥기-시편을 제외하고는 곽안련의 모든 주석이 한국이 아니라 한국에서 추방된 이후 미국에서 쓰여졌을 가능성이 있다. 1956년부터 출간된 민수기, 레위기, 욥기-시편, 예레미야 원고는 1941년에 그가 한국에서 추방되기 전에 이미 준비되었을 수도 있으나 에스겔은 확연히 다르다. 그는 한국에서 보낸 40년의 선교사 경력을 회고하는 경우가 자주 있다. 에스겔 주석은 그의 나이 78세 경 출간되었다. 하지만 그의 아들 도날드 클라크가 1956년에 쓴 머리말에 따르면 이 에스겔 주석은 신사참배 문제로 한창 시끄러울 때 쓰였다. 그는 "이 책을 저술할 당시의 한국교회의 형편은 로마제국의 정치 밑에 있던 초대교회의 형편과 매우 비슷하였다"고 말한다.[199] 일제에 의한 신사참배 강요가 고조되던 때에 "만일 당시의 교회가 신사참배를 그래도 승인하고 받아들였다면 에스겔서 8장부터 11장에 기록된 바와 같이 교회에서 하나님의 영광이 떠나가고 성령의 불이 꺼져버리고 하나님도 계시지 않는 단지 형식적인 기관에 지나지 않은 교회만 남을 큰 위험성이 있었다."[200] "하나님의 영광이 없는 교회는 장자의 상속권을 팔아버린 교회이다." "에스겔서 8장에 나타난 죄에 대한 기사와 9장 3절, 10장 4절, 10장 18절, 10장 19절 및 11장 23절에 묘사된 하나님의

---

199) 곽안련, 『에스겔 강해』(서울: 대한기독교서회, 1957), 2.
200) 위의 책, 3.

영광이 차츰 차츰 떠나가는 광경은 놀랍기 한이 없다." 아들 곽안전(Donald Clark) 박사가 쓴 머리말은 이 주석서의 특징을 잘 요약하고 있다.

곽안련의 에스겔 주석은 하나님영광을 중심주제로 잡아 모든 장들과 절들을 주해하고 있다. 이 하나님의 영광은 인간내면을 변화시키며 인간이 살 이상적인 공동체, 여호와삼마공동체를 창조한다. 야웨의 영광으로 번역된 쉐키나는 "사시는 자" 혹은 "사시는 하나님"을 의미하지만 영광스러운 하나님현존을 지칭하는 말이다. 저자는 에스겔을 이 하나님의 영광의 복음이라고 해석한다. 그래서 저자는 선지자 에스겔을 기독교 복음, 즉 하나님 영광의 복음의 세례를 덧입고 중생한 그리스도인으로 간주하며 에스겔 38-39장의 마곡과 곡의 침략전쟁을 요한계시록의 아마겟돈 전쟁과 관련시켜 해석한다. 대체로 신약의 종말론을 에스겔의 종말론에 역투사시키는 방법으로 에스겔서를 종말론적으로 해석한다. 그가 에스겔을 복음전도자요 교회사역자로 생각하는 것은 이상한 일이 아니다.[201)]

구성과 단원별, 장별 주해 요약

1. 구성

머리말

1장 총설

1절 영광의 복음 에스겔서

2절 에스겔서의 구성

에스겔은 예루살렘과 국가 멸망을 예언하는 1-24장과 이스라엘의 회복을

---

201) 위의 책, 3-17.

예언하는 25-48장으로 양분된다. 곽안련은 "여호와의 영광이 나에게 임하는도다"라는 구절을 중심으로 에스겔서를 일곱 단원(1:3; 3:14, 22; 8:1; 33:22; 37:1; 40:1)으로 구분하는 스코필드의 구분을 많이 참조하지만 하나님 영광을 중심으로 좀 느슨한 수준의 단원과 단락구분을 시도한다. 그럼에도 불구하고 장 단위나 심지어 단락, 구절을 나눠 주해하지는 않는다. 그래서 누락된 구절이나 단락이 많다. 에스겔서를 하나님영광의 동선을 따라 발전되어가는 에스겔의 소명성취과정을 드라마식으로 서술해가고 있다.

2장 에스겔의 중생과 부르심을 받음(1:1-3:1)

1절 영광이 처음으로 나타남과 그 결과(1-4절)

에스겔은 주전 592년 유배된 지 5년 만(30세)에 야웨의 영광을 대면했다. 그가 성전구조와 제사행위에 대한 자세한 이해, 야웨의 영광에 대한 예민한 지각을 갖춘 것으로 보아 예언자로 부름받기 전부터 제사장 사역에 참여했던 제사장이었을 것이다. 그는 바벨론 포로 공동체에서 유명한 영적 지도자였지만(8:1; 14:1; 20:1) 야웨의 영광이 나타날 때까지는 중생하지는 못했던 사람이었다. 1장은 야웨의 영광을 영혼 속에 받아들여 거듭나는 과정을 기술하고 있다.

2절 하나님의 사인교(四人轎)(5-24절)

신자들이 에스겔서를 잘 읽지 않는 이유는 너무 이질적이고 생소한 환상언어들이 너무 빈번히 등장하기 때문이다. 5-24절이 묘사하는 하나님의 이동식천상보좌(9:3; 10:4, 18)는 하나님의 종횡무진하는 역사주재와 통치를 상징하는 비유언어다. 이 천상보좌의 네 바퀴 안에 있는 신의 의지를 받들어 신속하게 움직이는 이 천상보좌는 천사들의 완전한 봉사와 완전한 노력을 통해 기동성을 얻는다. 에스겔은 이 거룩한 보좌를 보고 거듭 태어났다(사 6장의 이사야의 중생사건과 유사). 하나님의 영광을 보고 그 심령 속에 받아들여 거듭 태어나기 전까지는 하나님의 사업을 하기에 적합하지 않다. 하나님의 영광을 그 심령 속에 받아들인 사람은 그 영광을 다른 사람에게 전하도록 부름 받았다. 이 단락의 나머지 부분에서는 이적을 믿지도 않고 귀신과 지옥의 존재도 안믿는 소위 당시의 진보주의 사조나 자유주의 신학에 대한 비판적 논평이 제시된다. "에스겔 선지에게 내린 하나님의 복음은 무서운 것이었다." "간단히 말하면 에스겔에게 내리신 하나님의 명령은 백성들에게로 가서 모든 힘을 다하여 지옥이 어떻다는 것을 가르쳐서 그처럼 귀가 어둡고 눈이 어두운 백성들을 지옥으로부터 구원해내라는 것이었다."[202] 곽안련은 2장 전체에 대해서 특별히 주해하지 않고 2장은 에스겔의 첫 소명이 청중의 냉대로 성취되지 못한 상황을 말한다고 판단하고 넘어간다.

3장 사역의 시작(3:22-7장)

1절 벙어리 전도자

여호와의 권능이 또 임했다(3:22). 하나님은 백성들이 에스겔의 설교에 더 주목하도록 하시기 위하여 에스겔을 벙어리 전도자가 되게 하셨다(3:26). 그 후 6년 동안 에스겔은 설교를 하지 못하게 되었다. 명목상의 그리스도인들로 가득 찬 교회에서 설교하는 사역자는 에스겔과 유사한 처지에 놓인 셈이다. 에스겔의 공적 사역은 6년 동안(주전 592-586년)은 적어도 중지되어 버렸다(24:27 에스겔의 입이 곧 열리리라; 33:22 예루살렘 멸망 후 에스겔의 입이 다시 열린다). 여기서 저자는 끝으로 "한국에서는 과거 70년 동안"에 일어난 선교사들과 전도자들의 눈부신 전도열매를 회고하며 벙어리 전도사 사역도 여전히 하나님의 위대한 일을 할 수 있는 기회라고 말한다.

---

202) 위의 책, 8-23.

2절 에스겔의 첫 번 벙어리 설교(4장)

에스겔이 벙어리 전도자가 되었다는 말은 호화롭고 화려한 전도열매를 거두는 전도자가 되지 못했다는 말이지 실제로 언어장애가 생겼다는 말은 아니다. 청중의 무관심과 냉대를 돌파하기 위하여 하나님께서 상징설교를 하게 하신다. 4장은 첫 상징설교를 담고 있다. 현대종교심리학자들이 말하는 상징을 통한 교육방법(연극적인 교육)을 에스겔은 2,500년 전에 이미 실시했다. 부족한 물과 양식을 갖고 소똥으로 불을 피워 음식을 만드는 연극이었다. 예루살렘이 장차 포위되어 성 중 거민들이 극단적으로 궁핍해질 것을 예고하는 행위예언이었다.

3절 에스겔의 둘째 번 벙어리 설교(5장)

머리털과 수염을 깎는 행위예언으로 예루살렘 거민들이 유배당할 것을 예고하는 상징적 설교다. 삼등분된 머리털은 이스라엘 백성의 세 갈래 운명을 상징했다(불타는 머리털, 바람에 흩날리는 머리털, 옷자락에 싸여 보존된 머리털[거룩한 남은 자]). 에스겔은 남아 있는 머리털도 일부는 불에 던진다. 5:5-12이 이 상징행위를 해설한다. 온역, 기근, 칼이 예루살렘을 멸망시킬 것이다(5:11). 에스겔은 이사야 시대에 유행하던 예루살렘(시온) 난공불락성, 시온불패사상을 비판하는 셈이다. 예루살렘은 멸망당할 수 있는 도성이라는 것이다.

4절 에스겔의 셋째 번 벙어리 설교(6-7장)

6-7장은 가나안 땅에 들어와 정착한 이스라엘이 산당의 바알을 숭배하고 태양신 우상을 섬기다가 멸망을 자초했음을 선포한다. 7:12-25은 미구에 있을 예루살렘 멸망 상황을 묘사한다. 하나님이 멸망시키려고 작정한 자들에게는 율법, 예언과 묵시, 그리고 모략이 소멸되거나 희소해진다(7:26; 렘 8:18).

5절 결론

이 단원은 우상숭배가 국가멸망을 초래한다는 무서운 경고를 담고 있다. 그것은 이스라엘의 우상숭배죄악은 국가적 멸망을 당해도 변명할 수 없는 정도로 중차대하게 긴 세월 동안 누적되었다는 사실을 강조한다. 여기서 저자는 인간의 죄성과 원죄를 부정한 크리스챤 사이언스 모니터파, 환경결정론, 그리고 거룩한 삶에 대한 범세계적인 무관심을 모조리 비판한다. 이 단원의 교훈은 호화롭고 열매 가득 찬 설교사역 뿐만 아니라 에스겔같은 벙어리 사역의 환경도 여전히 중요하며 의미심장하다는 것이다. 자신의 한국선교사역은 호화로운 사역현장이었으나 공산화된 북한에서는 벙어리사역 현장일 수밖에 없다는 점을 지적한다.[203)]

4장 여호와의 영광이 떠나감(8-11장)

1절 환상(8장)

에스겔서 전체에서 "여호와의 권능이 내 위에 있느니라"는 구절은 모두 일곱 번(1:3; 3:14, 22; 8:1; 33:22; 37:1; 40:1) 나오는데 이 말씀이 나올 때마다 놀라운 기사가 나타난다. 곽안련은 이 표현을 하나님의 환상계시를 받기 위한 일종의 탈혼적 황홀경이라고 본다(50). 그는 환상 중에 예루살렘 지성소 어딘가로 이끌림을 받은 것으로 묘사된다. 에스겔은 제단 문 어귀 북쪽에 세워진 질투의 우상, 즉 하나님께서 당신의 성소를 떠나도록 자극하는 가증한 우상을 본다(8:6). 이스라엘 장로 70명(제사장들)이 향불을 피워 그 우상에게 제사를 드리는 장면을 보고 충격을 받는다. 그중에는 자신이 잘 알던 사반의 아들 야아사냐도 있었다. 저자는 신(新)신학(神學)을 하는 자들이 야웨의 지성소에 계신 쉐키나에 만족하지 못하고 우상숭배하듯이 새로운 신학사조를 우상처럼 숭배한다고 비판한다. 에스겔은 이보다 더 충격적으로 가증스러운 장

---

203) 위의 책, 27-48.

면을 목격한다. 북문에서 담무스 신을 위하여 애곡하는 여인들(8:14)과 성전 문 현관과 제단 사이에 야웨의 성전을 등지고 낯을 동쪽으로 향해 태양신을 예배하는 스물 다섯 명을 발견한다(8:16).

2절 형벌의 시작(9장)

9장은 영적 지도자들에 대한 하나님의 죄책추궁과 심판집행을 다룬다. 호세아 4:9을 인증해 저자는 제사장들의 죄에 대한 하나님의 추궁과 징벌이 100배나 더 크다는 점을 강조한다(교회헌법 1조). 가증한 우상숭배자들에 대한 신적 복수자들의 징벌계획을 들은 에스겔은 하나님의 자비와 긍휼을 호소하는 기도를 긴급하게 드린다(9:8-9).

3절 거룩한 불이 온 성에 흩어짐(10장)

10장에도 다시 하나님의 네 바퀴 병거가 나타나며 에스겔은 그룹 천사 밑에 있는 바퀴 사이로 들어가 숯불을 가득 채워가지고 성읍 위에 흩으라는 명령을 받는다(9:2; 사 6:6-7). 여기서 저자는 하나님의 신적 진노가능성을 무시하고 배척하는 현대적 사조를 비판한다.[204)]

4절 거짓 방백들의 환상(11장)

11장은 환상 중에서 이스라엘 일반백성을 참 신앙에서 이탈시키고 배교케 하는 거짓 방백들의 죄를 보고 경악하는 에스겔을 보여준다. 하나님의 준엄한 징벌을 통보받은 선지자는 이스라엘의 남은 자를 멸절하지 말아달라고 간청한다(11:13). 그는 바벨론 포로의 땅까지 동행하시되 때가 되면 새 마음, 새 영을 주실 하나님의 약속을 받아낸다(11:14-20). 여기서 저자는 11장의 '가마솥' 비유가 예루살렘의 난공불락적 절대안전성을 맹신하는(렘 7:4) 방백들

---

204) 위의 책, 58-59.

의 맹신적인 안일을 비판하는 데 사용된다고 해석한다.

5절 결론: 영광이 떠나감

에스겔서는 영광의 복음이다. 1장에서 쉐키나가 나타나 에스겔을 중생자로 만들었다. 쉐키나는 1차 사역에서 열매를 거두지 못하자 사역의 기쁨을 잃어갈 때 또 다시 나타나 그를 6년 동안 벙어리 설교자(행위적, 연극적, 상징적 선포자)로 만들었다. 온 예루살렘 성이 우상숭배와 거짓으로 가득 차 더 이상 회개가능성이 남아있지 않게 되었을 때 쉐키나는 예루살렘 성을 떠나 바벨론 포로들 가운데 가서 그들에게 임시성소가 되어 주실 것이다.[205] 8-11장은 쉐키나의 다섯 단계로 구성된 예루살렘 이탈동선을 점층적으로 보여준다(8:4 아직도 지성소에 계신 쉐키나; 9:3 쉐키나 문지방으로 이동; 10:4 성소의 바깥 문지방으로 이동; 10:18 바깥 문지방을 떠나 사인교 위에 머문다; 11:13 사인교 위에 있는 채로 성전의 큰 동문으로 이동했다가[10:19] 기드론 골짜기를 건너서 감람산 꼭대기에 머문다). 예루살렘을 떠나간 쉐키나가 2,500년 동안 유대인을 위하여 나타난 일이 없다. 저자는 여기서 한국에서 불교승려를 전도했다가 들은 대답(종교다원주의)을 비판적으로 회고하며 오로지 하나님만이 구원대권을 보유하신다고 말한다. 삼손처럼 하나님의 영광을 떠난 줄도 모르는 사람이 많은 현상을 지적한다. 또한 인간의 마음을 지성소와 성소, 바깥뜰로 삼분해 비유하면서 쉐키나의 바깥뜰 영접단계(초신자)를 지나 지성소 영접단계까지 성화되어야 할 것을 강조한다.[206] 에스겔은 심령의 지성소에 하나님의 영광을 받아들여 그 얼굴까지 빛나고 중생자가 되었다.

---

205) 위의 책, 66.

206) 위의 책, 66-69.

5장 마음 속의 우상(12-16장)

1절 벽을 뚫고 하는 설교

에스겔은 예루살렘에 남아있는 이스라엘 백성이 포로의 행장을 꾸려 성벽을 뚫고 도망가는 혹은 유배당하는 행위예언극을 하라고 명령받는다. 592년에 받은 이 말씀은 5년 후에 있게 될 대파국적 재앙을 미리 보여준 것이다. 실제로 유다의 마지막 왕 시드기야는 예루살렘 성벽을 뚫고 여리고까지 도망치다가 붙잡혔다(왕하 25:4). 에스겔서에서 50회 정도 나오는 "그러면 너희가 나 여호와인줄 알리라"는 표현은 야웨 하나님이 처음부터 이스라엘의 운명의 결정하는 하나님임을 깨닫게 될 것임을 강조하는 어구다. 이스라엘과 유다의 운명의 향배를 결정하는 주체는 우발적인 요인들 때문이 아니라 야웨 하나님의 절대주권적 의지 때문이라는 것이다.

2절 거짓 선지자들에 대한 예언(13장)

이스라엘 백성의 영혼을 지옥으로 인도하는 거짓 선지자들(남자 예언자, 여자 예언자)을 탄핵하는 본문이다. 진정한 선지자는 성 무너진 데에 올라가서 그 무너진 성벽을 수축해야 한다(5절). 임박한 지옥심판예언으로 영혼을 경성시키지 않고 허탄한 묵시와 거짓된 점괘를 믿고 평강을 외치는 자들은 다 거짓 선지자들이다(6-8절). 1차 대전 중에 초혼강신능력을 가졌다고 주장하는 자들이 맹위를 떨쳤다. 죽은 전사자들의 가족들은 죽은 자와 접촉하게 해준다는 요술쟁이나 영매들의 속임수에 농락당했다. 18절의 "사람의 영혼을 사냥하려고 손목마다 부적을 꿰어 맨" 여자예언자들과 한국 무당들의 옷차림이 비슷하다.[207]

---

207) 위의 책, 76-77.

3절 백성들의 마음 속의 우상(14장)

마음에 우상을 품고 온 장로들을 책망하는 예언이다. 하나님은 우상을 마음에 품고 하나님께 물으려 오는 자들의 기도에는 절대로 응답하시지 않으실 것이다(3절). 설령 그들의 기도(질문)에 대답한다고 하더라도 그들이 원하는 대답이 아니라, 우상숭배자를 놀라움과 표징과 속담거리가 될 정도로 멸망시킴으로써 응답하실 것이다. 멸망이 곧 하나님의 응답이라는 것이다(잠 21:4 악인의 형통은 죄다). 본토에 남아있는 이스라엘 백성들의 죄악은 너무 위중하여 어떤 중보자도 그들의 죄사함을 간청할 수 없다. 노아, 다니엘, 욥도 남을 중보할 수 없고 자기의 의로 자기만 간신히 구할 정도다(14, 20절).

4절 불사르는 포도나무(15장)

이스라엘은 야웨께서 택하신 포도나무(시 80)라고 생각하는 자들의 선민의식을 통렬히 논박한다. 포도나무는 이제 불에 던질 땔감나무 신세가 될 것이다(4, 6절; 사 5:1-7; 요 15:6; 눅 13장).

5절 은혜를 배반하고 죄를 지음(16장)

예루살렘을 아모리 사람과 헷 사람 사이에 태어난 자식이라고 말하며 그 근본이 가나안이라고 말한다(1절). 선민의식이 무색할 정도로 온갖 가증스러운 우상숭배로 여호와의 질투를 촉발시켜 멸망에 이르게 되는 상황을 자세하게 묘사한다. 황후의 지위에 올랐으나 온갖 외간남자와 간음하여 순결을 망쳐버린 여인의 신세로 전락한 예루살렘의 죄악들을 규탄한다.

6절 결론

12-16장의 교훈은 우상숭배와 죄를 즉각 그치고 회개하여 하나님께로 되돌아와야 한다. 마음 속에 우상을 소제하고 하나님의 영광을 받아들여야 한다.

6장 개인의 책임(17-20장)

1절 독수리 비유(17장)

본토의 이스라엘 사람들은 아직도 건재한 예루살렘을 믿고 보좌에 앉아 다스리는 왕을 의지한다. 17장은 바벨론을 종주로 섬기기로 맹약을 맺고도 속으로 애굽과 내통하는 유다의 상황을 통렬히 규탄한다. 바벨론(첫 독수리)이 시드기야를 옥좌에 앉혔더니 이것이 자라 포도나무가 되었고 그것이 애굽(둘째 독수리)에게 물을 받으려고 100리나 멀리 뿌리를 뻗었다.

시드기야가 종주 바벨론 몰래 애굽과 종주맹약을 맺으려고 시도하는 형국을 가리킨다. 11-24절은 이 독수리 두 마리와 포도나무 비유에 대한 명료한 해설이다. 시드기야가 종주인 바벨론을 버리고 애굽과 내통한 것은 마치 참된 종주이신 야웨를 버리고 열방과 내통하는 이스라엘의 영적 간음을 예시하는 사건이다(18-19절). 자라서 각종 새들이 깃들이게 될 백향목에 대한 비유(22-24절)는 메시야 시대를 예언하는 삽입구다.[208]

2절 죄에 대한 각 개인의 책임(18장)

18장은 에스겔이 예레미야 31:29-30에 영향을 받았음을 증시한다. 동양인은 서양인에 비해 개인단위의 책임감이나 주체성이 덜 발달되어 전도하기가 어렵다. 한국에서 40년 동안 선교했을 때 부딪친 어려운 점은 전도를 받고 믿기로 결정한 사람이 마지막에 가서는 집에 가서 가족과 문중과 의논하겠다는 점이었다.[209] 중국과 일본의 그리스도인 중 6/7이 문중과 가문집성촌의 간섭이 없는 비교적 자유로운 개인들의 결정이 이뤄지는 대도시에 거주했다는 통계가 있다. 만주의 군벌 장작림도 자신의 부하(과)가 반역죄를 범했을 때 친족과 가족도 죽여버림으로써 연좌제를 적용했다. 저자는 한국의 지

208) 위의 책, 91.
209) 위의 책, 92.

방관리가 부당하게 돈 열냥을 바치라고 강압하는 것을 견디지 못해 서울로 고발하러 가는 지방민을 만난다. 그는 도망치는 그리스도인이었는데 그의 가족들이 대신 감옥에 갇혔다는 말을 했다. 연좌제가 적용된 것이다. 민수기 16장 고라 사건, 여호수아 7장 아간 사건도 연좌제가 적용된 사건이었다.

3절 방백들을 위한 애가(19장)

유다의 왕통이 단절될 것을 예언한다(여호야김, 여호야긴). 그 중 왕은 바벨론으로 유배될 것이다. 10-14절은 다시 포도덩쿨 비유다. 권세잡은 자의 규가 될만한 강한 가지가 없는 초라한 포도나무가 멸망당한 유다의 운명을 미리 보여준다(14절).

4절 역사가 말해주는 교훈(20장)

이스라엘은 역사의 시초부터 여호와께 반역했다. 애굽에 있을 때부터 시작해서(5-9절) 광야시절 내내 반역했다(10-17절). 18-26절은 광야에서 죽은 자들의 자손에 대해 말한다. 광야에서 살아남아 가나안 땅에 들어와서는 가나안 토착인들의 우상숭배 습속에 젖어 거룩함을 상실했다(27-29절). 심지어 자녀를 몰렉에게 불태워 바치는 행음의 죄악을 범했고 그 결과로 열국 중에 흩어졌다. 그러나 하나님께서는 열국 중에 흩어진 자들의 마음 속에 뉘우침과 회개의 마음을 주셔서 자신들의 죄를 미워하고 다시 가나안 땅으로 되돌아오는 은혜를 덧입게 될 것이다(43절).

5절 결론

죄를 지은 단위가 개인이건 국가건 교회이건 그 죄악 범한 주체가 책임을 질 것이다. 사람은 누구나 자신이 결정하고 자신이 책임을 져야 한다. 개신교이었다가 로마가톨릭으로 개종해 추기경이 된 뉴만은 자신의 개종 이유를 자신이 개신교도로 있었을 때에는 자신이 책임을 감당할 수 없었기 때문

이라고 말했다. 가톨릭은 고해성사를 통해 죄책을 전가시킬 수 있어서 좋았다는 것이다.[210]

7장 죄에 대하여 탄식하고 부르짖는 이들(21:1-4; 33:1-21)

1절 탄식하는 선지자의 비유(21장)

이스라엘과 인근 족속들을 심판하는 바벨론 왕의 칼의 동선을 묘사한다(19절). 이스라엘 왕을 정조준하는 칼의 민첩한 하나님 심판대행을 부각시킨다(25-26절). 이 상황에 대하여 선지자는 허리가 끊어지는 탄식으로 응답한다(6절). 그러나 곽안련이 21장에 대해 붙인 소제목, "탄식하는 선지자의 비유"는 21장의 주제를 포착하지 못하고 있다.

2절 이스라엘 백성이 지은 특별한 죄를 낱낱이 알림(22장)

예루살렘은 무죄한 피를 흘린 성읍이며 우상숭배로 가득 찬 도성이다. 고관들이 그 성읍의 권세를 차지한 채 십계명의 주요계명들을 다 범한다(부모 멸시, 안식일 오염, 나그네와 고아 학대, 간음). 예루살렘의 영적 파탄을 초래한 자들은 거짓 선지자들과 제사장들, 그리고 고관들이다(23-31절). 22장 주해에서 곽안련은 처음으로 신사참배에 저항했던 용감한 순교적 그리스도인들을 칭송하고 회고하며 신사참배를 애국적인, 비종교적인 국가의식이라고 믿고 신사참배에 순응한 종교지도자들의 허물을 지적한다. 신사참배에 순응하고 장려한 목회자들은 "거룩한 것과 속된 것을 구별하지 못한"(30절) 제사장들이었다.[211]

---

210) 위의 책, 107.

211) 위의 책, 116.

3절 불의한 자매(23장)

불의한 자매 오홀라(사마리아)와 오홀리바(예루살렘)의 죄악을 비교하며 오홀리바의 죄악이 훨씬 더 참혹하고 위중하다고 말한다. 저자는 신약성경에서 '죄'라고 번역된 하마르티아가 하나님께 저지른 고의적 반역이나 계명위반이 아니라 단순하고 우발적인 실수를 의미했다고 해석하는 학자들의 의견을 논박한다.

4절 끓는 가마와 애도함을 못받는 죽은 아내(24장)

에스겔은 바벨론 유배자들 중에서 예루살렘의 멸망가능성을 부정하는 사람들을 겨냥하며 예루살렘 멸망의 필연성을 주장한다. 가마에 모든 좋은 고기를 담고 끓이어 아무 것도 없게 만드는 비유를 들어 예루살렘의 확실한 멸망을 예고했다. 그 가마솥 비유는 예루살렘 멸망이 더러움을 녹게하고 녹이 소멸되듯이 죄악을 소멸시키는 정화적 심판임을 암시한다(11절). 예루살렘의 음란이라는 녹을 소멸시키는 정화적 멸망이라는 것이다. 15-24절은 에스겔의 아내 사망과 예루살렘 성전 멸망을 등치시킨다(21절). 에스겔의 아내가 그의 눈의 기쁨이었듯이, 예루살렘 성전은 이스라엘 백성들에게 눈의 기쁨이었다.[212]

5절 상징으로서의 선지자

5절은 4절을 보충하고 부연한다. 아내의 죽음이 예언의 소재가 된 이유는 아내의 죽음이 주는 슬픔보다 예루살렘 성전멸망이 에스겔에게 불러일으키는 슬픔이 훨씬 더 크다는 것을 강조하기 위함이다. 하나님은 이 두 사건이 일으키는 비통의 크기를 비교하면서 '너는 죽어가는 너와 너의 아내를 위하여 슬퍼하지 말아라....오직 죽어가는 너의 민족을 위하여 통곡하고 탄식하

212) 위의 책, 121.

고 부르짖으라. 민족을 위하여 폭발할 수밖에 없는 큰 슬픔 앞에는 사사로운 애통함은 문제도 안된다. 너의 사사로운 애통함이 비록 마음이 터지는 듯하더라도 그것을 억제한다면 아마 백성들도 자기들의 악함과 그 죄악의 결과를 인식하고 또한 예루살렘이 저렇게 멸망하게 된 것은 자기들의 죄 때문인 줄을 깨닫고 자기들의 죄를 회개할지도 모를 것이다'라고 말한 셈이다.[213)]

6절 이스라엘의 파숫군으로서 새로 부르심을 받음(33:1-20)[214)]

저자는 25-32장을 삽입구라고 본다. 주제적인 관점에서 보면 24장에서 바로 33장으로 이어진다고 본다. 이 삽입단원은 8장에서 독립적으로 다룬다. 에스겔의 입이 열리는 장면인 에스겔 24:27은 에스겔의 입이 열려 다시 공적 예언을 토해내는 33:22로 자연스럽게 이어진다. 33:1-20은 3:10-22절과 상응한다. 3:10-22이 첫 번째 소명사화라면 33:1-20은 둘째 소명사화다. 이 두 번째 소명은 이스라엘의 멸망 원인을 규명하고 알려줄 뿐 아니라 이스라엘의 회복과 그 조건에 대해 청중들을 납득시키는 일이었다. 멸망원인이 우상숭배였기에 회복가능성은 우상숭배로부터의 돌이킴에서 찾아져야 한다. 18장에 터져나온 불평, "여호와께서 공평하시지 않다"는 백성의 논리를 반박하는 것도 이 둘째 소명의 일부다.

7절 결론

신사참배를 강요당하다가 분해 심장이 터져 죽은 증경 총회장 김성택 목사는 우상숭배를 보고 허리가 끊어지듯이 자신이 목회하던 큰 교회를 사임하고 밤낮을 가리지 않고 기도에 몰입했다. 저자는 또한 신사참배에 저항하다가 감옥에 갔으나 끝까지 저항해 영광의 자리로 간 노목사 일화를 소개

213) 위의 책, 121-122.

214) 저자는 열국 심판예언을 다루는 25-32장은 8장에 배치하고 있다. 여호와의 영광의 동선을 중심으로 주해하기 때문에 24장 주해 다음에 바로 33장 주해를 배치한다.

한다. 신사참배를 강요당하던 시기의 많은 목사들과 선교사들은 벙어리 사역자로 엄혹한 시절을 잘 견디어 냈다.[215] "잃어버린 영광의 책인 에스겔서의 교훈은 어느 때를 가릴 것 없이 온 세상의 교회에 대한 적절한 복음이다.

8장 하나님의 영광과 국가들(25-32장)

1절 열국에 대한 꾸짖음

이 열국예언은 다른 나라에서 보기 어려운 신기한 문학장르다. 24장에서 33장으로 자연스럽게 이어지는 흐름을 끊는 듯이 보이는 이 열방예언이 여기에 배치된 이유는 세 가지다. 첫째, 이스라엘 청중이 다른 나라의 죄를 책망하는 하나님의 음성을 듣고 자신들을 스스로 돌아보도록 의도하셨다. 이스라엘 청중에게는 열방을 꾸짖는 예언이 간접적인 책망인 셈이다(암 1-2장). 둘째, 이와 같이 신기한 방법으로 설교하면 에스겔의 청중이 그의 메시지를 더 잘 이해할 수 있기 때문이다. 이스라엘의 인근 나라들은 이스라엘과 멀리 떨어져 있지 않은 조밀한 밀도를 가진 땅에 이웃한 근린국가들이다. 셋째, 이 모든 나라들은 이스라엘과 아주 밀접한 관련을 갖고 있기 때문이다.[216]

2절 작은 나라들(25장)

암몬(1-7절), 모압(8-11절), 에돔(12-14절), 블레셋(15-17절)을 규탄하는 예언들이다. 이들은 하나님의 백성들에게 부단한 적의를 가지고 있었기에 하나님께서는 당신의 적의를 그들에게 드러내시고 도말하실 것이다.[217]

3절 두로에 대한 꾸짖음(26:1-28:9)

26장은 바벨론의 느부갓네살에 의한 멸망을, 27장은 두로의 상선들의 대

---

215) 위의 책, 126-127.

216) 위의 책, 130-131.

217) 위의 책, 137.

파선 재앙을, 그리고 28장은 두로 왕의 교만과 그것으로 인한 멸망을 예언한다.

4절 두로의 왕(28:1-9)

28:1-9은 두로 왕에 대한 견책인 듯하나 12-15절은 단지 인간 왕에 대한 견책이 아니라 천국의 셋째 천사장(눅 10:18; 계 12:4; 요 14:30 세상 임금; 마 4:8 천하만국 영광을 줄 수 있다고 자신하는 ; 엡 6:12; 엡 1:21)을 겨냥한 단죄선언이다(첫째 천사장 가브리엘, 둘째 천사장 미가엘, 셋째 천사장 반역자). 12-15절은 두로 왕의 마음 속에 있는 세상 임금 을 직관하고 있다. 두로 왕은 이 사탄을 왕으로 경배하여 영광을 누리게 되었다.[218]

5절 시돈(28:10-26절)

창세기 10:15에 따르면 가나안이 시돈을 낳았다. 시돈은 이스라엘의 옆구리를 찌르는 가시였다.

6절 애굽(29-32장)

애굽에 대한 심판예언은 예루살렘이 멸망당하기 전이거나 멸망당한 직후에 선포되었을 것이다. 애굽은 바벨론에 대항할 힘도 없으면서도 이스라엘과 유다를 반바벨론 동맹에 끌어들여 두 왕국 모두가 멸망당하도록 재촉했다. 29장은 악어로 묘사된 애굽에 대한 일반적인 흉조(40년 황폐화, 느부갓네살에 의한 함락)를 말하고, 30장은 여호와께서 애굽을 징벌하기 위해 사용하실 형구(느부갓네살)에 대한 묘사다. 31장은 애굽심판이 다른 민족에게 끼칠 영향을 묘사하고 32장은 매장되는 파라오에 대한 애가를 다룬다.

---

218) 위의 책, 143.

7절 마지막 장송곡(32:17-32)

이 단락은 주로 애굽 왕 파라오의 백성에 대한 장송곡이긴 하지만 앗수르와 엘람 같은 나라에 대한 장송곡도 된다. 에스겔은 죽은 자들의 세계를 구덩이와 음부라는 말로 규정한다. 죽음의 세계에 대한 에스겔의 묘사가 제시하는 도덕적 진리는, 폭력으로 세계를 정복하는 국가들을 반드시 파멸시킨다는 진리다. 폭력을 쓰는 국가의 역사는 곧 그 국가를 심판하는 하나님의 심판토대가 된다.[219)]

8절 결론

아무리 강대한 나라도 여호와를 만홀히 여기면 반드시 멸망당한다. 여호와의 권세를 위임받은 모든 나라는 언제나 권력을 위임하신 하나님 앞에 청지기 자세를 취하여야 한다. 오직 여호와만이 지극히 높으시고 그가 홀로 무한하신 능력으로 만국을 다스리신다.

9장 새로운 마음과 새로운 소망(32:21-36장)

1절 예루살렘의 멸망(33장)

예루살렘 멸망 소식을 가지고 온 사신을 맞은 후 6년 전 인봉되었던 입이 다시 열렸다. 다시 여호와의 권능이 임했다. 예루살렘은 스물 여섯 번 부분 파괴되었고 열여섯 번 전적으로 파괴되었으나 항상 회복되고 재건되었다. 예루살렘의 멸망과 재건의 역사는 이스라엘 역사의 축소판이다. 하나님의 말씀을 듣기는 하지만 믿음으로 영접하지 않는 청중을 향해 에스겔은 제 2의 영광의 복음사역을 시작했다.

---

219) 위의 책, 153.

2절 신실하지 못한 목자들에게 대한 예언(34장)

어린 양떼를 돌보지 않고 자기 배를 채우는 삯군 목자, 양떼를 공격하는 맹수에게 양을 방치하는 무책임한 목자를 규탄한다. 마침내 여호와께서 당신의 마음에 합한 선한 목자 다윗(메시야)을 보내어 흩어진 양떼들(바벨론 유배자)을 찾으실 것이다.

3절 세일의 운명(35장)

바벨론의 유다 침략 때부터 유다를 괴롭히고 유다의 영토를 잠식한 에돔(36:5)과 그들의 중심지인 세일산이 하나님의 심판으로 황무케 될 것이다(10절; 15절). 저자는 에돔 사람 헤롯의 이스라엘에 대한 악행도 언급한다.[220)]

4절 산들에게 전하는 말씀(36장)

이스라엘 산들에게 선포한 예언이다(1절, 8절). 이스라엘 산들에게 하나님의 백성 이스라엘을 위하여 가지를 내고 열매를 맺으라고 명령하시는 하나님 때문에(8절) 이스라엘의 기업은 회복되고 이스라엘은 다시 고토로 돌아가 하나님언약 백성으로 재활복구될 것이다(28절). 영적으로 환골탈태된 이스라엘은 다시 고토로 되돌아가 하나님의 언약백성의 지위를 되찾을 것이다(20-26절).

5절 결론

9장 단원은 이스라엘 회복의 복음을 담고 있다. 하나님의 복음전파의 사명을 받은 그리스도인들은 긴급한 복음전파의 사명을 다해야 한다. 복음전파 사명은 천사들이 흠모하는 사역이다. 에스겔이 선포한 복음은 새 영과 새 마음을 부어주셔서 여호와의 율법을 행할 능력을 덧입게 될 것이라는 새언약

---

220) 위의 책, 162-163.

의 복음이다. 개인이나 국가의 희망은 성령으로 거듭나는 것이다.[221)]

10장 죽은 뼈가 살아남(37장)

40-48장은 최후의 알마겟돈 전쟁이 일어난 후 이스라엘 나라와 그 성전과 정부가 회복되는 환상이다. 38-39장은 요한계시록 14-19장이 묘사하는 알마겟돈 전쟁에 대한 예언이다. 여기서 저자는 어느 정도의 세대주의적인 해석기조를 보인다. 37장은 알마겟돈 전쟁이 일어나기 전에 성취된 이스라엘의 회복을 그린다. 37장 예언은 에스라-느헤미야의 이스라엘 회복운동을 통해 부분적으로 성취되었다.[222)]

1절 이 설교를 하게 된 사정

예루살렘 멸망 소식을 들은 바벨론 포로들이 절망하던 상황에서 이 설교가 이뤄졌다(11절). 기독교가 인류에게 줄 선물은 사회개선을 위한 봉사가 아니라 중생시키는 구원의 복음이다.[223)] 완전한 멸망 뒤에 이스라엘의 회복이 있을 것이라는 복음은 죽음을 거친 후 다시 덧입는 중생의 복음이다. 이스라엘은 완전히 죽고 부활하도록 예정되어 있다.

2절 이스라엘을 회복시키는 하나님의 방법

먼저 하나님은 무덤(바벨론)에서 나오게 하신 후, 그 다음에 이스라엘 고토로 돌아가게 하신다. 더 나아가 이 모든 역사적 변화의 총연출자가 여호와인 줄을 깨닫게 하신다. 마지막으로 여호와께서는 당신의 영을 이스라엘 사람들 가운데 부어주시고 새사람으로 창조해주신다. 하나님은 네 단계에 걸쳐서 이스라엘을 회복하신다.

---

221) 위의 책, 167.
222) 위의 책, 169.
223) 위의 책, 177.

3절 결론

마른 뼈들처럼 죽은 자들을 살리시는 에스겔의 하나님은 이적의 하나님이시다. "그리스도의 복음은 유교나 불교나 또는 회회교와 같은 한 개의 종교에 불과한 것이 아니다. 다른 종교는 사람이 만든 것이다. 그러나 그리스도의 복음은 하나님이 만드신 것이다. 그리스도의 복음의 근본적 기초는 초자연계의 실재와 하나님은 이적의 하나님이시며 그리스도의 죽으심은 세계 역사상 가장 놀라운 직접적인 이적으로서 그리스도의 죽으심으로 인하여 우리가 다시 거듭나는 이적이 있을 수 있고 또 그것을 기대할 수 있다는 사실에 두고 있다."[224)]

11장 알마겟돈에 계신 영광의 하나님(38-39장)

1절 끝날에 대하여

38-39장이 요한계시록 20:5이 말하는 천년왕국을 도래케 할 최후의 전쟁을 말하고 있다고 본다. 저자는 천년왕국을 부정하는 학자들을 비판한 후에 역사적 전천년설을 받아들이고 있다. 예수 그리스도의 재림 직전과 직후에 사탄이 자기 최후가 도래한 것을 알고 모든 힘을 동원해 하나님과 전쟁을 벌일 것이다. 저자는 세상이 점점 악해져가고 있다는 전천년설적 비관주의를 신봉한다. 구약성경의 두 중심 사상은 그리스도가 고난을 받으실 것이라는 것과 그리스도가 왕이 되실 것이라는 사상이다. 에스겔 1-32장은 그리스도의 고난을 말하고 33-37장은 그리스도가 왕이 되어 통치하실 천년왕국에 대해 말한다. 알마겟돈 전쟁이 끝난 후 하늘로부터 내려오는 새 예루살렘에 대한 환상이 40-48장에 나와 있다. 에스겔의 근본목적은 계시록과 같은 것으로 천년왕국을 예언하는 것이다. 알마겟돈 전쟁은 지구의 모든 나라들에게 여호와의 영광을 나타내기 위한 전쟁이다. 38-39장은 37:28, "열국이 나를

---

224) 위의 책, 183.

이스라엘을 거룩하게 하는 여호와인줄 알리라"는 예언이 성취되는 과정으로서의 곡과 마곡의 이스라엘 침략전쟁을 보도한다.[225)]

2절 곡의 전략과 그 멸망(38장)

이스라엘이 태평성대를 누릴 때 곡이 침략한다. 곡은 이스라엘이 하나님 통치를 받는 나라인 것을 모른 채 침략해 왔다. 그들은 눈에 보이는 것으로만 판단한다. 곡이 이스라엘을 침략하도록 이끄신 하나님의 목적은 온 세계가 여호와 하나님만이 홀로 하나님임을 깨닫도록 하기 위함이었다(16절). 침략자 곡은 멸망하고 이스라엘은 온 세계 만방에 하나님의 백성임이 알려질 것이다.

3절 완전히 정복됨(39장)

이스라엘을 침략하다가 패배한 곡의 군사들의 시체를 뜯어 먹기 위해 새들과 들짐승이 몰려들 것이며 전사한 곡의 백성들의 뼈를 요단 동쪽에 묻는데 일곱 달이 소요될 것이다. 하나님은 한 사람도 이방 땅에 남기지 않고 열국 중에 흩으신 당신의 백성들을 다 찾으실 것이며 다시는 당신의 얼굴을 가리지 않으실 것이다. 여호와 하나님은 당신의 영을 이스라엘 족속에게 쏟아부어주실 것이다(39:28-29).

4절 결론

2차세계 대전 후의 국제평화, 유엔결성, 국제재판소 등의 창립으로 세계는 전쟁을 거치지 않고 세계평화를 이룰 수 있다는 낙관론을 경계하는 곽안련은 세계의 장래에 대해 비관적인 전망을 우세하게 내놓고 있다. 한 때 사람들은 히틀러의 나치즘과 레닌의 공산주의는 서로 힘을 합칠 수 없을 것이

---

225) 위의 책, 187-190.

라고 믿은 적이 있으나 그렇지 않다. 이 두 세력은 그리스도를 대항하는 알마겟돈 군대를 형성하고 있다.[226] 공산주의 국가와 히틀러체제가 곡과 같은 나라다. 유대인들을 증오하고 예수와 기독교를 대적하는 히틀러체제나 공산주의 체제는 곡이다. 유대인과 예수님에 대한 증오는 알마겟돈 전쟁의 유력한 동기가 된다. 특히 러시아 공산주의자들이 세계만국의 권세와 영광을 차지하려고 알마겟돈 전쟁을 일으킬 것이라고 본다.

12장 성전이 회복되고 영광이 다시 돌아옴(40-43장)[227]

1절 끝으로 아홉 장의 개론

40-48장은 33-37장이 기록된 지 12년 혹은 13년만에 기록되었다. 1-16장이 기록된지 20년만에 기록되었다. 40-48장은 하나님 백성들이 최후적으로 구원을 받고 복락을 누리는 상황을 그린다. 하늘로부터 온 새예루살렘에서 살게되는 지복시대를 묘사한다. 에스겔의 마지막 부분은 도덕과 윤리보다는 의식과 제의서술에 치중한다.

2절 영광이 돌아옴

8-11장에서 예루살렘을 떠났던 여호와의 영광이 다시 정결케 된 예루살렘 성전으로 되돌아온다(43:1-5).

3절 결론

오늘날은 하나님의 영광을 잃어버린 시대다. 루터를 배출한 독일에도 하나님의 영광이 없고 다른 나라들도 하나님의 영광을 대수롭지 않게 생각한다. 과학만능 사상은 하나님의 영광에 대한 영적 감수성을 고갈시킨다. 초

---

226) 위의 책, 203.

227) 위의 책, 207-223.

자연적인 것을 믿지 않는 과학만능 신봉자들과 이적을 부인하는 유니테리안들과 신(新)신학도 하나님의 영광을 알지 못한다. 하나님의 영광과 영력은 이 세상의 물질보다 더 실재적이고 실체적이다. 40-48장의 가장 놀라운 복음은 우상숭배로 더럽혀진 성전(인간영혼의 성소)을 떠났던 하나님의 영광이 다시 되돌아온다는 것이다.

13장 여호와의 성전과 여호와의 땅(44-48장)[228]

44-46장은 성전의 역사에 대한 포고를 기록하고 있으며 47-48장은 회복된 국토의 재분배 규정을 담고 있다.

1절 새 성전에서 봉사할 사람에 대하여

여호와의 영광이 되돌아 올 때 거친 큰 동문은 지극히 거룩한 문이므로 잠가두어야 한다.

새 성전에는 이방인 출입이 허락되지 않는다. 이방인의 뜰이 새 성전에는 없다. 그래서 레위 사람이 친히 짐승을 잡아야 한다. 그러나 레위인들은 옛날 성전에서의 직무수행 불성실로 인해 제물을 준비하는 데는 쓰임받으나 제사를 직접 드릴 자격은 갖지 못한다. 제사장의 의무는 거룩한 것과 속된 것을 구별하는 것이다. 또한 재판도 해야 한다. 마지막으로 제사장은 여호와의 율법과 규례를 따라 일반 백성들이 모든 절기들과 안식일을 준수하는 것을 감찰하고 감독해야 한다.

2절 새 성전에서의 제사

45:18-46:24은 새 성전에 드리게 될 여러 가지 제사를 규정한다(안식일과 초하루, 상번제). 요한계시록 22장이 묘사하는 예배분위기에 비추어 볼 때 천국

---

228) 위의 책, 224-240.

에서는 짐승제사는 더 이상 드려지지 않을 것이다. 하지만 에스겔은 요한계시록 22:3(짐승제사 안 드리고 야웨를 섬기는 사역)은 깨닫지 못한 것같다.

3절 여섯 부분으로 된 에스겔의 교훈

45:18-25은 여러 가지 절기 규정이다. 45:22 이하 제물을 드리는 자에 대해 말한다. 왕(군주)에게 있어서 제물을 드리는 것은 특권이요 의무다. 46:1-5은 제물을 준비하는 것과 관련된 지시사항을 말한다. 46:2은 왕이 드려야 할 번제에 대해 말한다. 46:12 이하는 상번제 외에 왕이 자원해 드리는 제사에 대해 말한다.

4절 영광의 땅의 분배(45:1-17; 47-48장)

이 단원의 국토는 이상적인 국토분배를 보여준다. 국토의 중앙에 있는 땅이 가장 거룩하다.

5절 대해(大海)

성전 문지방에서 흘러나오는 생수가 죽은 바다를 소생시킨다. 40-48장 중 47장은 가장 명시적 교훈을 담고 있다. 이 생수의 강이 흐르는 땅이 여호와 삼마다.

분석과 평가

곽안련의 에스겔 주석은 선교사역을 은퇴한 후에 쓴 책으로서 선교지 한국에서의 생활을 여러 차례 회고적으로 언급하고 있다. 에스겔 주석의 첫째 특징은 철저하게 에스겔 본문을 영광의 관점에서 해석한다는 점이다. 곽안련이 에스겔서를 아예 처음부터 "여호와의 영광의 복음"이라고 부르는 이유는, 인간이 야웨의 영광을 받아들이면 중생과 죄사함을 경험하기 때문이다. 곽안련에 따르면 에스겔은 영광의 복음을 받아들여 중생자가 되었고 소명자가 되었다. 반면에 예루살렘 성전은 우상이 가득 차서 야웨의 영광을 더 이상 받아들일 수 없었다. 영광의 복음을 받지 않는 인간은 육체가 되고 영광의 복음을 받아들이지 않는 성전은 돌무더기로 전락한다.

둘째, 에스겔 주석은 클라크의 다른 표준주석 시리즈의 주석서들과 비교할 때 학자들의 의견과 해석을 거의 참조하지 않으며 심지어 언급도 하지 않는다. 따라서 저자의 다른 주석서들에 비하여 학구적 엄밀성이 크게 약화된 주석이다. 셋째, 에스겔의 종말론을 역사적 전천년설 종말론의 틀 안에서 해석하되 38-39장의 곡과 마곡 전쟁을 동서냉전 이데올로기의 빛 아래서 무리하게 해석한다. 아예 제목부터 요한계시록 12-19장에 걸쳐 암시되거나 묘사되는 종말의 아마겟돈 전쟁의 구도 아래 에스겔 38-39장을 해석할 의향을 노골적으로 드러낸다. 마지막으로, 에스겔 주석은 거의 유일하게 저자 자신의 선교지 한국의 영적 상황을 본문에 비추어 해석하고 있다. 신사참배에 대한 한국교회의 저항을 우상숭배에 저항하는 에스겔의 영적 분투와 견주어 말한다.

5장

찰스 알렌 클라크의 구약주석에 대한 종합적 평가

1. 칼빈주의 정통신학의 초지일관성을 살리기 위해 희생된 문법적-역사적 주석 원칙[229)]

이상에서 자세히 검토해 보았듯이, 곽안련의 성서주석서들은 각 책의 독특한 메시지를 탐색해 그것이 기독교신앙 실천에 어떻게 상관시킬 것인가를 따져보는 데 치중하기보다는 주석자의 머릿 속에 먼저 입력된 신학과 교리의 원칙들을 정당화하는 방식으로 저작되었다. 한 마디로 말하면 곽안련의 성서주석들은 신학적 원리의 향도 아래 추진된 신학적 성서읽기로 간주될 수 있다. 이 여섯 권의 주석서들은 성서학 전공학자의 주석이 아니라 실천신학, 특히 설교학 교수의 목회적 주석이라고 규정할 수 있다. 문법적-역사적 주석만 제대로 해도 성경의 독특한 메시지, 즉 쉽게 조화될 수 없는 야생적인 메시지들이 발견될 수 있는데 곽안련은 성경 메시지를 대체로 정통 칼빈주의 신학의 명제 아래 복속시킨 듯한 인상을 준다. 각권 주석에 실린 그의 긴 서론은 이미 각권의 개별본문에 대한 주석에서 귀납적으로 발견된 정보나 사실의 종합을 반영했다기보다는 자신이 신봉하는 신학적 교리에 의해 재단된 성경 각 책 이해를 반영하고 있다.

그는 평양장신의 교회사 교수요 실천신학 교수였지만 전문적인 성서학 주석훈련을 받은 사람은 아니었던 것으로 판단된다. 그의 성서주석은 성서학에서 말하는 주석방법론에 입각한 주석이 아니라 자신이 신봉하는 신학적 교리와 교훈을 지지하기 위한 성경본문 해설인 셈이다. 그의 성서주석은 그가 생각한 본문주해 설교를 돕도록 예정되었을텐데 그의 성서주석과 그가 가르친 설교학 사이의 유기적 협력관계를 찾아내기가 쉽지 않다. 곽안련의 성서주석은 주석을 통해 기존에 알려진 특정교리를 보완하거나 수정하는 데

229) 이 단원은 이호우, 『초기 내한선교사 곽안련의 신학과 사상』, 11장 “곽안련 설교학의 특징”에 크게 빚지고 있다.

도움이 될만한 성경적 통찰력이나 계시를 기대하는 주석적 모험이 아니었다. 곽안련은 설교학 교수로서 설교를 가르칠 때 제목설교보다 본문설교가 더 유용한 설교형태라고 주장했으나, 평양장신의 설교학 수업시간에도 본문주해설교를 강조해서 가르치지도 않았거니와 한국교회의 회중을 상대로도 자신이 강조한 만큼 본문주해 설교에 주력하지 않았다.

1918년부터 1939년까지 〈신학지남〉에 실린 42편의 그의 설교 중 제목설교가 36편, 본문설교 6편인데 비해 주해설교는 한 편도 없었다. 곽안련은 주해설교의 장점을 장황하게 설명했지만 그가 상대한 초신자들이었던 한국교회의 청중수준을 고려해서였는지 그는 주로 제목설교를 선호했다. "모든 설교 형식 중에서 이 주해 설교가 가장 어렵고도 좋은 설교 형식이다. 모든 설교자는 이 설교를 할 수 있는 힘을 길러야 한다. 주해설교가 어렵다고 해서 회피해서는 안 된다. 이 주해설교를 할 수 없다고 하는 설교자는 스스로 이 주해설교에 대해서 배우지 않았다고 말하는 것이다." 그러나 그는 이렇게 주해설교의 중요성을 강조했음에도 불구하고 한 편의 주해설교도 남기지 않았다. 곽안련을 비롯한 선교사들은 제목 설교의 단순한 형태가 믿음의 초보단계에 있는 한국 교인들에게 복음을 명료하게 전달할 수 있는 설교법이라고 간주하였을 것이다. 1884년-1940년 기간의 한국교회 설교 통계는 선교사들의 제목설교 선호를 여실히 보여준다.

1884년-1919년	제목설교 71.7%	본문설교 27.4%	주해설교 0.9%
1920년-1930년	제목설교 73.0%	본문설교 26.4%	주해설교 0.6%
1931년-1940년	제목설교 80%	본문설교 20%	주해설교 0%

이것은 무엇을 의미할까? 곽안련이 여러 편의 성경주석을 썼다고는 하지만 본인 자신은 정작 강해설교나 본문심층 주해설교에는 주력하지 않았다. 청중의 수준을 고려했을 수도 있겠지만 그는 성경주석서를 많이 저술

한 목사치고는 본문강해 설교에 기여한 바가 없었다. 오히려는 그는 교리 설교에 훨씬 치중했다. 교리설교는 제목설교로 치환되기 아주 쉬운 설교이기도 했다.

곽안련의 〈설교학〉에는 "교리설교"라는 항목이 있다. 기독교는 계시의 종교이고, 하나님의 계시인 성경이 교훈하는 것들, 즉 '죄의 사실, 성육신, 속죄, 부활, 죄의 용서, 칭의, 그 밖의 중요한 교리들을 해설하고 선포하는 것'을 교리설교라고 칭했다. 그는 교리적 설교는 종교개혁 이후 많은 복음주의 설교자들에게 널리 사용되어 왔지만, 자유주의 설교자들에 의해 무시되고 있다고 평하였다. 그는 자유주의 설교자들의 설교가 교리보다는 윤리를 강조하는 도덕적 설교가 되어 있다고 지적했다. 곽안련은 교리를 무시하고 기독윤리와 도덕을 강조하는 자유주의적 설교가 성경의 권위와 기독교의 중심교리(대속적 속죄교리, 구원론)를 해설하는 교리설교보다 더 득세하는 것을 경계한다. 곽안련은 사람들이 듣지 않고는 견딜 수 없을 만한 적극적인 확신을 가지고 기독교의 중심교리를 세상에 전파하는 것이 설교자의 가장 숭고한 임무라고 규정했다.

바로 이런 이유 때문에 곽안련은 복음전파적 설교는 반드시 교리설교여야 한다고 주장했다. 〈신학지남〉에 실린 42편의 설교 전문들 중 17%에 달하는 7편의 설교에서 교리적 주제를 취급하고 있다. 그의 교리적 주제는 두 가지로 해석할 수 있다. 첫째, 그의 교리설교는 신론, 인간론, 그리스도론, 그리고 구원론에 편중되어 있는 반면, 교회론과 종말론 교리는 간략하게 취급되고 있다. 둘째, 곽안련의 교리적 설교의 내용은 매우 칼빈주의적이다. 칼빈주의에 대한 그의 신학적 확신은 그의 설교와 많은 다른 글에서 발견되고 있다. 곽안련은 찰스 하지와 A. A. 하지, 그리고 B. B. 워필드와 같은 프린스턴 구학파의 원죄설과 형벌대속설적 구원론을 견실하게 이어받았다. 곽안련에게는 예수 그리스도의 대속적 속죄론과 인간의 노력이 첨가되지 않은 하나님의 직접적이고 독점적인 사역인 중생이 무척이나 중요한 교리였다.

곽안련은 시편 강해나 에스겔서 주석, 레위기 주석에서 특별히 그리스도 중심적, 구속사적 성경강해에 주력했다. 곽안련은 〈설교학〉에서 "그리스도 중심적" 설교 유형을 제시한 바는 없지만 그의 설교의 내용과 핵심이 반드시 예수 그리스도 중심적이어야 함을 강조했다. 설교는 그리스도 중심적인 설교가 되어야 한다는 분명한 신학적 사상을 가지고 있었던 것이다. "모든 설교는 반드시 그리스도 중심적이어야 한다"는 카이퍼의 입장을 곽안련도 견지했다. "설교자는 그리스도만을 설교하고 그분만을 높이지 않으면 안 된다"고 강조하였다. 그는 신성과 인성을 지니신 예수 그리스도에 대한 분명한 신학적 고백을 담고 있다. "우리의 육안이 족히 하나님을 보지 못하며, 형이하의 뇌력이 능히 하나님의 형태를 상상할 수 없지마는 도성인신하신 주님만 보면 하나님을 본 것이다. 주는 하나님의 영광의 광채시요, 그 본체의 형상이다"라고 하며 예수의 신성을 강조였고, 예수님을 "거룩하심", "공평하심", "선하심", "처음과 나중", "만왕의 왕", 그리고 "만주의 주"라고 표현하였다. 한편으로는 죽은 자에게 생명을 주시는 분으로 예수 그리스도를 선포하였다. 그러나 곽안련이 강조한 그리스도 중심적 설교의 최절정은 십자가 위에서 완성하신 예수의 구속사역이었다.

곽안련의 성경주석은 그리스도가 가져오는 구원을 아주 협애하게 해석하는 경향을 드러낸다. 그리스도의 구원은 개인적인 구원이며 심령적인 인격감화적인 구원으로 축소될 때가 많다. 그리스도의 구속사역에 초점을 둔 곽안련의 "그리스도 중심적인 설교"에 대한 열망이 그의 성경해석에 지대한 영향을 끼쳤다. 곽안련은 한국사람이나 한국사회의 기독교적 총체적인 변화를 추구하기보다는 "한국 사람 개개인의 영혼구원을 추구하는 설교." 즉 구령중심적인 설교에 치중한 선교사역에 투신했다. 1910년 한일합방의 해에 곽안련을 비롯한 한국선교사들과 영적지도자들은 독립운동이나 민족자주권 회복운동에 관심을 둔 것이 아니라 백만인 구령운동을 주도한다. 곽안련의 성경주해나 설교의 목적은 영혼을 구하는 것이었던 것이다. 그는 "보기 흉한 죄를 가릴 만한 것은 오직 그리스도의 '피'밖에 없다"고 주장하며 그리스도만 바라볼 것을 교인에게 주문했다. 영혼 구원의 목표를 지닌 설교는 곽안련 설교의 특징일 뿐만 아니라 당시 선교사들이 외쳤던 설교의 전형적 중심사상이기도 했다. 선교사들의 영혼구원 메시지의 영향에 의해서 "예수 믿고 천당가세"라는 표어가 나왔음을 짐작할 수 있다. 곽안련은 『설교학』을 끝맺으면서 설교자란 무엇인가 하는 문제에 답을 주었다. "여러분들의 중심적 과업은 '잃은 양을 찾아 구원하는 일'이며, 이 일을 이루는 가장 중요하고 위대한 방법의 하나는 '영혼을 추구하는 설교'를 하는 것이다. '영혼을 추구하는 설교를 자주 하여라' 이것이 나의 마지막 부탁의 말이다." 교리설교적 관심을 크게 벗어나지 않는 성경주해라는 평가를 피하지 못할 정도는 곽안련의 성경주석은 충분히 성경신학적 깊이를 보여주지 못했다. 그는 교리적 편견에 지나치게 경도되어 성경본문의 "낯선 세계"와 정직하게 대면하는 일을 치열하게 감당하지 못했다.

신앙선도적이고 경건함양적 주석을 출간하려는 표준주석 시리즈의 기획 때문이었겠지만 결과적으로 보면 곽안련의 주석서들은 고등비평에 대한 포괄적인 배척이라는 정통칼빈주의의 신학적 렌즈를 통과한 주석적 판단들로 가득 차 있다. 전체적으로 볼 때, 문법적·역사적 해석이 그의 성경해석 중심도구로 천명되었음에 불구하고 우화적-유형론적-과잉기독론적 해석이 그의 성경해석을 상당히 지배하고 있음이 드러났다. '오직 성경으로'만이라는 정통칼빈주의 성경주석이 과연 주석적 판단을 규제하는 전제조건으로 작동하지 않고 오로지 성경에서만 메시지를 도출하는 일이 가능한지에 대한 질문을 불러일으킨다. 그의 선제적 신학적 본문읽기는 그의 우화적·모형론적 해석방법에 잘 부합되었고 이제 이 해석방법 채택은 그의 제목설교 선호를 초래한 것으로 보인다.

실로 곽안련은 표준주석시리즈의 원칙을 따라 문법적·역사적 해석원리에 충실하려고 했으면서도 우화적 해석에 자주 호소했다. 아마도 그가 실천신학교수, 특히 설교학 교수였기 때문에 이런 모순이 발생한 것이 아닌가하고 추정해 볼 수 있다. 성경본문 자체에 대한 저자의 집필 의도나 명백하고 문자적인 의미를 찾는 해석적 접근방법과 달리 우화적·모형론적 해석은 설교의 목적 및 해석의 통일성을 명료화하는데 있어서 주요한 역할을 하였을 것이다. 우화적-모형적 해석은 그리스도 중심적 사상, 그리스도의 구속 사역, 성경 진리에 대한 신앙적 결단 등과 같은 주요한 주제들로 통합시키는 데 유익한 방법이었을 것이다.

앞서 서론에서 언급했듯이, 우화적·모형론적 해석론은 제목설교 선호를 촉발시켰으며 결국 본문 자체의 맥락적 의미보다는 성경의 특정 단어들이나 문구들에 집중하게 만드는 결과를 초래했다. 이런 이유 때문에 곽안련의 모형론적 해석론은 성경해석의 초점을 그리스도에게만 집중시키기에 과잉 기독론적 해석을 초래한다. 당대적 맥락, 정경맥락에서의 특정 구절이나 사건 해석보다는 그리스도 지시적, 예표적 맥락의 관점에서 특정 구절이나 사건을 환원시키려는 경향성도 아울러 발견된다. 모형론적 성경해석은 그리스도 중심적 사상을 담은 설교를 준비하거나 그러한 설교를 강론하는 데 매우 유용한 역할을 했겠지만 성경의 맥락성, 장르성, 역사적 상황성을 고려한 해석노력을 약화시킬 수도 있다.

원래 고전적인 의미의 주석은 하나님의 계명과 명령과 모범을 발굴하고 그것을 평가하고 이해하여 삶을 변화시키려는 실용적인 목적 하에 이뤄진다. 종교개혁교회는 성경말씀을 기존 교리 위에 둔다. 비록 인간의 언어로 매개되었지만 성경의 중심주장이 하나님의 말씀이라는 믿음 때문에 주석은 개별적인 저자를 넘어서서 하나님의 의도와 목적(명령)을 발견하려고 노력한다. 여기에는 하나님의 의도와 목적은 본문의 원저자와 원청중의 관계를 회복할 때 더욱 분명해 질 것이라는 믿음이 작용한다. 따라서 주석(exegesis)은 원저자 혹은 원래 화자의 의도를 중심으로 본문의 의미를 찾을 수 있다고 믿는 사람들이 시도하는 신학적 해석의 일종이다. 그래서 원래 화자(話者)와 원래 청중이 복구될 수 있다는 전제 하에 본문의 원의(原義) 추적을 과제로 삼는 주석은 원의(原義)를 하나의 객관적이고 고정된 실체(substance)라고 생각한다. 그러나 본문과 해석자 사이에 존재하는 문화적 및 세계관적 간극 때문에 원의를 찾으려면 주어진 본문에 대한 역사적 연구가 요청되었다. 바로 이런 이유 때문에 16세기 종교개혁 이래 역사적 방법론(the historical method)이 고전적인 주석의 대표적 방법론으로 등장한 것이다. 종교개혁자들 이전의 중세 시대의 성경해석은 성경본문의 우의적(寓意的), 교리적, 도덕적 사용에 주력하였다. 이에 비해 종교개혁자들은 역사적 문자적, 문법적 연구를 강조하였다. 전체적으로 원래 역사의 맥락에서 성경의 개별 본문들이 가졌던 원래 의미를 찾는 작업은 로마 카톨릭교회의 교리적 지배로부터 성경자체의 권위를 회복하려는 변증적 의도를 가진 채 추진되었다. 그러나 역설적이게도 종교개혁자들의 역사적 방법론이 근대 계몽주의적 성경해석의 도구들을 배태시켰다. 성경본문이 원래 역사의 맥락에서 가진 의미를 찾는 과정에서 불가피하게 비(非)역사적인 분위기를 자아내는 본문들에 대한 고등비평적 작업이 이뤄지기 시작하였다. 이런 누적된 역사적 연구는 결국 역사비평적 방법론(the historical-critical method)을 초래하였다. 역사비평적 방법론은 역사적 방법의 일종이면서 비평적 방법이다. 이 방법이 비평적 방법인 이유는, 대부분의 경우 성서에서 펼쳐지는 역사기록들은 신학적 관점에서 채색되었다고 보기 때문에 실제역사(real history)를 재구(再構)하기 위하여서는 비평적인 검증을 거쳐야 된다고 보기 때문이다. 오늘날 성서주석을 지배하는 방법론들은 19세기에 확정된 고전해석의 일반적 준칙들이 성서연구에 적용될 때 발생된 것들이다. 19세기는 모든 지적 문물들과 문화적 표현들을 역사의 빛 아래서 설명하려는 반(反)초월주의적 역사주의라는 사조에 지배당하던 시기였다. 역사-비평적 연구방법은 비판(criticism)[230], 유비(analogy)[231], 상관성(interconnectedness)[232]의 원칙에 의해 지탱된다.

그런데 놀라운 것은 이런 고등비평 방법론들도 "오직 성경의 권위에 입각하여"(sola Scriptura)라는 종교개혁자들의 성경해석원칙을 극단적으로 밀고나간 결과라는 사실이다. 따라서 성경의 권위를 교황이나 교회의 전통/교리의 권위보다 우위에 두려는 "오직 성경의 권위에 입각하여" 원리에 충실하려는 성서해석학은 이런 근대 비평적 방법론들을 외면할 수 없다. 이 방법을 외면하면 또 다른 의미의 중세적인 우의적-교리적 해석의 길만을 취하는 수밖에 없다.[233] 이제 19세기 역사비평적 연구방법론들이 제기하는 질문을 피하기보다는 넘어가는 길 속에 미래의 바람직한 해석학적 전망이 그려질 수 있을 것이다.

곽안련의 주석서들은 역사비평학에 대해 분별있는 대응을 하기보다는 교조적이고 독단적인 배척을 취함으로써 오늘날 기준으로 볼 때 성경 본문의 원의를 추적하기보다는 성경본문은 정통칼빈주의라는 신학적 명제들을 정당화하는 참고 문헌 혹은 증거본문으로 동원하려는 경향을 보일 때가 많다. 자주 문법적-역사적 연구에 치중한다고 주장하면서도 곽안련은 역사-비평학적 성과를 철저하게 배제했기 때문에 결과적으로는 성경본문의 역사적 자리를 엄밀하게 찾지 못하게 하는 결과를 초래한다. 예를 들어 욥기의 저자를

---

230) 모든 역사기록의 신빙성을 일단 비판적으로 검토하는 방법론으로서 역사적 사건을 기록한 신빙성 있는 기록으로 인정받으려면 19세기 서구 계몽주의적 인식론의 틀 안에서 용납되는 방식으로 기록된 문서여야 했다. 기적(miracle)과 예언과 성취(prophecy-fulfillment scheme)의 도식에 근거하여 구속역사의 특이성을 옹호하고자 하였던 von Hofmann 등의 구속사학파 신학을 공격하는 방법론이다.

231) 한 사건이 역사적 사건으로 인정받으려면 다른 조건, 다른 시대 상황에서도 그것과 유사한(동일한 종류의) 사건의 반복적인 발생 가능성이 입증되어야 한다는 주장이다.

232) 모든 진정한 역사적 사건은 상호 인과적인 관계성 안에서 일어난다는 사상이다.

233) 한국교회의 경우 대부분 성경에 대한 주석에 근거한 설교가 아니라 우의적, 카리스마적, 도덕적, 교리적 설교가 전반적으로 더 우세하다.

출애굽기 이전의 모세라든지 '다윗의 시'라는 표제어가 붙은 시편 대부분을 다윗의 친저라고 보는 입장을 곽안련은 '역사적 연구'라고 생각하는 듯하지만 오늘날 어떤 보수적 주석도 이런 입장을 취하지 않는다.

2. 정치적 무관심과 정교분리정책[234)]으로 희생된 주해의 실제적 효용성

곽안련이 한국선교지에서 보낸 40년(1902-1941년)은 한국민족과 한국교회에게 역사적 격변으로 점철된 시대였다. 1904-1905년의 러일전쟁, 1907년 군대해산과 통감부설치, 1910년 일제의 한국병탄, 1912년 105인 사건, 1919년 기미독립운동, 1937년 만주사변과 중일전쟁, 1938년 한국교회의 신사참배 저항운동, 그리고 1941년 대동아전쟁으로 시작된 2차세계대전 발발이 그가 한국선교지에서 사역했을 때 겪은 사건들이다. 그런데 그의 주석에는 이런 역사적 격변을 겪었던 한국인들과 그들의 선교사였던 자신의 응답과 영적 고투가 거의 언급되지 않는다. 철저한 무관심이다. 그는 엄혹한 역사적 고난의 시기를 거친 선교지의 선교사로서의 성육신적 참여정신이 결여되어 있다. 왜 이렇게 정치적으로 무관심했을까? 이런 역사적 격변에 대한 피상적인 개관과 그 격변기 동안에 한국기독교가 어떻게 부흥되었는가를 연대기적으로 기술하는 그의 시카고대학교 박사학위 논문, 『한국교회와 네비우

234) 2천 여명의 한국선교사들은 극소수를 제외하고는 정교분리정책에 따라 일제의 조선지배를 복음전파의 장애로 여기기보다는 이용했다. 정치의 종교에 대한 간섭을 막기 위했던 정교분리가 종교인들의 정치에 대한 불간섭과 무관심을 의미하는 왜곡된 정교분리정책을 초래했다. 연동교회를 섬겼던 제임스 S. 게일(Gale)이 쓴 소설형식의 조선선교사,『선구자』(심현녀 역[서울: 대한기독교서회, 1993])에는 정교분리를 신봉하고 주창하는 선교사 주인공인 윌리스(마펫 대역)의 독립협회 활동에 대한 비판적 논평이 나온다. 소설 속의 주인공 윌리스는 독립협회에 반대한다는 혐의를 받는 것에 대하여 다음과 같이 응답한다: "반대하는 것은 아무 것도 없습니다. 독립운동은 좋은 것이지요. 정치개혁도 필요한 것이구요. 제이(서재필)와 치이(윤치호)는 내가 아는 한 정직한 사람들입니다. 그러나 교회는 정치적 조직이 아니며 그래서도 안됩니다. 만약 그렇게 된다면 성서 속의 영혼의 메시지는 사라져버릴 것입니다"(234). 소설 속의 주인공 연동교회 초대장로 고찬익의 대역인 고씨는, "조선에서 필요한 것은 독립협회 운동이 아니고 예수님의 말씀이라고 처음부터 확신했다"(241). 곽안련은 정교분리의 경직된 신봉자였는데 그의 주석 어디에도 식민지지배를 받는 한국인들에 대한 공감과 동정이 거의 피력되어 있지 않다.

스 선교정책』은 그 이유를 적시하고 있다. 이 책은 한국이 중국 산둥에 파송된 미국 선교사 존 네비우스의 선교정책이 이상적으로 결실을 맺은 선교지라는 중심논지를 입증하기 위하여 한국교회가 네비우스의 선교정책(성경중심, 자전, 자립, 자치)을 얼마나 충실히 반영했고 그 결과 어떤 비상한 선교적 성공을 거두었는가를 자랑스럽게 기술한다. 그러나 에스겔 주석을 제외하고는 곽안련의 주석서 어디에도 선교지 한국민과 한국 자체에 대한 언급이 없다. 선교지 한국에 예언서가 어떻게 적용되는지에 대한 일언반구가 없다.[235] 이런 점에서 표준주석 시리즈의 실용적인 원칙을 충족시키지 못하는 것처럼 보인다. 곽안련을 비롯한 대부분의 미국선교사들은 한일병탄을 현실로 인정하고 조선총독부가 대표하는 일제를 정부라고 생각했고 정부에 협조를 하면서 제도권 기독교회를 육성하는 데 최선을 다했다. 일제의 한국통치를 바라보는 곽안련의 현실순응적 관점을 예해하는 두 가지 사건을 그는 위의 책에서 말하고 있다. 1915년 일본정부(조선총독부)는 한일합방 5주년 기념으로 경복궁 마당에서 박람회를 개최했고 이 행사시기에 선교사들에게 조선인과 조선거주 일본인들에게 전도기회를 제공했다(220). 한국교회는 그 기회를 포착해 300피트 넓이의 가건물을 설치해 전도집회를 열었다. 50일 동안 계속된 박람회는 강제로 동원된 경향각지의 사람들 10만명이 관람하는 성황을 이루었다. 이 때 교회는 11,627명의 구도자들의 이름과 주소를 얻는다. 교회는 오전 8시-밤 10시까지 종교영화를 상영해 전도하고 개인담화를 통한 전도와 짧은 설교를 통한 전도로 병행했다. 곽안련은 이 전도행사가 임대료도 안받고 장소를 제공해준 '정부의 지원 아래' 이뤄진 행사였으며(일본어로 집회가 이뤄지기도 했다) 절반의 기간 동안 그 가건물 선교본부에 나가 근무했으며

235) William Yoo, *American Missionaries, Korea Protestants, and the Changing Shape of World Christianity 1884-1965* (New York & Londson: Routledge, 2017), 6, 13(각주 24 참조: Derek Chang, *Citizens of a Christian Nation: Evangelical Missions and the Problem of Race in the Ninenteenth Century*[Philadelphia: The University of Pennsylvania Press, 2010], 11).

그 기간에 공적 전도설교도 했다고 말한다.

곽안련을 비롯한 선교사들의 현실순응적 부일협력적인 태도를 예해하는 사건은 1915년에 반포된 일제의 종교교육 금지령을 해제하는 과정에서 일어난다. 일제는 1915년에 공립학교 교육을 강화하는 차원에서 종교교육을 일절 금지하는 행정령을 내렸다. 이에 대해 선교사들의 문제제기가 있었고 그 결과 타협점이 찾아졌다. 일제는 종교교육에 치중하는 기독교미션스쿨도 일제의 교육정책과 통치정책에 협력하는 한에서 종교교육을 실시할 재량을 주기로 했다. "관계공무원들은 시간과 에너지를 아낌없이 투자하여 선교회가 한국민들의 진보와 한국인들의 기질 훈련에 기여하면서도 정부가 추진하는 목표를 무효화하지 않는 그러한 어떤 계획이 수립될 수 있는지 알아보았다. 정부는 선교회의 목적이 그들 자신의 목적과 동일하다는 것 즉 이 민족의 최대 유익에 있다는 것을 인정했다. 여러 차례 걸쳐 정부는 그 사실을 성심으로 인정해 주었다." "미션스쿨에서는 정부의 커리큘럼을 완벽하게 가르치고 시설, 유자격교사에 대한 정부의 모든 요구를 이행하며, 일본어로 된 모든 과목을 가르쳐야 한다는 것이다. 그러나 아무도 이것을 지나치게 문제시하지 않았다."[236)]

성경을 해석하는 과정에서 성경본문에 대한 이해와 그 본문의 현대적 적용에 대한 양자관계를 곽안련은 매우 날카롭게 의식했지만 정작 그의 주석들에서는 본문과 청중의 호상관계에 대한 예민한 자각이 결여되어 있다. 욥기-시편 주석은 표준성경주석 시리즈라는 이름으로 간행된 첫 주석이며 클라크의 재한(在韓) 선교 활동기간에 나온 유일한 책이다. 그는 여기서 이 주석서의 독자들이 일제의 식민지 압제와 수탈 중에 허덕이는 민족이라는 사실을 거의 의식하지 않는 것처럼 그의 주석에는 상황반영적인 논의가 거의 없다. 욥기-시편 주석이 출간된 1937년은 한국 그리스도인들이 아주 엄중

---

236) 곽안련, 『한국교회와 네비우스 선교정책』, 252-253.

한 현실을 대면하고 있었다. 일본 총독부가 강요한 신사참배는 1930년대 중반부터 한국 기독교 신앙과 삶의 생명력을 가혹하게 위협하기 시작했다. 장로교 총회가 1938년 신사참배에 응하기로 결정한 후 한국 기독교는 전례 없는 지극히 무서운 역경을 겪어야만 했다. 곽안련은 그 고난의 시기를 "환난의 때"(a time of Tribulation)라고 불렀다. 욥기 주석의 첫 면에서 환난의 시기를 통과하는 한국 교회의 교인들에게 외쳤던 곽안련의 첫 마디는 바로 이것이었다: "의인(義人)이 왜 고난을 당(當)하는가?" 그런데도 정작 고난받는 한국 독자들, 혹은 그리스도인들을 염두에 둔 위로나 권면적 적용이 부각되지 않았다. 그가 설교학에서 그토록 강조한 청중과 본문 사이의 거리를 왜 좁히지 못했을까? 왜 곽안련의 표준주석에는 에스겔 주석을 제외하고는 독자들이 처한 비상한 역경과 고난의 그림자가 드리워지지 않고 있을까? 그가 천명한 절대적 정교분리 정책 때문이었을까?[237] 그의 선교전략이 그의 주석작업에 이토록 깊은 영향을 미쳤을까? 곽안련이 주석서에서 언표하지 않았지만 신생선교지에서 거둔 영적 추수를 보호하고 보증하려는 선교전략가적 의도가 그의 주석서들 전반을 지배하는 탈정치화, 탈집단화, 탈세상화, 탈역사적 경향성을 설명하는 단초가 아닐까 한다.

이런 한계에도 불구하고 표준주석 시리즈, 특히 곽안련의 성경주석은 다음 세대의 대표적 전질 성경주석을 출간한 박윤선의 구약주석에 결정적인 영향을 끼친 것으로 평가된다.

---

237) 이호우, 같은 책, 317-329. 곽안련의 최대 관심은 교인들의 정치적 세력화가 아니라 영적 갱신과 정화였다.

6장

박윤선의 〈구약주석〉에 끼친 영향

박윤선의 〈구약주석〉에 끼친 영향[238)]

박윤선의 구약주석은 장로교 표준주석이 출간되고 나서 한 세대가 가기 전에 출간되기 시작했다. 박윤선의 주석은 크게 보아 표준주석의 신학전통을 계승하고 있다. 표준주석의 강점과 약점을 박윤선 주석도 동시에 드러낸다. 박윤선의 주석도 성경의 영감성과 신언성 계시성을 옹호하는데 주력한다. 그는 특히 벤자민 워필드, 헤르만 바빙크, 아브라함 카이퍼의 성경관을 대표적인 칼빈주의 성경관이라고 평가한다.[239)] 박윤선이 붙든 개혁주의 성경관은 성경을 하나님이 주신 정확무오한 하나님의 말씀으로 믿으며[240)] 성경해석에는 성령의 감화가 필요하다고 믿는 사상이다. 하지만 박윤선도 표준주석 시리즈 집필자처럼 성경이 하나님의 계시를 기계적으로 받아 적은 글이라고 보지 않고 인간 저자들을 통해 기록하셨다고 믿는다는 점에서 유기적 영감설을 믿는다. 이 유기적 영감설을 예해하기 위하여 개혁주의는 성경의 네 가지 속성들을 믿고 강조한다.

① 성경의 자증(自證) 혹은 자기충족적 신임성: 성경은 그 자체 안에 독자적 권위를 가지고 있다. 교회나 어떤 사람이 성경이 하나님의 말씀이라고 말하기 때문에 하나님의 말씀이 되는 것이 아니라, 성경은 그 이전에 이미 독자적으로 하나님의 말씀으로서의 권위를 가지고 있다.

---

238) 이 단원은 저자의 "박윤선의 구약주석 비평," 「신학사상」158(2012/10), 9-54에 크게 빚지고 있다.

239) 이호우, 위의 책, 11-27.

240) 성경의 권위에 대한 박윤선의 교리적 확신은 주석을 집필하던 초창기부터 생애 끝날까지 흔들림없이 유지되었다. 다음은 성경의 절대적 무오에 대한 그의 초기 글들이다: "신약성경의 권위에 대하여(1)," 고려신학교 교지 『파수꾼』 4(1954), 5; "우리의 성경," 『신학지남』(1976/6), 5-7; "나의 신학과 나의 설교," 『신학정론』 4(1986/5), 4-5.

② 성경의 필요성: 개혁주의는 인간의 구원과 생활을 위해 성경이 절대적으로 필요하다고 믿으며 성경은 우리의 구원과 생활에 절대적으로 필요한 유일한 기준이라고 믿는다.

③ 성경의 명료성: 개혁주의 교회는 성경은 구원과 생활 문제에 있어서 모든 신자들이 분명하게 이해할 수 있을 만큼 명료하게 하나님의 뜻을 계시하셨다고 믿는다. 그래서 개혁주의는 평신도들의 성경 공부나 해석을 금지하지 않고 오히려 격려한다.

④ 성경의 자기충족성: 가톨릭교회는 성경만으로는 부족하다고 하여 성경 외에 전통(傳統)을 진리의 중요한 기준으로 삼았다. 그러나 개혁주의 교회는 그러한 전통의 권위를 부인하고, 성경만으로 충분하며 오직 성경만을 진리의 유일한 표준으로 삼았다.

이제 우리는 곽안련의 구약주석이 박윤선의 구약주석에 어느 정도 영향을 끼쳤는가를 가늠하기 위해 박윤선의 레위기(1971년), 민수기(1971년), 욥기(1974년), 시편(1957년), 예레미야(1965년), 에스겔(1967년) 주석을 살펴보려고 한다. 박윤선이 성경전질 주석을 착상하고 집필을 시작할 즈음에는 한국어로 된 주석이 거의 없었다. 1934년에 감리교단이 번역한 자유주의적 아빙돈 단권주석, 장로교단의 총회표준성경주석(1937-1964), 아펜젤러와 언더우드 선교 70주년을 기념하기 위한 주석(한국학자 저술 주석), 1960년부터 출간된 이상근 신약주석, 성결교의 김응조 성서강해 등이 박윤선이 주석을 발간하기 시작했을 당시 한국어로 된 주석들이었다. 미국의 웨스트민스터 신학대학원 유학 후 박윤선이 처음으로 맡은 공식적 직임은 고등비평적 학설에 입각한 아빙돈 단권 번역주석에 대한 장로교단의 응답으로 기획되고 착수된 총회표준성경주석 실무자직이었다. 그는 위원장직을 맡던 박형룡 박사의 조력자로 임명되었다. 서론에서 이미 언급했듯이 이 총회표준성경주석은 계시의 역사를 종교진화론적인 선입관으로 폄하하고 이적(출 10:21-23, 14:21-23)

을 부인하는 아빙돈 단권번역주석에 대한 반작용으로 기획되었다.[241] 박윤선의 성경주석은 이런 총회표준 성경주석의 정신("학구적," "비판적,"[242] "통일적," "실용적," "정통적"[243])을 이어받은 것으로 평가된다.

박윤선의 레위기-민수기 주석

〈레위기, 민수기, 신명기〉(1971년) 단권주석서의 서론에서 박윤선은 전통적 모세오경 저작설을 부정하는 벨하우젠 학파의 고등비평(자료비평)(S. R. Driver, G. von Rad, Martin)을 낱낱이 비판하고(다수의 평주 참조) 전통적 모세오경 저작설을 옹호한다. 히브리서 3:2-6에 입각하여 모세를 그리스도의 예표자라고 파악하는 저자는 신명기 18:15이 모세가 그리스도를 예언한 것이라고 본다.[244] 한 걸음 더 나아가 박윤선은 "고등비평 학설의 무너짐"이라는 표제 아래 고등비평을 구사하는 자들이 문제삼고 있는 구약성경의 여러 책들의 정경성과 계시성을 옹호한다.[245] 레위기 주석은 내용분해-해석-(특별참고)-(평주)-(설교재료)의 요소로 구성되고 있다. 레위기 주석에는 다른 주석서들에 많이 삽입된 설교가 한 편도 없다. 대신 몇 편의 설교재료가 있다. '번제에 대하여', '소제에 대하여', '화목제에 대하여', '속죄제에 대하여', '희년의 표상적 의미' 등의 특별참고 내용이 있으며 평주의 대부분은 마틴 노트의 고등비평 비판에 할애되고 있다.

박윤선의 민수기 주석에는 아홉 편의 설교가 실려 있다. 내용분해-해석-(설교)-설교재료(28장은 설교는 있으나 설교재료가 없고, 36장은 설교와 설교재료 둘

---

241) 박윤선, "한국교회 주경사," 『신학지남』 140(1968), 9-14(특히 12).

242) 여기서 비판적이라는 말은 역사비판적이라는 말이 아니라 자유주의 고등비평 사조에 대한 비판적 견제를 의미한다.

243) 박윤선, 윗글, 14; 박형룡,『표준주석 로마서-고린도전후서-갈라디아서』(조선예수교장로회 기독교교육원, 1955), 17.

244) 박윤선, 『레위기 · 민수기 · 신명기 주석』(서울: 영음사, 1971), 10-11.

245) 위의 책, 14-15.

다가 없다)의 구조로 주석이 이뤄졌다.

박윤선의 욥기 주석

열 다섯 편의 설교가 실려 있다. 내용분해-해석-(특별참고)-(설교)-(설교재료)의 구조로 주석이 이뤄졌다. 박윤선은 먼저 욥기의 저자와 그것의 복합저작 가설(서문 산문부와 운문의 이질적 기원과 유래설)에 대한 고등비평설을 논박한다. 욥기의 저자를 모세라고 보는 탈무드의 견해를 취하기보다는 인간 저자 미상설과 성령저자설을 주장한 네덜란드의 W. B. 렌케마(바빙크)의 입장을 취한다. 욥기 주석에는 두 개의 특별참고가 추가되어 있다. 하나님의 형체 문제를 다루는 특주(교부들의 견해와 종교개혁자들의 견해 취합)[246]와 역사와 계시를 다루는 긴 특별참고[247]가 그것이다. 욥기 38-41장 주석 안에 배치되어 있는 이 둘째 특별참고는 박윤선의 역사실재주의(실증주의)적 입장을 대변하는 글이다.[248] 이 특별참고는 자연계시, 그리스도를 통한 계시, 그리고 성경을 통한 계시를 다룬다. 여기서 박윤선은 역사를 통한 하나님의 계시를 부인하는 바르트를 비판한다. 바빙크를 따라 자연계시를 강조하면서 "일반계시나 특수계시는 자명적으로 하나님을 보여주므로 사람은 자신의 반대를 물리치고 그 증거를 받아야 한다"는 바빙크의 말을 인용한다.[249] 그리스도를 통한 계시에 대한 논의에서 그리스도의 부활이 보통 역사에서 일어나지 않고 참 역사(Geschichte)에서만 일어났다고 주장하는 바르트를 비판한다. 10:18-22 주석에서 박윤선은 창조계시를 강조하는 바빙크의 견해를 우호적으로 인용한다.[250] 28:12-14 주석에서 정암은 신인식에 있어서 폐단이 되는 인본주의적

246) 박윤선, 『욥기 · 전도서 · 아가서 주석』(서울: 영음사, 1974), 64.

247) 위의 책, 346-359.

248) 이것은 박윤선 자신의 1973년 163호 『신학지남』에 실린 "역사와 계시-욥기 38-41장을 중심으로," 21-24를 전재한 것이다.

249) 박윤선, 『욥기 · 전도서 · 아가서 주석』, 357.

250) 위의 책, 123-124.

자율주의를 비판한다.

박윤선의 시편 주석

일백 오십 여덟 편의 설교가 실려 있다. (박윤선 자신이 고안한 시제목)-표제(성경에 적힌 표제어)-서론-강요-내용분해-해석-(특별참고: 예수님의 구약성경, 불건전한 신비주의 등)-(설교)의 구조로 주석이 이뤄졌다. 6, 13, 15, 22, 35, 44, 76, 93, 108, 117, 131, 133, 134, 146편에 대해서는 설교가 없다. 개별 본문으로는 가장 많은 분량을 차지하며 가장 이른 시기에 출간된 주석서다. 시편 일백 오십편 그 편수에 비해 설교편수가 더 많다는 것이 특징이라면 특징이다.

시편 주석(제3판 수정증보판, 1966년)은 구성상 다른 주석과 약간 다른 점이 있는데 그것은 내용 분해 앞에 "강요"를 배치한 점이다. 강요는 각 시편 메시지의 진수를 요약한 글로서 그 안에는 설교주제를 뽑아낼 압축적인 논지가 실려 있다. 이 주석에는 근대 종교사학파 입장의 시편주석가들에 대한 광범위한 비판이 실려 있다. 서론에 "예수님과 그의 사도들의 정경 구약관"이라는 표제의 특별참고가 실려 있다. 박윤선은 예수님과 사도들은 구약 39권을 정경으로 받아들이면서도 외경 일부를 관설했다고 보여지는 구절이 있을 수 있음을 인정한다. 그러나 외경 일부를 인용하거나 인증했다고 해서 그 책 전체의 정경성을 인정한다는 것은 아니라고 본다. 사도들이나 예수님이 구전으로 내려오는 사료로서의 어떤 사실(외경에 자세히 기록된 그 사실)을 성령님의 감동으로 발설하거나 정경 기록시 사용했다고 해도 영감원리에 위반되는 것이 아니라는 것이다(예. 히 11:35 하반절이 마카베오 2서 6:18-7:42 언급; 유다서 14, 15절은 에녹서 2장 인증).[251] 이어 구약성경을 기독교 정경으로 받아들인 초기교부들과 교회들의 수용과정을 논하며 구약성경의 정경성을 옹호한다.

시편의 저작자에 대한 논의에서 박윤선은 대부분을 다윗의 작품이라고 본

251) 박윤선, 『시편 주석』(서울: 영음사, 1957), 30.

다. 특히 고라 자손의 시편들은 그들이 직접 저작했다기보다는 다윗이 저작한 시편을 보관하였기 때문에 이런 이름이 붙었을 것이라고 판단한다. "아삽의 시"라는 표제가 붙은 시는 아삽에게 돌린다. 그가 다윗 시대의 선견자라는 사실이 뚜렷이 밝혀지고 있기 때문이다.[252] 박윤선은 시편의 최종결집 시기를 에스라 시대로 보는데 이 점에서는 에드워드 영의 입장을 따르는 셈이다.

아울러 박윤선은 시편의 기원에 관한 궁켈(시편의 포로기 이후 기원설, 시편의 개인기도 기원가설)과 모빙켈의 학설(야웨의 신년 왕위 등극 축제시로 사용되었을 법한 제왕시편들[시 24, 29, 47, 48, 93, 95- 100, 114, 149]의 기원에 대한 학설)에 대한 자세한 반론을 한다(33-39쪽).[253] 이처럼 박윤선은 시편들에 대한 양식사학파적인 가설의 부당성을 반박하는데 특히 바벨론 신년축제 제의(혼돈과 싸우는 마르둑 신화)와 관련하여 제왕시편(특히 96편, 97편)을 해석하려는 입장을 강하게 비판한다. 박윤선이 보기에 야웨의 신년 즉위에 대한 언급이 구약 어디에도 없다는 점이 모빙켈의 논지에 가장 중대한 손상을 끼친다. 모빙켈이 야웨의 신년 즉위식 때 불려졌을 시편이라고 분류한 시편들은 실상 다윗이 예루살렘으로 법궤를 운반할 때 불려진 노래들이거나 솔로몬의 성전봉헌식 때 불려졌을 것이라고 본다.[254]

성경 안에 내장되어 있는 신화적 요소들을 바탕으로 고대 근동의 신화와의 비교를 통해 시편을 해석해 보려는 모빙켈의 종교사학파적 입장을 반박하는 박윤선은 성경에는 "신화"가 전혀 없다고 단언한다. 다신론에서 배태된 바벨론 창조설화는 역사적 사실에 근거하지 않았고 성경 종교는 역사적

---

252) 위의 책, 31-32.

253) 시편 주석 머리말에는 자신이 모빙켈의 시편주석을 비판하기 위하여 미국 웨스터민스터 신학교 도서관으로부터 모빙켈의 시편 연구서 6권을 비행기편으로 빌렸음을 밝힌다. 이것은 정암의 정통적 성경 주석에 대한 경이적인 열정과 사명감의 일단을 보여주는 일화다(『시편 주석』, 7).

254) 박윤선, 『시편 주석』, 37.

사건과 사실에 토대를 둔 사건종교라고 주장한다(36쪽). "기독교는 자초지종, 사실주의에 입각하여 여호와 하나님의 구원사적 사건을 중심으로 말하는 것이다. 따라서 기독교는 성취의 종교다. 다시 말하면, 구약은 그리스도 사건에 대하여 예언하고 신약은 그 예언의 성취를 그리스도에게서 보고 증거한다. 요컨대 우리는 기독교가 계시의존주의를 가지면서 인간의 사상을 도외시하고 또한 어디까지나 사실주의로 일관한다는 것을 기억해야 한다."[255] "기독교는 신화를 용납하지 않을 뿐만 아니라 신화를 파괴하는 계시종교다. 신화는 오직 하나님의 계시만이 파괴할 수 있다. 그 이유는 인간의 사상은 그 어떤 고차원적이라 할지라도 결국 부패한 사람의 사상으로써 진리 아닌 것을 진리로 만들어낸 것에 불과하기 때문이다. 근대의 진보된 모든 철학체계도 신화에 불과하다. 칸트의 실체도 신화요 실존주의자의 실존도 신화에 불과하다. 그것들은 다 정제된 신화이다. 아무리 정제되었어도 신화는 신화다."[256] 시편 중 제의적 성격이 강한 예언적 시편의 기원을 성전 제의라는 삶의 자리에서 찾으려는 모빙켈의 입장에 대해 박윤선은 에드워드 영(〈*My Servants. The Prophets*〉)과 함께 비판적 입장을 취한다.[257]

시편 주석의 특징은 모두 일 백오십 여편의 설교가 첨부되어 있다는 점이다. 그 외에도 몇 편의 특별참고가 첨부되어 있는데 이런 글은 특별한 신학 및 신앙사조에 대한 분석과 평가 그리고 그것을 통한 바른 신앙 장려에 초점을 두고 있다(예. 시편 51편 주석 중간에 실린 특별참고 "불건전한 신비주의").[258]

박윤선 구약주석은 성경의 절대적 권위를 높이며 하나님의 주권을 높이며 철저하게 인본주의 자율주의를 배격하고 창조자 유지자 섭리적 보존자 하나님을 밝히 드러낸다. 그는 고등비평은 시도하지 않으나 필요한 경우에

255) 위의 책, 36-37.

256) 위의 책, 37.

257) 위의 책, 37-38.

258) 위의 책, 482-484.

70인역과 기타 역본들을 자주 인용하거나 인증하여 본문비평은 자주 시도한다. 그는 문법적 역사적 해석을 인정하면서도 신학적 종합을 하려고 시도한다. 하지만 이것은 구약 각권 각 장의 신학적 특성을 흐리게 만드는 일종의 평탄작업으로서 신학적 교훈화 작업으로 보일 때가 많다. 결국 훈도적 훈계적 설교적 관심이 그의 신학적 평탄작업을 추동하고 있는 것처럼 보인다는 것이다.

그러면서도 박윤선은 하나님의 주권을 강조하는 동시에 성경의 권위 특히 성경의 독자적 신임성을 강조하고 있다. 성경은 성경으로만 해석할 수 있다는 성경의 자기해명성, 자증성을 그는 다음과 같이 강조한다.

> 성경의 저자는 단일 저자인 성령의 말씀으로 각 책의 각 문구는 서로 동일한 기맥을 유지하며 그 일부분을 다른 부분이 밝힐 수 없다. 성경은 초자연적인 사리를 가르치고 있으며 성경의 초자연적인 사리는 초자연적 기록에서만 밝혀진다. 성경에 나타나는 하나님의 사상과 행위는 인간사상을 초월한 초월주의로서만 기능하고 다른 책으로는 성경을 설명할 수 없으며 성경은 성경으로만 해석되어야 한다.[259]

박윤선은 개혁주의 성경해석방법을 신중하게 따랐는데 그것은 곧 성경의 자증성, 자기충족적 신임성, 충족성, 명백성을 포함하는, 성경의 계시성에 대한 신봉을 의미한다. 그는 한국장로교회가 칼빈주의를 표방한다고 주장하면서도 성경해석에 있어서 "성경으로 성경을 해석하는 윤리를 만족히 실행하지 못하였다"고 진단한다.[260] 이에 비하여 박윤선의 주석은 역사적 문법적 역사해석에 일관된 투신을 보여주고 있다. 그는 역사적 문법적 해석이

---

259) 박윤선, "성경해석 방법론,"『신학지남』 33(1966/6), 19-20.

260) 박윤선, "한국교회 주경사," 11.

온전치 못하면 문구들의 표면적 의미만 가지고 서로 다르다고 주장할 수도 있고, 서로 같다고 할 수도 있음을 주목한다. 그는 동시에 표면적으로 다르게 보이는 구절들(성경내재적 주석)이 이면에서 있어서는 서로 같을 수도 있음을 주지시켰다.

이런 균형감각 외에 박윤선은 적어도 원리적으로는 성경주석이 성경을 하나님의 말씀으로 인정하면서도 동시에 인간의 문자로 기록되었다는 사실을 잊지 않았다. 이런 점에서 그는 개혁주의 성경해석을 충실하게 견지하려고 했다. 그럼에도 불구하고 각 권의 특징이 혹은 각 개별저자의 특징이 실제주석과정에서 잘 드러나지 못했다.

박윤선의 예레미야 주석

쉰 편의 설교가 실려 있다. 내용분해-해석-(설교)-설교재료의 구조로 주석이 이뤄졌다. 5, 19, 25, 27, 30, 37, 39-44, 46, 49-52장에 대해서는 설교가 없다. 예레미야 주석 서론은 예레미야의 생애 개관(주전 628년 선지자 취임), 예레미야 저작설 옹호, 본서의 문학적 신학적 통일성(복합구성 가설 비판)에 대한 논의, 예레미야서를 이해하는 데 도움이 되는 중요한 역사적 사건들의 연표를 포함한다. 예레미야서는 고등비평가들이 제기한 쟁점이 비교적 적어 평주가 하나도 달리지 않았다. 다만 설교재료 및 설교(50여편의 설교)를 비교적 많이 첨부한다. 이 주석서의 마지막 부분(애가 주석 바로 뒤)에 구약예언의 성격을 논하는 부록이 첨부되어 있다. 성경 예언자들의 계시수납 방법의 독특성과 성경 예언의 독특성을 논하는 한편, 이방 예언자들과의 유사성이라는 맥락에서 이스라엘 예언자를 바라보는 아브라함 퀴에넨 등을 비판한다. 그 다음 구약정경의 결정원리(저자들의 영감성 바탕)를 논하고 구약성경이 영감된 사실을 증거하는 성경 내증을 제시한다. 여기서 그는 예언자들의 말씀/계시수납은 이교도적인 탈혼 상태에서 이뤄지지 않았음을 한층 강조한다. 박윤선은 히브리서나 유다서 등이 외경 각각 마카베오 하와 에녹서를 인용한 점을 의식하고, 신약이 일부 외경 구절을 인용하거나 인증했다고 해서 그것이 외경 전체를 정경으로 간주했다는 증거일 수 없다고 말한다.[261)]

예레미야서는 예언서이면서도 예언자의 프로파일과 활동단계가 어느 정도 포착되는 전기적 요소를 가지고 있다. 어느 정도 서사적 구조를 존중하며 주석할 수 있다는 말이다. 그런데 박윤선의 주석은 예레미야서의 서사적 문학적 전진(literary movement)과 구조를 드러내지 못하고 있다. 절 단위의 분절적 주석, 말씀의 교훈화, 윤리-도덕화를 지향하는 설교들은 예레미야서에 바탕하지 않고도 작성할 수 있는 설교다. 모든 성경의 저자를 하나님이라고 보는 관점이 지나치게 우세하여 인간 저자의 고뇌와 영적 분투가 잘 드러나지 않는다.

박윤선의 에스겔 주석

서른 편의 설교가 실려 있다. 내용분해-해석-(설교)-설교재료의 구조로 주석이 이뤄졌다.〈에스겔. 다니엘 주석〉(1967년)의 서론에서 정암은 종교사학파적 종교진화론의 관점에서 구약종교를 이해하지 않고 오히려 구약계시의 점진적 전진성을 옹호하고 종교사학파적 이스라엘 종교이해(이스라엘 종교의 이방기원, 고대 근동 문화적 종교적 조우의 산물, 제사제도의 이방기원, 예언제도의 고대 근동 맥락성)를 비판한다.[262)] 아울러 그는 예레미야서 주석 서론에서처럼 구약성경 예언제도의 독특성과 신적 기원을 옹호한다(신 18:9-22; 민 12:1-8). 더 나아가 하나님의 정통계시가 어떻게 고대 이스라엘의 예언자들에게 전달되고 계승되었는가를 논하며 참된 예언자(모세를 통해 주신 계시의 계승자들)들이 성경의 저작자였다고 주장한다(게르할더스 보스의 〈성경신학〉 의존). 또한 예언자들의 계시수납 상황, 계시 수납경험과 이방 종교의 탈혼적 영매자들의 경

---

261) 박윤선, 『예레미야서 · 예레미야 애가 주석』(서울: 영음사, 1965), 595-600.

262) 박윤선, 『에스겔서 · 다니엘서 주석』(서울: 영음사, 1967), 15-22.

험의 차이를 논한다. 결국 이스라엘 예언자들의 계시수납과 기록은 전혀 독특하다고 주장한다. 또한 19세기 구약학자인 구스타브 휠셔 등의 심리학적 예언이해를 논박한다. 마지막으로 에스겔서의 복합저작가설을 비판하고 탈무드의 증언(대회당 총회 사람들이 에스겔서와 소예언지서를 기록했다고 증언)을 창의적으로 해석하여 에스겔서의 에스겔 저작설을 실체적으로 옹호한다. 원저자 에스겔이 쓴 원본 에스겔서를 총회가 편집했다고 보는 수정된 에스겔 저작설인 셈이다.

박윤선 주석에 대한 종합적 평가

각 권의 주석서 머리말에서 밝히고 있듯이, 이 주석은 칼빈주의 해석원리를 일률적으로 적용하고 있다. 칼빈주의 해석원리란 문법적 역사적 해석에 치중하는 주석으로서 주제적으로 하나님의 절대주권, 인간의 죄성에 대한 강조, 성경으로 성경을 해석하는 원리 등을 의미한다. 박윤선은 비록 대부분 자신의 견해를 뒷받침하기 위하여 칼빈주의 주석가들을 인용하거나 인증하나 때로는 자신의 의견과 다른 의견을 가진 학자들도 인용하거나 인증한다. 그들을 통해 자신의 입장을 공고히 하려 할 때나 그들의 입장을 비판할 때 다른 노선의 학자들을 인용하거나 인증한다.

7장

결론

이제 마지막으로 우리는 곽안련의 표준주석서 한계를 살펴보고 우리 시대 개혁주의 주석의 과제를 생각해보고자 한다. 곽안련 주석서들의 가장 현저한 한계는 그것이 교회론적 조망과 기독교인들의 관심사에 초점이 맞춰져 있다는 것이다. 왜냐하면 자신이 살고 있던 시대의 교회에 대한 응답이었지 하나님나라 운동에 대한 포괄적인 관심사에 대한 응답이 아니었다. 곽안련의 성경주석서에는 정통 칼빈주의 신학의 장엄함과 포괄성, 차안적 차원이 잘 드러나지 않는다. 그의 주석서들은 한결같이 교회와 그리스도인의 삶, 성경의 절대적 권위 옹호, 호전적이고 공세적인 고등비평 반박에 치우쳐 있다. 일제 강점기나 한국전쟁 등 역사적 격변기를 통해 저술된 그의 성경주석에는 정통칼빈주의 주석가들이 마땅히 보여야 할 하나님나라의 대의명분에 대한 관심이 잘 드러나지 않는다. 곽안련의 주석서를 읽는 선교지 독자들을 배려하는 부분은 거의 없다는 점은 인상적이다. 어떤 점에서 에스겔서를 제외한 나머지 주석에서는 철저하게 본문해설에 함몰되어 있다. 그의 주석서들 어디에도 조선 혹은 한국교회와 그리스도인이 의미있게 언급된 적이 거의 없다. 곽안련의 주석서들에는 성경을 읽고 해석하는 사람의 삶의 자리를 성경해석을 위한 정당한 자리로 인정하는 해석학적 고려가 안보인다. 그래서 일제의 식민지 지배로 고통을 당하고 있는 한국사회와 한국그리스도인들의 처지와 형편이 그의 성경해석과 주석작업에 전혀 영향을 끼치지 못하고 있다. 그는 마치 서구 독자들을 상대로 주석을 쓴 듯하다. 또한 저자가 40년간이나 비서구적 비기독교 문명국가에 선교사생활을 했다는 경력이 그의 성경주석에 전혀 반영되어 있지 않다는 점은 아무리 생각해도 잘 납득이 안되는 부분이다.

특히 모세오경과 예언서 등을 주석하면서도 국제정의와 민족해방, 노예해방 선언 등에 대한 관심이 그의 성경주석에 어떤 영향을 끼쳤는지 부각되지 않는다. 정통칼빈주의 전형적 특징인 세상관여적이고 변혁적인 기상이 결여되어 보인다. 정치는 정치가들에 맡겨버린 듯한 정적주의적 무관심이 놀랍다. 공평과 정의의 두 예언자인 예레미야와 에스겔 주석에서도 공의와 정의를 앞세워 세계를 통치하시는 만유의 주 하나님의 혼이 느껴지지 않는다. 그의 주석이 어느 시대, 어떤 질의 역사를 경유한 사람의 주석인지 분명치 않다. 일제의 식민지 압제체제 아래 고난을 당하던 자신의 목회지 사정에 성육신적인 참여의 면모가 잘 보이지 않는다. 우리 나라의 가장 엄혹한 고난의 시대인 식민지 시대의 아픔과 역사 단절의 고통에 몸서리치던 한국인들과 한국 그리스도인들의 삶의 자리에 대한 목회적 동참이 결여되어 보인다. 당시의 기준으로 볼 때 한국교회의 일반적인 신자들에게는 전혀 쟁점이 되지도 못했을 쟁점들(종교사학파 논쟁와 고등비평)에 지나치게 몰입한 듯한 느낌을 준다. 이런 점에서 우리 시대의 대표적 개혁주의 신학자 헤셀링크의 지적은 정통칼빈주의 신학의 풍요를 잘 환기시킨다는 점에서 경청할 만하다.

> 개혁주의 전통은 따뜻한 개인적 경건과 격조높은 교회생활을 경제적, 정치적 영역과 아울러 사회적 문화적 영역을 포함한 세상에 대한 총체적인 관심과 결합시켜 양자 모두를 추구한다. 그것은 바로 하나님의 말씀의 총체성을 진지하게 받아들였고 구약선지자들이 그렇게도 강력히 강조한(물론 주님에 의해서도 결코 간과되지 않았던) 사회정의에 대한 관심을 간과하지 않았기 때문이다....개혁적이 된다는 것은 전 세계에 대한 온전한 복음을 전파할 것을 촉구한다...... 종말론적인 입장에서 볼 때 교회는 결코 하나님 나라와 동일시될 수 없고 단지 하나님 나라를 가리키는 이정표일 뿐이다.[263)]

---

263) 존 헤셀링크, 『개혁주의 전통』, 최덕성 역(서울: 본문과 현장 사이, 2003), 101-112(특히 106-108).

곽안련은 역사실증주의적인 방법론에 입각해 성경의 역사성 옹호에 앞장섰지만 그가 살아낸 당대의 역사에 대한 신학적 비판, 초월적 해석 준거를 제시하지는 않는다. 일제 식민지배 체제에 강요된 신사참배는 성경적 주석가에게는 엄청난 쟁점이자 주석적 돌파대상이 되었을텐데 이 문제에 대하여 곽안련의 주석은 침묵하고 있다.

오늘날의 보다 더 진전한 성서주석학의 관점에서 보면 곽안련의 구약주석은 성서신학과 교의학의 경계선을 그었던 요한 필립 가블러의 성서신학 독립선언에 좀 더 충실했어야 했다. 구약신학은 조직신학(교리)으로부터 독립되어 온 성서신학의 한 분야로서 구약성경의 독특한 신학적 자산(資産)을 발굴하고 기독교신앙에 상관시키는 학문이다. 1787년 3월 30일 요한 필립 가블러(Johann P. Gabler)가 독일 알트도르프(Altdorf) 대학 교수 취임식에서 가블러는 "성서신학과 교의신학의 바른 구분과 각각의 특수한 목적들에 관하여"라는 제목으로 강의하였는데,[264] 역사적 방법으로 연구되어야 할 성서학과 교훈적인 목적으로 연구되어야 할 교의학을 구분하였다.

이제 우리는 이런 몇 가지 아쉬움과 한계에도 불구하고 곽안련의 구약주석의 의의를 마땅히 평가하여야 한다. 전체적으로 곽안련의 구약주석서들은 아주 자세한 주석서다. 곽안련의 주석서들은 정통칼빈주의 성경교리(자증성과 자기해명적 명료성)와 구원교리(십자가 구원의 중심성, 인간의 전적 타락과 은혜절대주의 등)를 수호하려는 열의로 가득 차 있다. 표준주석 시리즈 발간은 무엇보다도 한국교회가 선교 50주년 만에 한국인 독자들을 위한 주석서를 갖게 되었다는 것으로 실로 경하할만한 경사였다. 그동안 존 로스(John Ross)나 존 맥킨타이어(John McKintyre) 등 한만접경 지역 스코틀랜드 파송 선교사들이 쓰거나 번역한 중국어 주석서들을 보다가 표준주석 시리즈가 출간됨으로써 한

264) J. P. Gabler, "An Oration on the Proper Distinction Between Biblical and Dogmatic Theology and the Specific Objectives of Each," in Ben C. Ollenburger et al.(eds.), *The Flowering of Old Testament Theology*(Winona Lake, IN.: Eisenbrauns, 1992)의 부록(489-502쪽)에 실려 있다.

국목회자들과 그리스도인들도 한국어 주석서 전질을 가질 길이 열렸다. 한국의 초기교회가 처음으로 읽은 주석서는 존 로스가 참여했던 중국선교대회 주석서로 1898-1899년에 출판된 신약 중 마태복음과 서신서 4권, 그리고 1903-1906년에 발간된 구약 주석 중 이사야서와 호세아서가 로스가 쓴 주석서였다. 이 한문 주석서들은 1920년대까지 한국 목사들이 설교할 때 사용한 주석서들이었는데 한국교회의 성서 해석과 이해에 큰 영향을 주었다.[265] 이 시리즈에 존 로스는 욥기 주석인《舊約約百註解》(구약약백주해)와 이사야서 주석인《舊約以賽亞註釋》(구약이새아주석)을 집필했다. 구약 주석서들은 1911년 한글 《셩경젼셔》가 완간되면서 널리 쓰였다. 옥성득에 따르면 표준주석 시리즈가 출간되기 전인 1922년부터 클라크, 밀러, 데밍이 번역하여 조선야소교서회가 출간한 신구약 주석서들도 바로 이 한문 주석 시리즈를 새로 번역한 것이다. 결국 한국교회는 해방 이전에 중국 선교대회 주석서들을 읽었고, 그 가운데 로스의 주석서들이 중요한 부분을 차지하고 있었다.[266] 이런 상황에서 한국어로 된 표준주석 시리즈가 출간된 것은 교회사적으로 의미심장한 성취였다.

또한 곽안련의 주석은 당시의 서구성서학계에 운위되던 최첨단 해석이론이나 주석경향을 한국목회자들이나 식자층에게 소개했다. 더 나아가 표준주석 시리즈는 주제설교나 제목설교로 강단을 채우던 목회자들에게 강해설교의 길을 열어주었다. 마지막으로 표준주석은 성경을 영해나 우의적 해석으

265) 1890년 제2차 상해선교대회는 1904년에 열릴 선교백주년대회를 기념하여 "선교대회 성경주석"(The Conference Commentary) 시리즈를 출간하기로 결의하고 드 보스, 뮈어헤드, 매켄지, 파커, 노이에즈, 로스, 잭슨, 로이드 등을 집필자로 선정했다. 1887년까지 한글 신약전서를 완역한 로스는 파커와 공동으로 〈마태복음〉을, 〈디도서〉 〈빌레몬서〉 〈야고보서〉 〈유다서〉를 단독으로 집필했다. 이 신약주석서들이 한국에 그대로 수입되어 사용되었다(옥성득, "존 로스, 한국 개신교사의 첫 장을 열다," 112-113).

266) 옥성득에 따르면 중국선교사들이나 한국선교사들 대부분이 1900년대에는 주로 《카일 델리취 주석》을 참고했다(위의 글, 113). 이 사실은 우리가 곽안련의 주석서 분석을 통해 이미 검증한 바다.

로 읽어 교리를 전달하는 설교자들에게 성경 각권의 특색있는 메시지를 발굴하고 선포할 길을 열어주었다. 확실히 곽안련의 주석서들은 "경건과 학문의 결정체로서 칼빈주의 신학의 효과적인 보급기지였고 박윤선의 전질 주석출간에도 영향을 끼쳤다.

참고문헌 목록

한국어 서적

郭安連, 『시편총론(*Introduction to the Book of Psalms*)』, 京城: 朝鮮耶소教書會, 1918.

곽안련,『설교학』, 서울: 대한기독교서회, 1954(1928년 원저).

곽안련,『표준주석 욥기-시편』, 서울: 예수교장로회 총회 종교교육부, 1954 (원 1937년)

곽안련,『레위기 강의』, 서울: 대한기독교서회, 1954.

곽안련,『표준주석 민수기』, 서울: 대한예수교장로회 총회종교교육부, 1964 (원 1956).

곽안련,『성경주석 레위기』, 서울: 대한예수교장로회 표준성경주석 위원회, 1957.

곽안련, 『에스겔서 강해』, 서울: 대한기독교서회, 1957.

곽안련,『표준주석 예레미야』, 서울: 예수교장로회 총회 종교교육부, 1964 (원출간 1961)

곽안련,『한국교회와 네비우스 선교정책(*The Nevius Plan for Mission Work illustrated in Korea*)』, 박용규, 김춘섭 역, 서울: 기독교문서선교회, 1994(원 1937).

곽안련, "영감," 『표준주석 마가복음』 서울: 대한예수교총회, 1957, 43-53.

곽안전,『한국교회사』, 개정증보판; 서울: 대한기독교서회, 1973.

김회권, "박윤선의 구약주석 비평," 「신학사상」158(2012/10), 9-54.

박윤선, "한국교회 주경사," 『신학지남』140(1968), 9-14(특히 12).

박윤선, "성경해석 방법론," 『신학지남』 33(1966/6), 19-20.

박윤선, 『레위기·민수기·신명기 주석』, 서울: 영음사, 1971.

-----., 『욥기·전도서·아가서 주석』, 서울: 영음사, 1974.

-----., 『시편 주석』, 서울: 영음사, 1957.
-----., 『예레미야서·예레미야 애가 주석』, 서울: 영음사, 1965.
-----., 『에스겔서·다니엘서 주석』, 서울: 영음사, 1967.
승동교회 백년사 편집부, 『승동교회 백년사, 1893~1993』, 서울 : 승동교회, 1996.
숭실대학교 100년사 편찬위원회, 『숭실대학교 100년사-1. 평양숭실편』, 서울: 숭실대학교 출판부, 1997.
옥성득, “존 로스, 한국 개신교사의 첫 장을 열다,” 「복음과 상황」 29(2015년 8월호): 98-113.
이만열, 『한국 기독교와 미국 선교사』, 서울 : 빛과 소금, 1987.
이만열, “한국기독교사 연구의 어제와 오늘,” 「한국사론」 28(1998년 12월), 316-384.
이호우,『초기 내한 선교사 곽안련의 신학과 사상』, 서울: 생명의 말씀사, 2005.
헤셀링크, 존, 『개혁주의 전통』, 최덕성 역, 서울: 본문과 현장 사이, 2003.

외국어 서적

Berkhof, Louis, *Summary of Christian Doctrines*, Grand Rapids, MI.: Eerdmans, 1938.
-----------., *Principles of Biblical Interpretation: Sacred Hermeneutics*, Grand Rapids, MI.: Baker Book House, 1952.
Blair W. N. & Hunt, Bruce F., *The Korea Pentecost and the Sufferings Which Followed*, Carlisle, PA: the Banner of Truth, 1977.
Clark, C. A., “Fifty Years of Mission Organization,” in *the Fiftieth Anniversary Celebration of the Korea Mission of the Presbyterian Church in the USA*(*1934/June 30-July 3*), Eds. Harry A. Rhodes and Richard H. Baird, Seoul; YMCA

Press, 1934.

Edwards, Jonathan, *Collected Writings of Jonathan Edwards* Vol. 2, ed. Patrick H. Alexander, Edinburgh: the Banner of Truth Press, 1993.

Gabler, J. P. "An Oration on the Proper Distinction Between Biblical and Dogmatic Theology and the Specific Objectives of Each," in Ben C. Ollenburger et al.(eds.), *The Flowering of Old Testament Theology*, Winona Lake, IN.: Eisenbrauns, 1992.

Handy, Wesley L., "Correlating the Nevius Method with Church Planting Movements: Early Korean Revivals as a Case Study," *Eleutheria* 2/1(Winter 2012): 3-23.

Hodge, Charles, *Systematic Theology* (New York, NY.: Scribner's Press, 1872).

Horton, Michael S., "Law, Gospel, and Covenant: Reassessing Some Emerging Antitheses," *Westminster Theological Journal* 4(2002): 279287).

Shenk, Wilbert R., "Rufus Anderson and Henry Venn: A Special Relationship?," *International Bulletin of Missionary Research*, Pasadena, California: U.S. Center for World Missions, 1991.

곽안련 郭安蓮 찰스 알렌 클라크
(Charles Allen Clark)의 구약주석 연구

초판 발행일 2017년 4월 30일

저 자 김회권
발행인 황준성
발행처 숭실대학교 출판국
등 록 제14-2호(1982. 1. 25)
서울 동작구 상도로 369
전 화 02-820-0772
팩 스 02-817-5297
홈페이지 http://press.ssu.ac.kr
디자인·인쇄처 디자인 그린비(02-2275-5756)
값 15,000원

ISBN 978-89-7450-365-9 04230